Projeto LUMIRÁ

MATEMÁTICA 3

Organizadora: Editora Ática S.A.

Obra coletiva concebida pela Editora Ática S.A.

Editora responsável: Heloisa Pimentel

Material de apoio deste volume:

- Cartonados
- Caderno de Atividades

editora ática

editora ática

Diretoria editorial
Lidiane Vivaldini Olo
Gerência editorial
Luiz Tonolli
Editora responsável
Heloisa Pimentel
Coordenação da edição
Ronaldo Rocha
Edição
Pamela Hellebrekers Seravalli e Letícia Mancini Martins
Gerência de produção editorial
Ricardo de Gan Braga
Arte
Andréa Dellamagna (coord. de criação),
Talita Guedes (progr. visual de capa e miolo),
André Gomes Vitale (coord.),
Claudemir Camargo Barbosa (edição)
e Casa de Tipos (diagram.)
Revisão
Hélia de Jesus Gonsaga (ger.), Rosângela Muricy (coord.),
Ana Curci, Ana Paula Chabaribery Malfa,
Gabriela Macedo de Andrade e Luís Maurício Boa Nova;
Brenda Morais e Gabriela Miragaia (estagiárias)
Iconografia
Sílvio Kligin (superv.), Denise Durand Kremer (coord.),
Carlos Luvizari e Evelyn Torrecilla (pesquisa),
Cesar Wolf e Fernanda Crevin (tratamento de imagem)
Ilustrações
Estúdio Icarus CI – Criação de Imagem (capa),
Alê Matos, André Rocca, Camila de Godoy, Dam d'Souza,
Diogo Cesar, Estúdio Mil, Fabiana Shizue, Felipe Prado,
Ilustra Cartoon, Luciano Tasso, Pablo Mayer, Paulo Manzi (miolo),
Ilustra Cartoon, Luciano Tasso e
Pablo Mayer (Caderno de Atividades),
Felipe Prado (Cartonados)

Direitos desta edição cedidos à Editora Ática S.A.
Avenida das Nações Unidas, 7221, 3º andar, Setor A
Pinheiros – São Paulo – SP – CEP 05425-902
Tel.: 4003-3061
www.atica.com.br / editora@atica.com.br

Dados Internacionais de Catalogação na Publicação (CIP)
(Câmara Brasileira do Livro, SP, Brasil)

Projeto Lumirá : matemática : ensino fundamental I /
obra coletiva concebida pela Editora Ática ;
editor responsável Heloisa Pimentel. –
2. ed. – São Paulo : Ática, 2016.

Obra em 4 v. para alunos do 1º ao 5º ano.

1. Matemática (Ensino fundamental) I. Pimentel, Heloisa.

16-00040 CDD-372.7

Índices para catálogo sistemático:
1. Matemática : Ensino fundamental 372.7

2016
ISBN 978 85 08 17888 9 (AL)
ISBN 978 85 08 17889 6 (PR)
Cód. da obra CL 739163
CAE 565 995 (AL) / 565 996 (PR)

2ª edição
1ª impressão

Impressão e acabamento
Corprint Gráfica e Editora Ltda.

Elaboração dos originais

Lígia Baptista Gomes
Licenciada em Matemática pelo Centro Universitário Fundação Santo André (SP)

Marianka Gonçalves Santa Bárbara
Licenciada em Letras pela Universidade Federal de Campina Grande (UFCG-PB)
Mestra em Linguística Aplicada pela Pontifícia Universidade Católica de São Paulo (PUC-SP)
Professora da Cogeae-PUC-SP

Sonia Maria Pereira Vidigal
Pedagoga, mestra e doutoranda pela Faculdade de Educação da Universidade de São Paulo (USP)
Especialista em Relações Interpessoais (Unifran) e em Administração de Empresas (FGV-SP)
Lecionou na Educação Básica da Educação Infantil ao Ensino Médio
Atualmente leciona em curso de graduação e pós-graduação e de formação de professores nas áreas de Matemática e Psicologia do Desenvolvimento Humano com ênfase no desenvolvimento moral

Projeto LUMIRÁ

Este é o seu livro de **Matemática do 3º ano**.

Escreva aqui o seu nome:

....

....

Escreva aqui a sua idade:

....

Este livro vai ajudar você a pensar sobre o que já sabe, a investigar o mundo, a questionar o que vai aprender e a descobrir muito mais sobre a matemática.

Bom estudo!

Caro aluno

Você está começando seu ano escolar. Ao longo desse tempo, você vai aprender coisas novas e importantes para o seu dia a dia e para o futuro, como:

- ler e escrever, reconhecendo palavras, sons e textos;
- identificar números, operações e figuras;
- conhecer o corpo humano, os animais e a natureza;
- desvendar o lugar em que vivemos;
- entender a história das pessoas e das cidades.

O **Projeto Lumirá** vai ser seu companheiro. Nele você vai encontrar textos, atividades, jogos, ilustrações e fotografias muito interessantes. Você vai aprender, participar das descobertas e se divertir muito.

Bom estudo!

COMO É O MEU LIVRO?

Este livro tem 4 Unidades, cada uma delas com 3 capítulos. No final, na seção **Para saber mais**, há indicações de livros, vídeos e *sites* para complementar seu estudo.

ABERTURA DE UNIDADE

Você observa a imagem, responde às questões e troca ideias com os colegas e o professor sobre o que vai estudar.

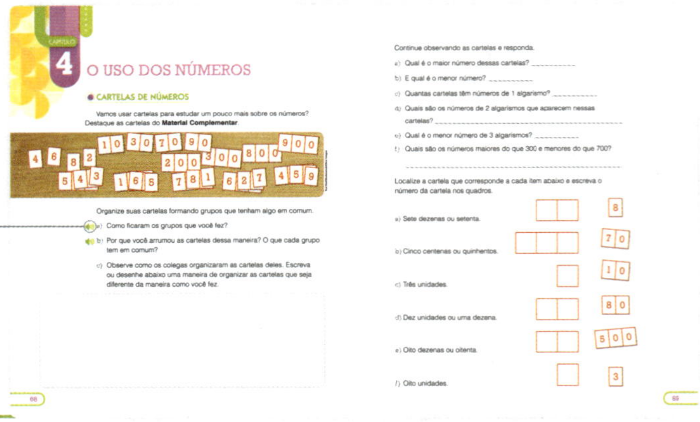

CAPÍTULOS

Textos, fotografias, ilustrações e atividades vão motivar você a pensar, questionar e aprender.

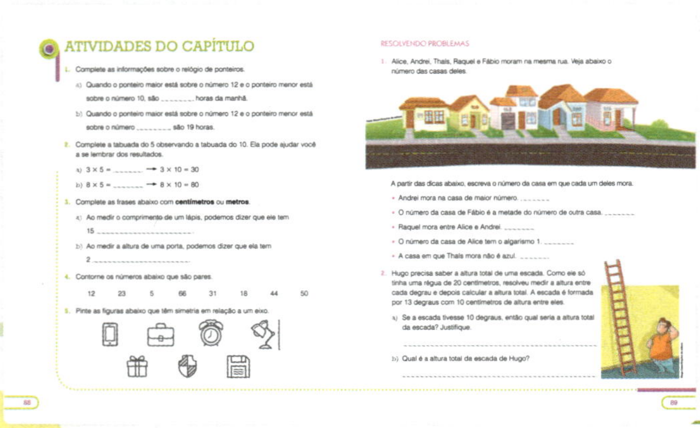

ATIVIDADES DO CAPÍTULO

Você encontra esta seção no final de cada capítulo. Ela traz mais atividades para completar seu estudo, acompanhadas de um programa de **Resolução de problemas**.

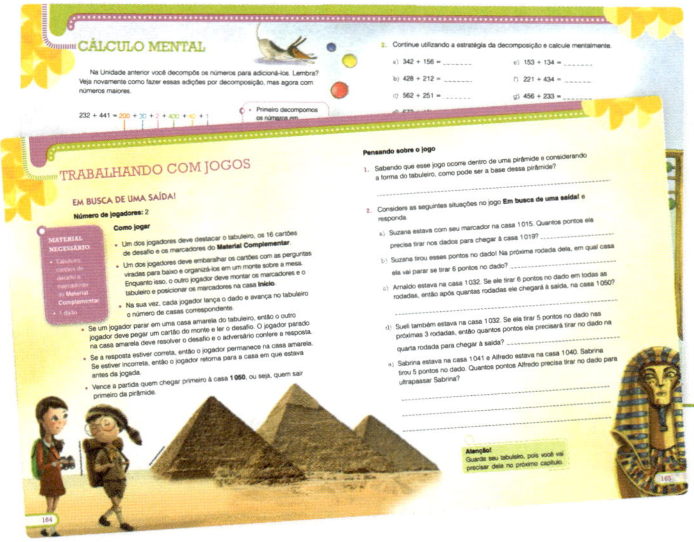

TRABALHANDO COM JOGOS E CÁLCULO MENTAL

Jogos e cálculos mentais vão levar você a usar a matemática para entender e transformar o mundo.

ÍCONE

Atividade oral

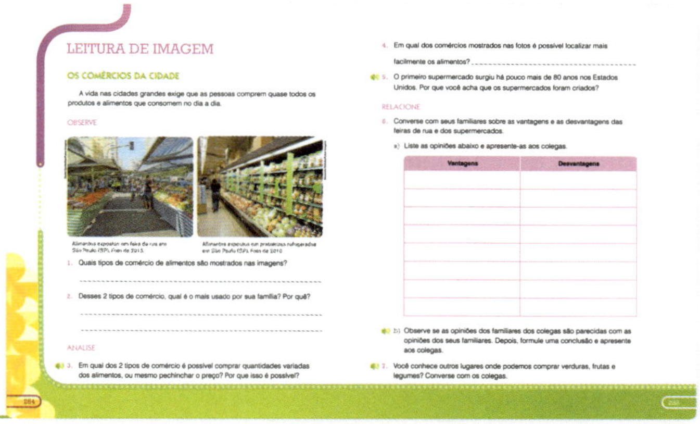

LEITURA DE IMAGEM

Aqui você vai fazer um trabalho com imagens que vão ajudar você a refletir sobre os temas estudados: o que é parecido com seu dia a dia, o que é diferente.

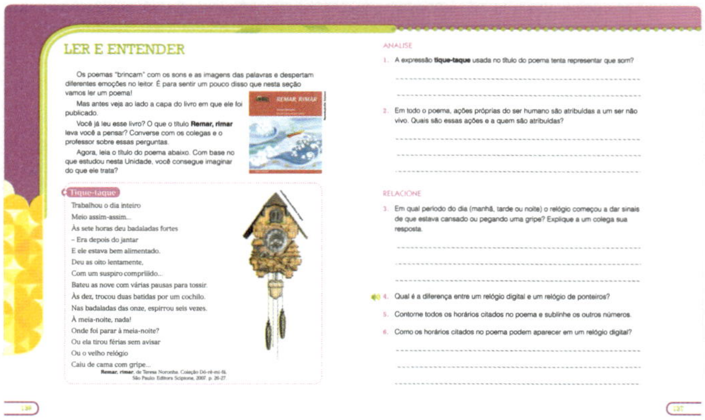

LER E ENTENDER

Nesta seção você vai ler diferentes textos. Um roteiro de perguntas vai ajudar você a ler cada vez melhor e a relacionar o que leu aos conteúdos estudados.

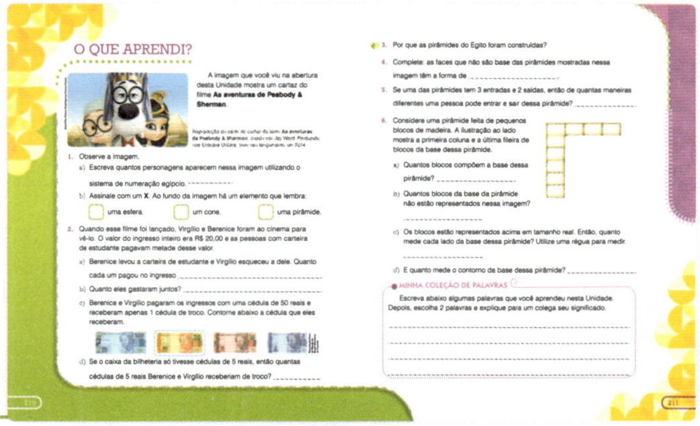

O QUE APRENDI?

Aqui você encontra atividades para pensar no que aprendeu, mostrar o que já sabe e refletir sobre o que precisa melhorar.

SUMÁRIO

UNIDADE 1

UNIDADE 2

UNIDADE 3

UNIDADE 4

UNIDADE

1 CAMPEONATOS

Ernest Descals/Acervo do artista

Maraton, de Ernest Descals, data desconhecida. Óleo sobre tela. 146 cm × 114 cm. Acervo particular.

- O que as pessoas retratadas nesta obra estão fazendo?
- Que tipo de roupas essas pessoas estão vestindo?
- Você pratica algum esporte? Qual?

CAPÍTULO 1

OS NÚMEROS ESTÃO EM TODA PARTE!

COMO UTILIZAMOS OS NÚMEROS

Os números estão presentes em diversos lugares e nas mais variadas situações do dia a dia.

Veja abaixo alguns exemplos de números em esportes.

As imagens destas páginas não estão representadas em proporção.

Diogo Cesar/Arquivo da editora

1 Reveja as cenas da página anterior. Escreva abaixo os números de acordo com cada uso.

a) Para medir o tempo: ______________________

b) Para contar: ______________________

c) Como código: ______________________

d) Para medir a capacidade de um recipiente: ______________________

e) Para ordenar: ______________________

> Números ordinais são aqueles que indicam uma ordem, uma posição ou um lugar. Eles servem para ordenar pessoas e objetos.

2 Ligue cada número abaixo a seu uso.

Senha 2132	Ordenação
15ª casa	Quantificação
430 reais	Código

3 Complete as frases abaixo com os números do quadro.

8   2ª   2323-3434   154

MEU NOME É CAMILA. TENHO __________ ANOS E SOU A ______________ FILHA DE UMA FAMÍLIA DE 4 CRIANÇAS. MORO NA RUA DAS FLORES, NÚMERO ______________________,

MEU TELEFONE É ______________________.

Diogo Cesar/Arquivo da editora

ESTIMATIVA E CONTAGEM

Quando vão à praia, as pessoas costumam levar objetos para o lazer e para se proteger dos raios solares.

Diogo Cesar/Arquivo da editora

1 Veja a cena acima e, sem contar os elementos, dê seu palpite.

a) Há mais pessoas na areia ou no mar? ______________________

b) Há mais guarda-sóis ou baldes de areia? ______________________

2 Agora, conte os elementos da cena e preencha a tabela abaixo.

Quantidade de elementos da cena

Elemento	Quantidade
Guarda-sol	
Balde	
Pessoa na areia	
Pessoa no mar	

Tabela elaborada para fins didáticos.

3 Reveja suas respostas nos itens da atividade **1**. Compare-as com as quantidades contadas na atividade **2**. Depois, responda: em quais itens seu palpite estava certo?

4 Imagine que 6 turmas de uma escola foram fazer uma excursão à praia. Cada ônibus levou 2 turmas, como indicado abaixo.

Ônibus 1

Turma	Quantidade de alunos
A	23
B	16

Ônibus 2

Turma	Quantidade de alunos
C	21
D	24

Ônibus 3

Turma	Quantidade de alunos
E	16
F	32

Tabelas elaboradas para fins didáticos.

a) Qual ônibus levou mais alunos ao todo? __________

b) Quantos alunos o ônibus **2** levou ao todo? __________

5 Observe novamente a cena da página anterior.

a) Que horário do dia está sendo retratado nessa cena?

____

b) Explique a um colega como você chegou à resposta do item anterior.

c) Esse horário seria indicado para se expor aos raios solares sem prejuízo à saúde? Converse com os colegas e com o professor.

d) Com a orientação do professor, faça uma pesquisa e registre abaixo. A exposição prolongada aos raios solares entre 10 horas da manhã e 4 horas da tarde pode trazer quais problemas para a saúde?

____

____

____

____

ANTECESSOR E SUCESSOR

Saulo foi com 2 amigos, Guilherme e Tiago, assistir a uma partida de basquete. Na portaria do ginásio ele verificou que havia as seguintes placas.

Ilustrações: Pablo Mayer/Arquivo da editora

Saulo olhou para os ingressos que eles tinham.

Ollyy/Shutterstock/Glow Images

1 Complete a frase abaixo.

Os números das cadeiras de Saulo e de seus amigos estão entre

__________ e __________; por isso eles vão para o setor de cadeiras

da cor ____________________.

2 Observe os ingressos abaixo e pinte cada um com a cor da cadeira correspondente.

76	258	361	340	115
61	299	209	309	199

Saulo olhou novamente para seu ingresso, com o número 143, e para os ingressos dos amigos. Então, falou para Guilherme:

— Ainda bem que os números de nossos ingressos são seguidos, senão teríamos de sentar separados. O meu número vem imediatamente depois do seu e imediatamente antes do número de Tiago.

Yanugkelid/Shutterstock/Glow Images

143 vem imediatamente depois de 142.
143 é **sucessor** de 142.

143 vem imediatamente antes de 144.
143 é **antecessor** de 144.

3 Complete com o antecessor e o sucessor de cada número abaixo.

a) ______ 65 ______

b) ______ 333 ______

c) ______ 269 ______

d) ______ 400 ______

e) ______ 199 ______

f) ______ 301 ______

Ilustrações: Pablo Mayer/Arquivo da editora

4 Vamos brincar de adivinha? Leia as dicas abaixo e complete as frases.

a) Eu sou menor do que o dobro de 15.

Sou maior do que 2 dúzias.

Termino com 8.

Sou o sucessor do número ______.

b) Estou entre 90 e 140.

Tenho o algarismo 0 nas unidades e nas dezenas.

Sou o antecessor do número ______.

Lembre-se:
Algarismos são os 10 símbolos que usamos para representar os números: 1, 2, 3, 4, 5, 6, 7, 8, 9 e 0. Com esses algarismos podemos escrever todos os números.

LEITURA DE TABELA E MEDIDA DE TEMPO

Alguns atletas de diversos países participam de uma maratona internacional. A tabela abaixo apresenta o tempo dos 6 atletas que chegaram nos primeiros lugares.

Pablo Mayer/Arquivo da editora

Tempo dos 6 primeiros atletas

Atleta	País	Tempo
Alan Mendonça	Brasil	1 hora e 45 minutos
Antônio Ornelas	Portugal	1 hora e 50 minutos
Ivan Ivanovic	Rússia	1 hora e 58 minutos
John Brown	Inglaterra	1 hora e 53 minutos
José Pablo García	México	2 horas e 07 minutos
Abebe Gelana	Etiópia	1 hora e 47 minutos

Tabela elaborada para fins didáticos.

1 Observe as informações na tabela.

a) Desses atletas, qual levou mais tempo para completar a prova?

____

b) Qual é o nome do primeiro atleta que completou a prova? Qual é o país que ele representa? _______________

c) Ivan Ivanovic levou quanto tempo a mais do que Antônio Ornelas para completar a prova? _______________

d) Qual atleta foi mais rápido: Ivan Ivanovic ou John Brown?

____

2 Observe novamente o tempo dos 6 primeiros atletas da maratona internacional.

a) Complete a tabela abaixo com o nome dos países de acordo com a colocação de seus atletas.

Ilustrações: Pablo Mayer/Arquivo da editora

Posição de chegada na maratona internacional

Posição	País
1º lugar	
2º lugar	
3º lugar	
4º lugar	
5º lugar	
6º lugar	

Tabela elaborada para fins didáticos.

b) Explique como você definiu a ordem de chegada desses atletas.

____

____

____

c) Agora, escreva abaixo o primeiro nome de cada atleta na posição correspondente.

1º ____________

2º ____________

3º ____________

4º ____________

5º ____________

6º ____________

O TEMPO

Marisa faz diversas atividades. Ela acha que algumas são muito rápidas e outras são mais demoradas.

POR QUE O PASSEIO DE DOMINGO PASSA TÃO RÁPIDO?

POR QUE IR DA MINHA CASA ATÉ A PRAIA DEMORA TANTO?

POR QUE O RECREIO ACABA TÃO DEPRESSA?

POR QUE A CONSULTA DO DENTISTA É TÃO DEMORADA?

1 Você também acha que algumas atividades passam mais rápido e outras mais devagar? Converse com os colegas.

2 Anote na lista abaixo algumas atividades que você acha que passam rápido demais e algumas que demoram a passar.

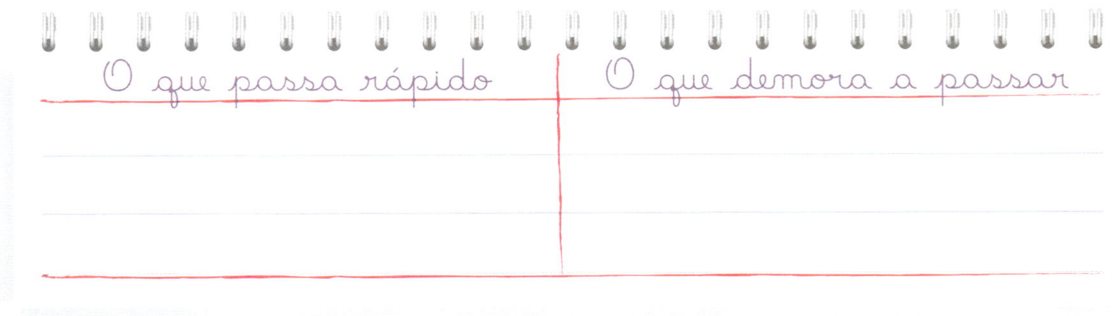

Reprodução/Arquivo da editora

3 Anote quanto tempo você acha que demora para fazer cada atividade abaixo.

a) Tomar banho: ______________________

b) Escovar os dentes: ______________________

c) Trocar de roupa: ______________________

d) Almoçar: ______________________

e) Fazer a lição de casa: ______________________

BlueRingMedia/Shutterstock

4 Compare suas anotações na atividade anterior com as anotações dos colegas.

a) Você demora muito tempo para tomar banho?

b) Você se preocupa em economizar água durante o banho?

Não é fácil estimar quanto tempo demoramos em algumas atividades, como tomar banho, fazer a lição de casa ou ir a pé para a escola.

Para isso, existem instrumentos que ajudam a medir o tempo. Um desses instrumentos é o relógio. Veja abaixo alguns exemplos.

Ilustrações: Dam d'Souza/Arquivo da editora

5 Observe acima os vários instrumentos de medir o tempo.

a) Qual desses instrumentos você não conhecia?

____

b) Contorne os instrumentos que você costuma usar no seu dia a dia.

c) Que horário você lê nos relógios? _______________

d) Analisando apenas esses relógios, é possível saber se os horários marcados são do dia ou da noite? Por quê?

____

____

6 Veja abaixo o convite de aniversário de Fátima.

a) A festa será de dia ou à noite?

____

b) Como você sabe?

____

VISTA SUPERIOR

A professora Rebeca trouxe objetos de madeira para fazer um experimento com os alunos do 3º ano. Cada aluno recebeu um objeto para desenhar a vista superior.

Veja abaixo os objetos e as vistas superiores desenhadas por 2 alunos.

Elisa

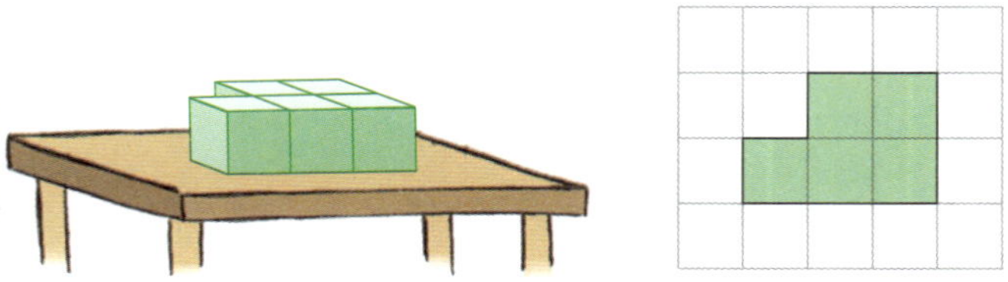

Ilustrações: Dam d'Souza/ Arquivo da editora

Ulisses

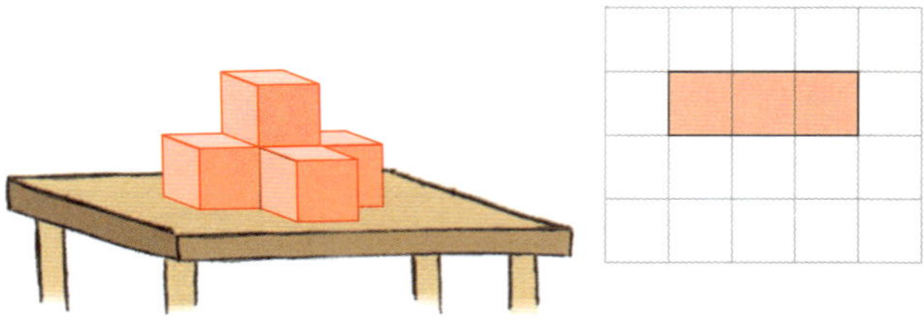

1 Observe as vistas superiores desenhadas por Elisa e Ulisses.

a) Os dois alunos desenharam corretamente a vista superior de seu objeto?

____

b) Corrija o desenho incorreto.

2 Agora é a sua vez! Desenhe nas malhas quadriculadas abaixo a vista superior de cada objeto.

a)

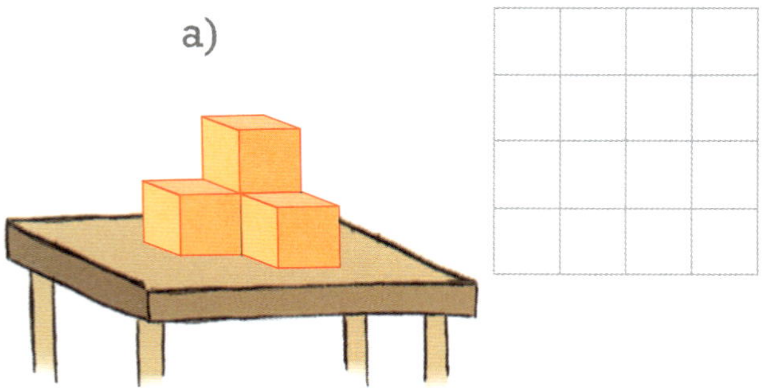

c)

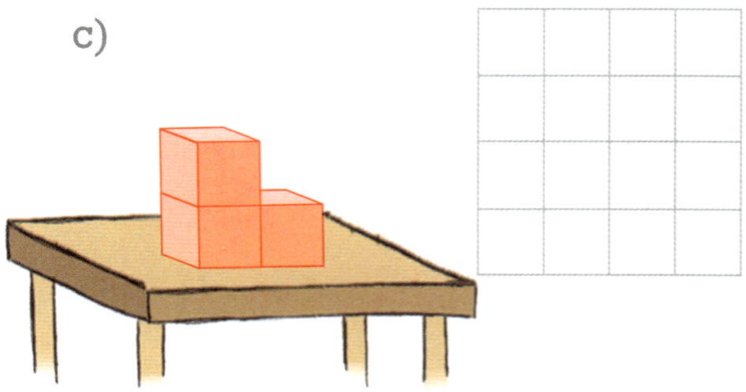

b)

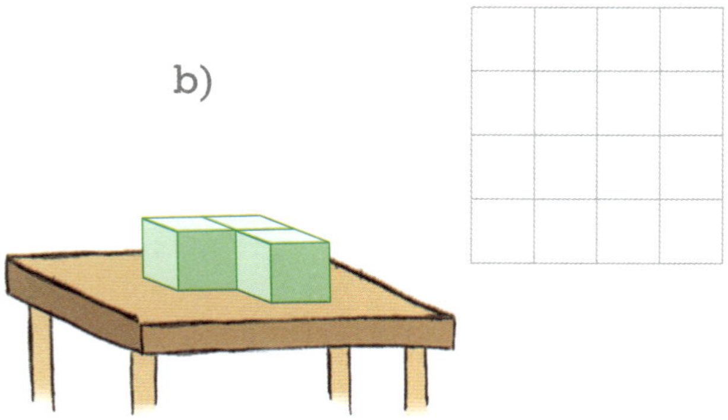

d)

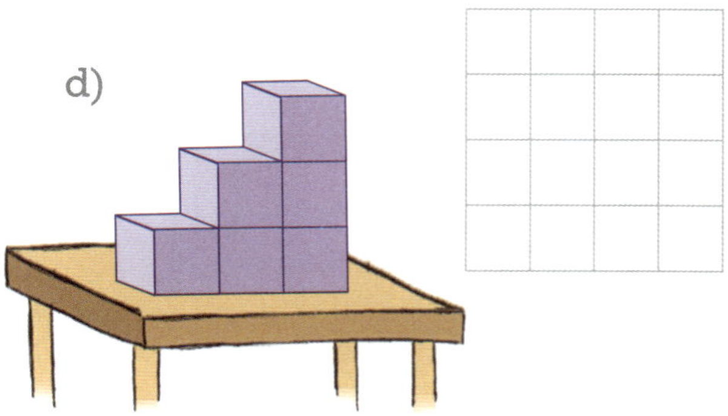

3 Joana e Ivone estão brincando de empilhar blocos de madeira em uma mesa. Veja como Joana empilhou seus blocos.

Camila de Good/Arquivo da editora

a) Contorne a imagem abaixo que representa a vista superior dos blocos montados por Joana.

b) Ivone retirou o bloco amarelo da mesa. Pinte na malha quadriculada abaixo como ficou a vista superior do empilhamento.

ATIVIDADES DO CAPÍTULO

1. Contorne o número abaixo que indica uma quantidade.

Telefone: 3812-1212 3º colocado 405 crianças 5 horas

2. Considere o número de crianças indicado na atividade **1**.

a) Complete: esse número é ________. Seu sucessor é ________ e seu antecessor é ________.

b) Agora, assinale. Esse número está entre:

☐ 300 e 400. ☐ 400 e 500. ☐ 500 e 600.

3. Escreva abaixo de cada relógio o horário que ele está indicando.

Dimedrol68/Shutterstock/Glow Images

____

A.B.G./Shutterstock/Glow Images

____

Olga Popova/Shutterstock/Glow Images

____

4. Vamos resolver um desafio? Ligue cada objeto abaixo com sua vista superior.

Ilustrações: Dam d'Souza/Arquivo da editora

RESOLVENDO PROBLEMAS

1. Carlos, Lívia, Flávia, Mariana e Lucas foram assistir a um jogo de vôlei. Eles escolheram seus ingressos para que pudessem sentar-se um ao lado do outro. Veja:

Pablo Mayer/Arquivo da editora

Observe as dicas abaixo e anote em qual cadeira cada amigo vai sentar.

- Flávia sentou na cadeira com o menor número.
- Lucas sentou ao lado de apenas 1 dos amigos.
- Mariana sentou ao lado de Lucas.
- Carlos não sentou ao lado de Flávia.

Cadeira	Amigo
103	
104	
105	
106	
107	

2. Leia as dicas abaixo e descubra o número de cada adivinha.

a) Sou menor do que 50 e maior do que 30.
Não tenho o 5 nem o 3 como algarismos.
Tenho 2 algarismos iguais.

Sou o número ______.

b) Tenho 3 algarismos.
Tenho o algarismo 0 nas unidades e o maior algarismo nas dezenas.
Sou menor do que 300.
Não sou o antecessor do 291.

Sou o número ______.

Luciano Tasso/Arquivo da editora

TRABALHANDO COM JOGOS

JOGO DOS 3 DADOS

Número de jogadores: de 2 a 4

MATERIAL NECESSÁRIO

- 3 dados e tabuleiro do **Material Complementar**

Como jogar

- Um dos jogadores deve destacar e montar os 3 dados do seu **Material Complementar**.
- Cada jogador deve destacar seu tabuleiro do **Material Complementar**.
- Na sua vez, cada jogador lança os 3 dados e adiciona os pontos obtidos. Depois, escreve o total de pontos em um dos quadros em branco de seu tabuleiro.
- Se em alguma jogada o resultado for um número que já está escrito no tabuleiro, então o jogador não anota nada e passa a vez.
- Vence a partida quem preencher primeiro todos os quadros do tabuleiro.

Luciano Tasso/Arquivo da editora

Pensando sobre o jogo

1. Mônica e seus amigos estão brincando com o **Jogo dos 3 dados**. Ela começou a partida e lançou os 3 dados.

a) Qual é o menor resultado possível que Mônica pode obter? ________

b) E qual é o maior resultado possível? ________

c) Escreva em ordem crescente todos os resultados possíveis adicionando os pontos dos 3 dados.

____

____

2. Em uma jogada, Juliano obteve 9 pontos. Quantos pontos Juliano tirou em cada dado? Desenhe abaixo todos os resultados possíveis.

3. De quantos modos diferentes é possível obter 7 pontos com os 3 dados?

____

____

CAPÍTULO 2

ORGANIZANDO COM A MATEMÁTICA

GRÁFICO DE COLUNAS

Cristina tem muitos amigos e gosta de conversar e brincar com eles. Ela listou os lugares onde conheceu seus amigos e montou o gráfico abaixo.

Monkey Business Images/Shutterstock/Glow Images

Zurijeta/Shutterstock/Glow Images

Iofoto/Shutterstock/Glow Images

Roman Sotola/Shutterstock/Glow Images

Gráfico elaborado para fins didáticos.

Gosphotodesign/Shutterstock/Glow Images

1 Observe o gráfico que Cristina fez.

a) Quantos amigos ela conheceu na escola? ______________________

b) E quantos amigos ela conheceu no parque? ______________________

c) Qual é o local em que ela mais fez amigos? ______________________

d) Em quais desses locais Cristina conheceu a mesma quantidade de amigos? ______________________

e) Na escola ela fez quantos amigos a mais do que no parque?

____

2 Assinale a resposta correta. Se Cristina juntar os amigos que conheceu no clube e no bairro, então ela terá:

☐ 1 dúzia de amigos.　☐ 1 dezena de amigos.　☐ 1 centena de amigos.

3 Cristina montou uma tabela para mostrar a quantidade de amigos que conheceu em cada local.

a) Complete a tabela abaixo com as quantidades correspondentes.

Locais onde conheci meus amigos

Local	Parque	Bairro	Escola	Clube
Quantidade de amigos				

Tabela elaborada para fins didáticos.

b) Se Cristina der uma festa para todos esses amigos, então quantas pessoas devem ser convidadas ao todo?

____

c) Se a irmã de Cristina convidar mais 23 amigos para essa festa, então quantas pessoas serão convidadas ao todo?

____

ADIÇÃO E SUBTRAÇÃO NA RETA NUMERADA

Vamos ver como podemos fazer adições e subtrações usando uma reta numerada. Vamos usá-la como se fosse uma trilha numerada.

Para adicionar, "caminhamos" sobre a reta para a direita, ou seja, no sentido em que os números crescem (aumentam).

Para subtrair, "caminhamos" sobre a reta para a esquerda, ou seja, no sentido em que os números decrescem (diminuem).

1 Observe as retas numeradas abaixo e complete as operações.

a) 28 + 5 = ______ ______ − 5 = 28

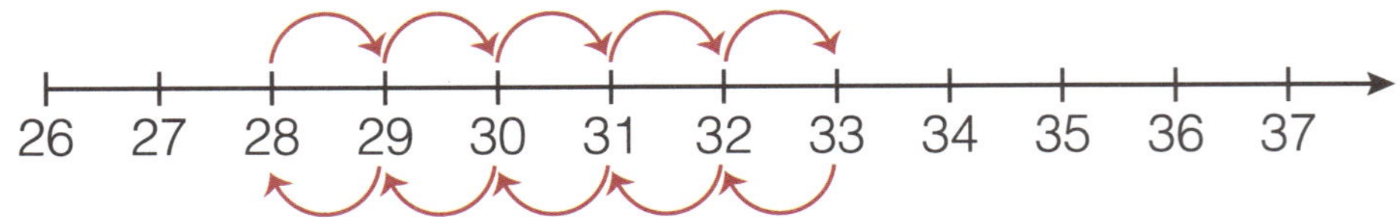

b) 17 + 8 = ______ ______ − 8 = ______

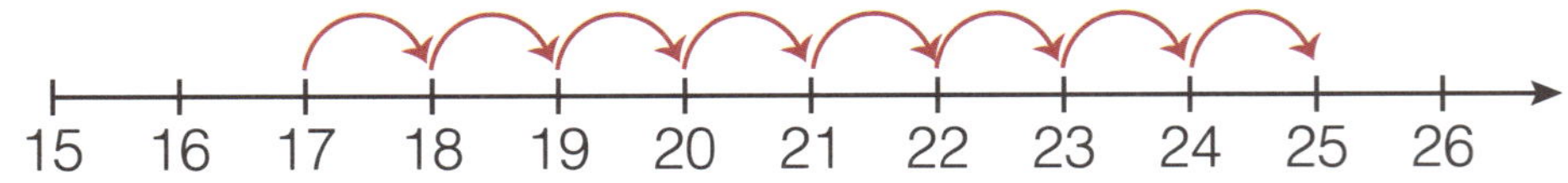

c) ______ + ______ = ______ 52 − 6 = ______

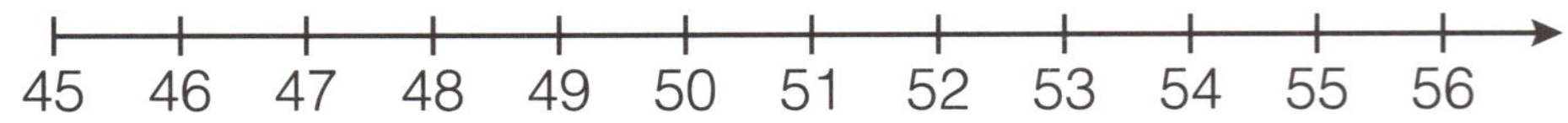

d) 44 + 7 = ______ ______ − ______ = ______

Maxisport/Shutterstock/Glow Images

2 Resolva as adições abaixo como preferir.

a) 120 + 17 = ____________

d) 144 + 12 = ____________

b) 77 + 9 = ____________

e) 99 + 7 = ____________

c) 132 + 8 = ____________

f) 222 + 8 = ____________

3 Calcule as subtrações abaixo como preferir.

a) 45 − 6 = ____________

d) 137 − 17 = ____________

b) 99 − 7 = ____________

e) 156 − 12 = ____________

c) 86 − 9 = ____________

f) 230 − 8 = ____________

4 Descubra uma regra para cada sequência númerica abaixo e complete-a.

a) 100, 120, 140, ____________, ____________, ____________, ____________, ____________, ____________.

b) 216, 221, 226, ____________, ____________, ____________, ____________, ____________, ____________.

c) 350, 347, 344, ____________, ____________, ____________, ____________, ____________, ____________.

d) 399, 389, 379, ____________, ____________, ____________, ____________, ____________, ____________.

ADIÇÕES, GEOMETRIA E REFLORESTAMENTO

Convide um colega para este jogo. Vocês deverão reflorestar o terreno representado pelo tabuleiro abaixo.

MATERIAL NECESSÁRIO

- 3 dados do **Material Complementar**
- Tabuleiro desta página
- 2 lápis verdes

O JOGO DO REFLORESTAMENTO

Como jogar

- Decida com o colega quem será o primeiro a jogar.
- Na sua vez, cada jogador lança os 3 dados e adiciona os pontos obtidos. Em seguida, pinta de verde no seu tabuleiro a quantidade de quadradinhos igual ao total de pontos obtidos nos dados. Mas atenção: esses quadradinhos pintados devem sempre formar um retângulo.
- Se não for possível obter um retângulo com o total de pontos obtidos ou não houver espaço disponível no tabuleiro para pintar um retângulo do tamanho necessário, então o jogador deve descartar pontos até conseguir pintar um retângulo.
- Vence a partida o primeiro jogador a reflorestar completamente seu tabuleiro.

Hal_P/Shutterstock

Tabuleiro

1 Marcela e André estão brincando com o **Jogo do reflorestamento**.

Felipe Prado/Arquivo da editora

As imagens desta página não estão representadas em proporção.

a) Na primeira jogada, Marcela obteve os pontos ao lado.
Qual das figuras abaixo ela deve pintar em seu tabuleiro? Justifique sua resposta.

A

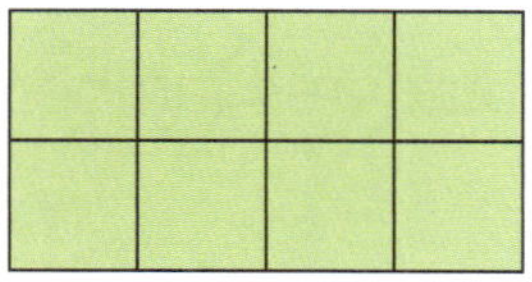

B

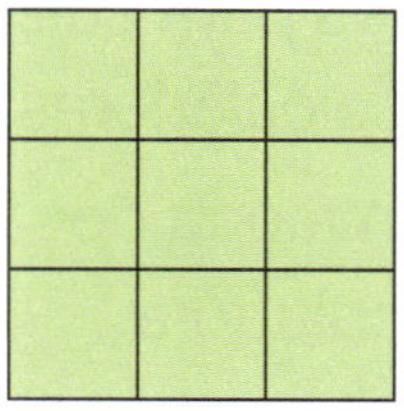

b) Veja os pontos que André tirou nos dados em sua primeira jogada.

Diogo Cesar/Arquivo da editora

Com qual deles você concorda? Justifique sua resposta.

c) Em outra rodada, Marcela pintou a figura ao lado.
Que pontos ela pode ter tirado nos 3 dados?

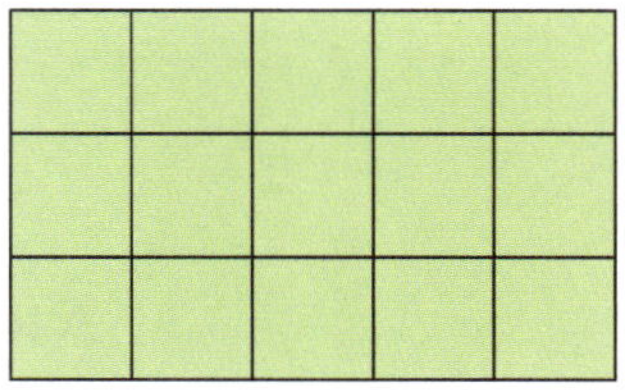

2 Agora, faça uma pesquisa com seu colega de jogo. Pesquisem com familiares, em livros ou na internet.

- O que é reflorestamento?
- Por que é importante reflorestar?

Apresentem oralmente o trabalho de vocês para a turma.

CONHECENDO A CALCULADORA

Há uma grande variedade de calculadoras à disposição, dependendo das necessidades de quem vai usá-las. Há calculadoras mais simples e outras com muitos recursos para cálculos e, por isso mesmo, com muitas teclas. São exemplos as calculadoras científicas e as financeiras.

Além disso, a maioria dos celulares e computadores também tem aplicativos de calculadora.

Veja abaixo alguns exemplos de calculadoras.

As imagens desta página não estão representadas em proporção.

Oleksiy Mark/Shutterstock/Glow Images

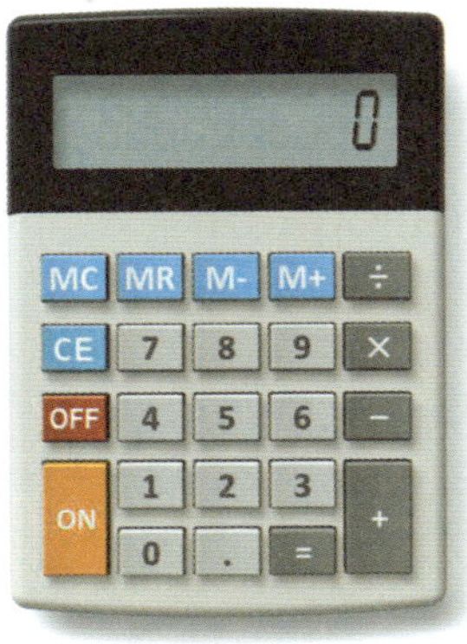

Calculadora simples

Voo Doo 13/Shutterstock/Glow Images

Calculadora de celular

Hurst Photo/Shutterstock/Glow Images

Calculadora de mesa com bobina de papel

natrot/Shutterstock/Glow Images

Calculadora científica

Você sabe para que servem as teclas de uma calculadora simples?

Este é o visor onde você vai ver os números digitados e os resultados.

A tecla "CE" serve para limpar a última digitação.

A tecla "OFF" desliga a calculadora.

Esta é a tecla que liga a calculadora; em algumas delas aparece "ON", e, em outras, "C".

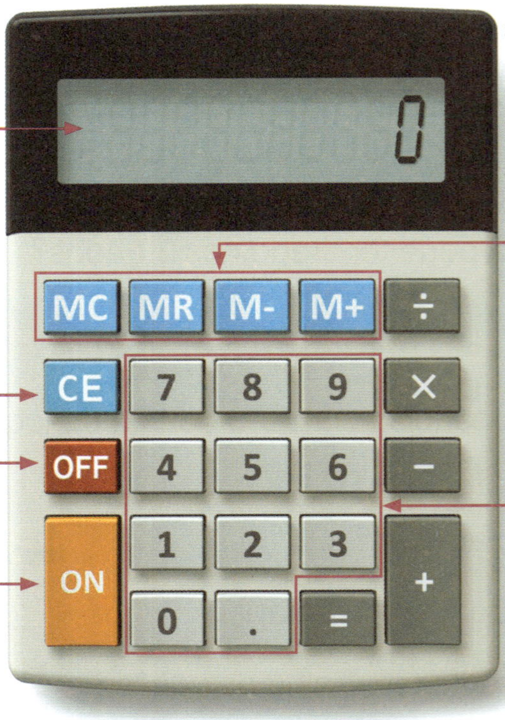

Oleksiy Mark/Shutterstock/Glow Images

Estas teclas servem para armazenar os resultados das operações.

Os números estão quase sempre dispostos da mesma maneira: enfileirados, na ordem crescente, da esquerda para a direita e de baixo para cima.

1 Escreva para que serve cada tecla abaixo.

a) [+] ______________________________

b) [−] ______________________________

c) [×] ______________________________

d) [÷] ______________________________

e) [=] ______________________________

2 Você vai fazer cálculos com uma calculadora. Observe abaixo o exemplo e siga calculando.

[1] [5] [+] [3] [2] [=] [47]

Banco de imagens/ Arquivo da editora

a) [6] [7] [+] [1] [2] [=] [ ]

b) [9] [5] [−] [3] [3] [=] [ ]

c) [1] [4] [÷] [2] [=] [ ]

3 Agora, escolha números e registre-os nos desenhos das teclas abaixo. Em seguida, resolva as operações com uma calculadora e anote os resultados encontrados.

a) [ ] [ ] [−] [ ] [ ] [=] [ ]

b) [ ] [ ] [×] [ ] [ ] [=] [ ]

c) [ ] [ ] [+] [ ] [ ] [=] [ ]

SÓLIDOS GEOMÉTRICOS

As imagens destas páginas não estão representadas em proporção.

Em supermercados, em lojas e em casa podemos observar diferentes tipos de caixas de embalagens. Observe as imagens abaixo.

A

Janet Faye Hastings/Shutterstock

B

Pavel Hlystov/Shutterstock/Glow Images

C

Fedorov Oleksiy/Shutterstock/Glow Images

D

caimacanul/Shutterstock/Glow Images

E

Natalya Bidyukova/Shutterstock

Algumas embalagens têm suas formas inspiradas em sólidos geométricos. As mais comuns são as embalagens que têm a forma de paralelepípedo, como a de creme dental.

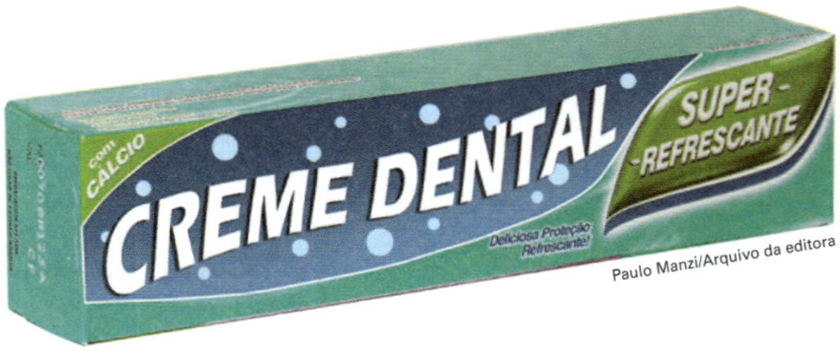

Paulo Manzi/Arquivo da editora

1 Além da embalagem de creme dental, quais embalagens mostradas acima lembram um paralelepípedo?

____

2 Liste pelo menos 4 produtos que sejam vendidos em embalagens que lembram um paralelepípedo.

____

____

3 Pegue uma embalagem de creme dental.

a) Contorne todas as faces dessa caixa em uma folha de papel.

b) Quantas faces você contornou?

____

c) Como são as formas dessas faces?

____

Eduardo Santaliestra/Arquivo da editora

4 Sônia abriu uma embalagem que lembra um paralelepípedo, mas sem querer um pedaço da caixa se soltou.
Contorne abaixo o pedaço que completa essa caixa.

5 Observe abaixo as imagens de 3 caixas desmontadas.

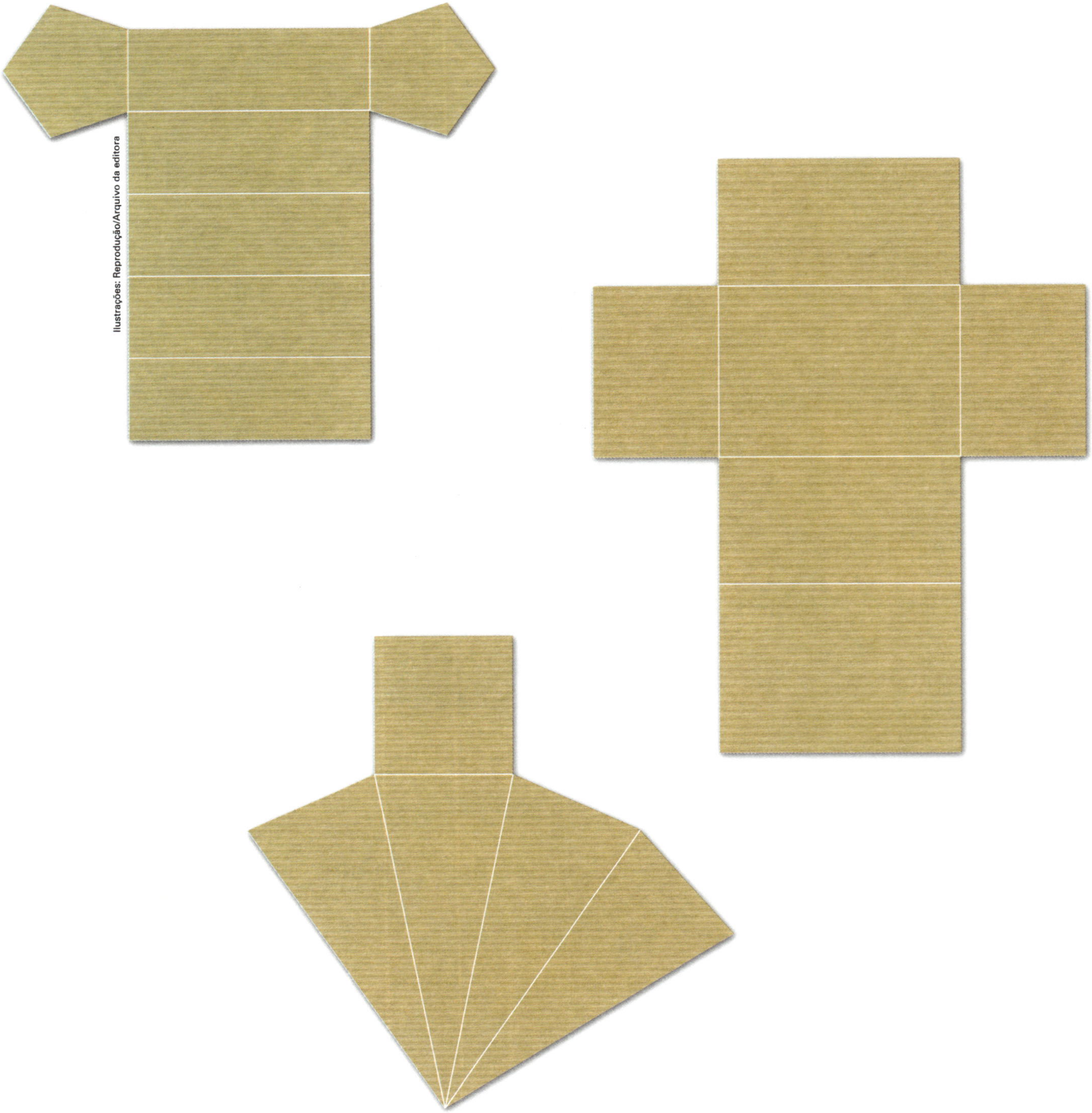

Ilustrações: Reprodução/Arquivo da editora

a) Contorne apenas a embalagem que formará um paralelepípedo ao ser montada.

b) Explique a um colega como você chegou à resposta do item anterior.

Além das embalagens, muitos objetos ou construções que observamos têm formas que lembram sólidos geométricos.

6 Ligue cada imagem à esquerda ao sólido geométrico correspondente à direita.

As imagens desta página não estão representadas em proporção.

Alexander Fediachov/Shutterstock/Glow Images

Bola de futebol

Cesarz/Shutterstock

Vela

Constantine Pankin/Shutterstock/Glow Images

Chapéu de aniversário

David Stuart Productions/Shutterstock/Glow Images

Dado

posztos/Shutterstock

Pirâmide do Louvre em Paris, na França. Foto de 2014.

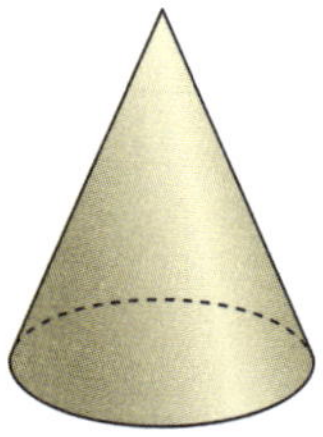

Cone

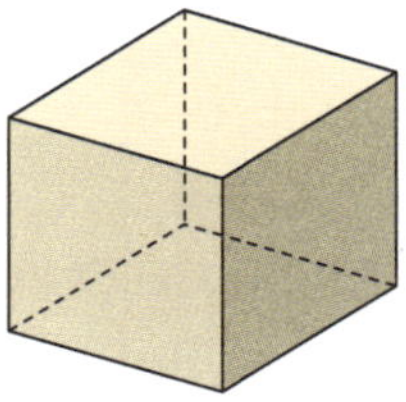

Cubo

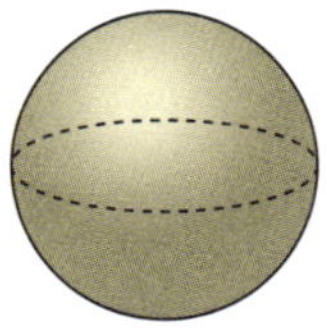

Esfera

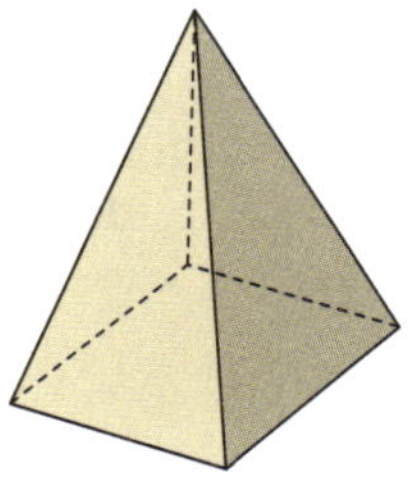

Pirâmide de base quadrada

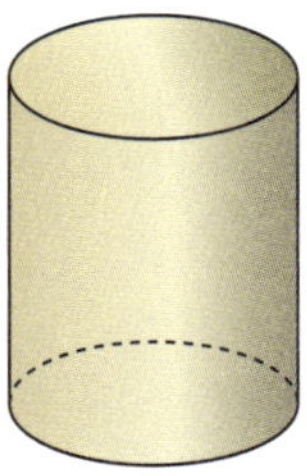

Cilindro

ATIVIDADES DO CAPÍTULO

1. Resolva a operação 132 + 9 na reta numerada abaixo.

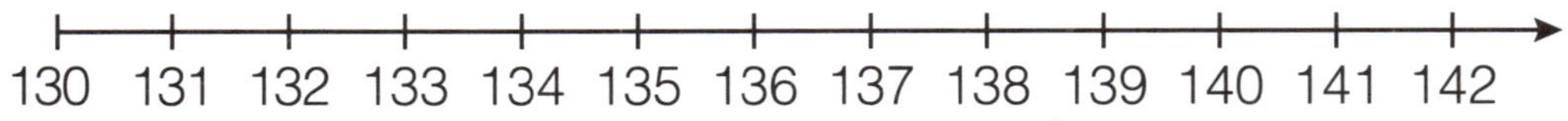

132 + 9 = ________

2. Resolva agora as operações abaixo.

a) 235 + 13 = ________

b) 299 + 6 = ________

c) 157 − 14 = ________

d) 305 − 6 = ________

3. Confira os cálculos da atividade anterior usando uma calculadora. Você fez todos os cálculos corretamente?

4. Vítor fez uma pesquisa para saber quais são as frutas preferidas pelos alunos de sua turma. O resultado está no gráfico abaixo.

Complete a tabela ao lado com as informações do gráfico.

Frutas preferidas dos alunos

Fruta	Quantidade de votos
Laranja	
Caju	
Uva	

Tabela elaborada para fins didáticos.

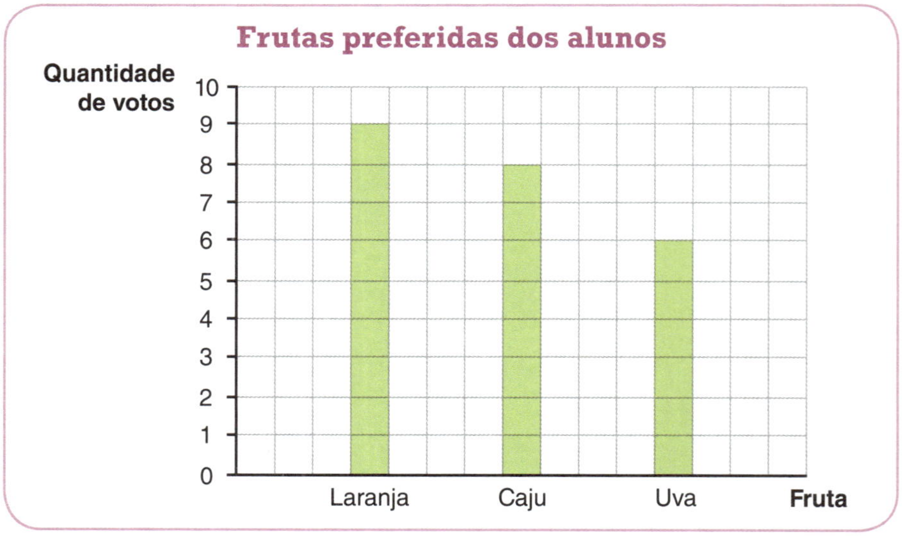

Gráfico elaborado para fins didáticos.

RESOLVENDO PROBLEMAS

Antes de resolver os problemas abaixo, assinale a operação ou as operações que você usará. Depois, resolva os problemas.

1. Em cada dia da semana Larissa dá 5 voltas na pista de ciclismo. Quantas voltas ela dá ao todo em 1 semana?

- [ ] 5 + 5 + 5 + 5 + 5 + 5 + 5
- [ ] 7 + 5
- [ ] 5 + 5 + 5 + 5 + 5

Ilustrações: André Rocca/Arquivo da editora

____

2. No sítio do avô de Jorge havia 2 galinheiros. No domingo, as galinhas de um galinheiro botaram 44 ovos, e as do outro galinheiro botaram 35 ovos. Quantos ovos as galinhas botaram ao todo?

- [ ] 35 + 44
- [ ] 44 + 35 + 2
- [ ] 44 + 35

As imagens desta página não estão representadas em proporção.

____

CÁLCULO MENTAL

1. Resolva as operações abaixo.

a) 10 + 0 = ________

b) 10 + 10 = ________

c) 10 + 20 = ________

d) 10 + 30 = ________

e) 10 + 40 = ________

f) 10 + 50 = ________

g) 10 + 60 = ________

h) 10 + 70 = ________

i) 10 + 80 = ________

j) 10 + 90 = ________

2. Calcule.

a) 100 + 0 = ________

b) 100 + 100 = ________

c) 100 + 200 = ________

d) 100 + 300 = ________

e) 100 + 400 = ________

f) 100 + 500 = ________

g) 100 + 600 = ________

h) 100 + 700 = ________

i) 100 + 800 = ________

j) 100 + 900 = ________

Luciano Tasso/Arquivo da editora

3. Complete abaixo com os números que faltam.

a) 10 + ________ = 10

b) 100 + ________ = 200

c) 10 + ________ = 30

d) 100 + ________ = 400

e) 10 + ________ = 50

f) 100 + ________ = 600

4. Adicione as dezenas e as centenas de cada item abaixo.

a) 100 + 10 = ________

b) 500 + 40 + 10 = ________

c) 600 + 100 + 20 = ________

d) 100 + 400 + 50 + 10 = ________

5. Continue completando abaixo com os números que faltam.

a) 100 + ________ + 30 = 530

b) ________ + 300 + 50 = 650

c) 200 + 200 + ________ = 480

d) ________ + 100 + 10 = 310

e) 100 + ________ + 50 = 250

f) 300 + 400 + ________ = 770

MINHAS DICAS

Anote algo que você aprendeu nestas atividades e que pode ajudar a realizar cálculos mais rapidamente.

____

____

____

____

CAPÍTULO 3

QUANTAS VEZES?

TABUADA DO 2 E DOBRO

O frentista do posto pensou que iria calibrar os pneus de apenas 1 bicicleta, mas apareceram outras crianças de bicicleta.

Ilustrações: André Rocca/Arquivo da editora

Calibrar: fazer a medição ou o ajuste da quantidade de ar de um pneu.

1 Observe a cena acima.

a) Quantas crianças pararam no posto para encher os pneus das bicicletas? ______

b) Há quantos pneus para calibrar ao todo? ______

2 Observe o exemplo e complete.

1  tem 2 .

$1 \times 2 = 2$ Lemos: **um** vezes **dois** é igual a **dois**.

a) 2  têm 4 .

$2 \times 2 = 2 + 2 =$ ______

Lemos: **dois** vezes ______ é igual a ______.

b) Três  têm 6 .

$3 \times 2 =$ ______ + ______ + ______ = ______

Lemos: ______ vezes ______ é igual a ______.

Ilustrações: André Rocca/Arquivo da editora

3 Continue pensando da mesma maneira e complete a tabela abaixo.

Tabuada do 2

		**Multiplicação**
1	2	$1 \times 2 = 2$
2	$2 + 2$	$2 \times 2 = 4$
3	$2 + 2 + 2$	$3 \times 2 = 6$
4		$4 \times 2 =$
5		$5 \times 2 =$
6		$6 \times 2 =$
7		$7 \times 2 =$
8		$8 \times 2 =$
9		$9 \times 2 =$
10		$10 \times 2 =$

Tabela elaborada para fins didáticos.

4 Observe o exemplo e complete as frases abaixo.

O dobro de 3 é 6 porque $2 \times 3 = 6$.

O **dobro** de um número é o mesmo que **multiplicar** esse número **por 2**.

a) O dobro de 4 é ______ porque ______________________.

b) O dobro de 6 é ______ porque ______________________.

c) O dobro de 8 é ______________________________.

d) O dobro de 10 é ______________________________.

TABUADAS DO 4 E DO 8

Como vimos, para construir a tabuada do 2, podemos adicionar grupos de 2 elementos. Pensando assim, podemos construir qualquer tabuada, pois basta pensar em grupos com a mesma quantidade de elementos em cada um.

Por exemplo, para formar a tabuada do 4, podemos pensar em grupos de 4 maçãs!

1 Observe abaixo os grupos com 4 maçãs e complete as multiplicações.

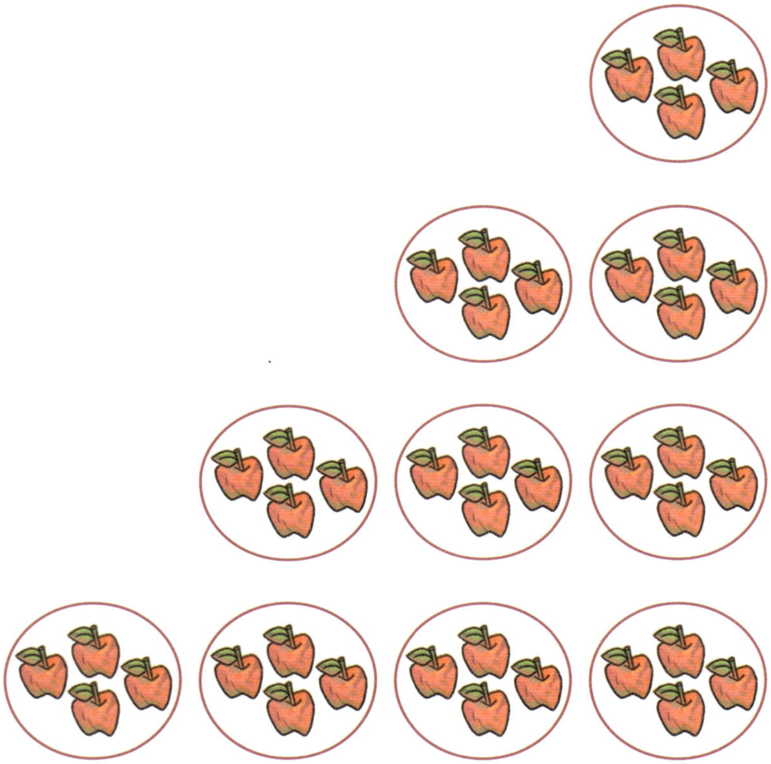

Ilustrações: André Rocca/ Arquivo da editora

1 × 4 = ______

2 × ______ = ______

______ × ______ = ______

______ × ______ = ______

2 Para continuar a tabuada do 4, vamos pensar nos grupos acima.

a) Observe o resultado em cada linha da tabuada. O que muda de uma linha para a outra? ______________________

b) Usando o que você descobriu, continue abaixo a tabuada do 4.

5 × 4 = ______	8 × 4 = ______
6 × 4 = ______	9 × 4 = ______
7 × 4 = ______	10 × 4 = ______

Para construir a tabuada do 8, usaremos uma malha quadriculada e pensaremos em grupos de 8 quadradinhos.

$1 \times 8 = 8$ 

$2 \times 8 = 16$ 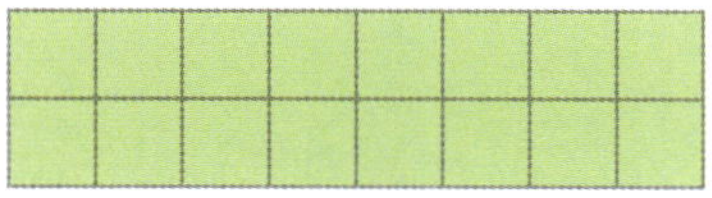

$3 \times 8 = 24$ 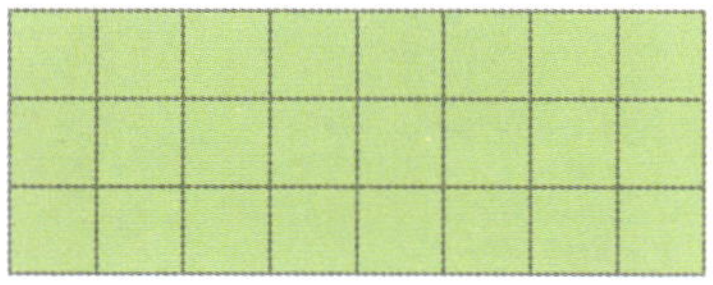

$4 \times 8 = 32$ 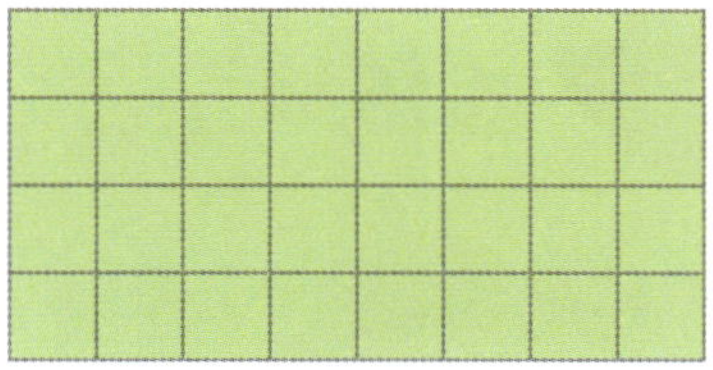

$5 \times 8 = 40$ 

$6 \times 8 =$ _____ 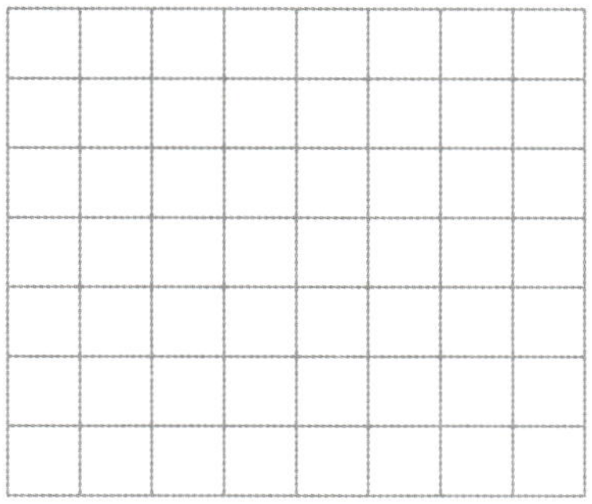

3 Pinte no quadriculado acima 6×8 e complete com o resultado.

4 Complete a sequência numérica abaixo de 8 em 8.

8, 16, 24, _____, _____, _____, _____, _____, _____, _____ .

5 Veja o exemplo e complete os outros espaços com as tabuadas.

	8	$4 \times 2 = 8$	$2 \times 4 = 8$	$1 \times 8 = 8$
a)	16	_____ × _____ = 16	_____ × _____ = 16	_____ × _____ = 16
b)	40	_____ × _____ = _____	_____ × _____ = _____	
c)	20	_____ × _____ = _____	_____ × _____ = _____	

O VALOR DO DINHEIRO

Você já viu um encarte de anúncio de preços?

Você sabia?
10 reais também pode ser escrito assim: **R$ 10,00**

1 Observe abaixo o encarte de uma propaganda de brinquedos da loja Superbarato.

As imagens desta página não estão representadas em proporção.

Pablo Mayer/ Arquivo da editora

a) Ana foi à loja Superbarato e comprou 1 bola e 1 jogo. Veja abaixo as cédulas e moedas do Real que Ana tem para pagar os brinquedos. Depois, contorne as cédulas e as moedas que ela pode usar para não receber troco.

Reprodução/Casa da Moeda do Brasil/Ministério da Fazenda

b) Sandro comprou 1 bola. Desenhe abaixo ou escreva quais cédulas e moedas Sandro pode usar para pagar a bola e não receber troco.

c) Patrícia comprou 1 carrinho e 1 boneca para seus filhos. Ela pagou com 1 cédula de 50 reais. Qual foi o troco? R$ ________

d) Com 1 cédula de 50 reais e 2 cédulas de 20 reais, Gabriela pagou 1 boneca, 1 jogo e as panelinhas. Quanto ela recebeu de troco?

R$ ________

e) Sílvia comprou 2 brinquedos para seus filhos e gastou exatamente 38 reais. Os brinquedos que ela comprou foram ________________

e ________________.

2 Escreva por extenso o valor indicado em cada item.

a) R$ 41,00 ________________________________

b) R$ 97,00 ________________________________

c) R$ 218,00 ________________________________

d) R$ 305,00 ________________________________

3 O manobrista do estacionamento abaixo deve estacionar os carros de acordo com as seguintes regras:

- Carros vermelhos somente podem ser estacionados na vaga indicada pelo número antecessor ao número da plaquinha rosa.
- Carros azuis somente podem ser estacionados na vaga indicada pelo número sucessor ao número da plaquinha rosa.

a) Ligue cada carro a uma vaga, de acordo com as regras acima.

b) O manobrista vai conseguir estacionar todos os carros?

____

c) Cada cliente pagará R$ 10,00 ao estacionamento. Quanto esse estacionamento receberá ao todo? ______________________________

André Rocca/Arquivo da editora

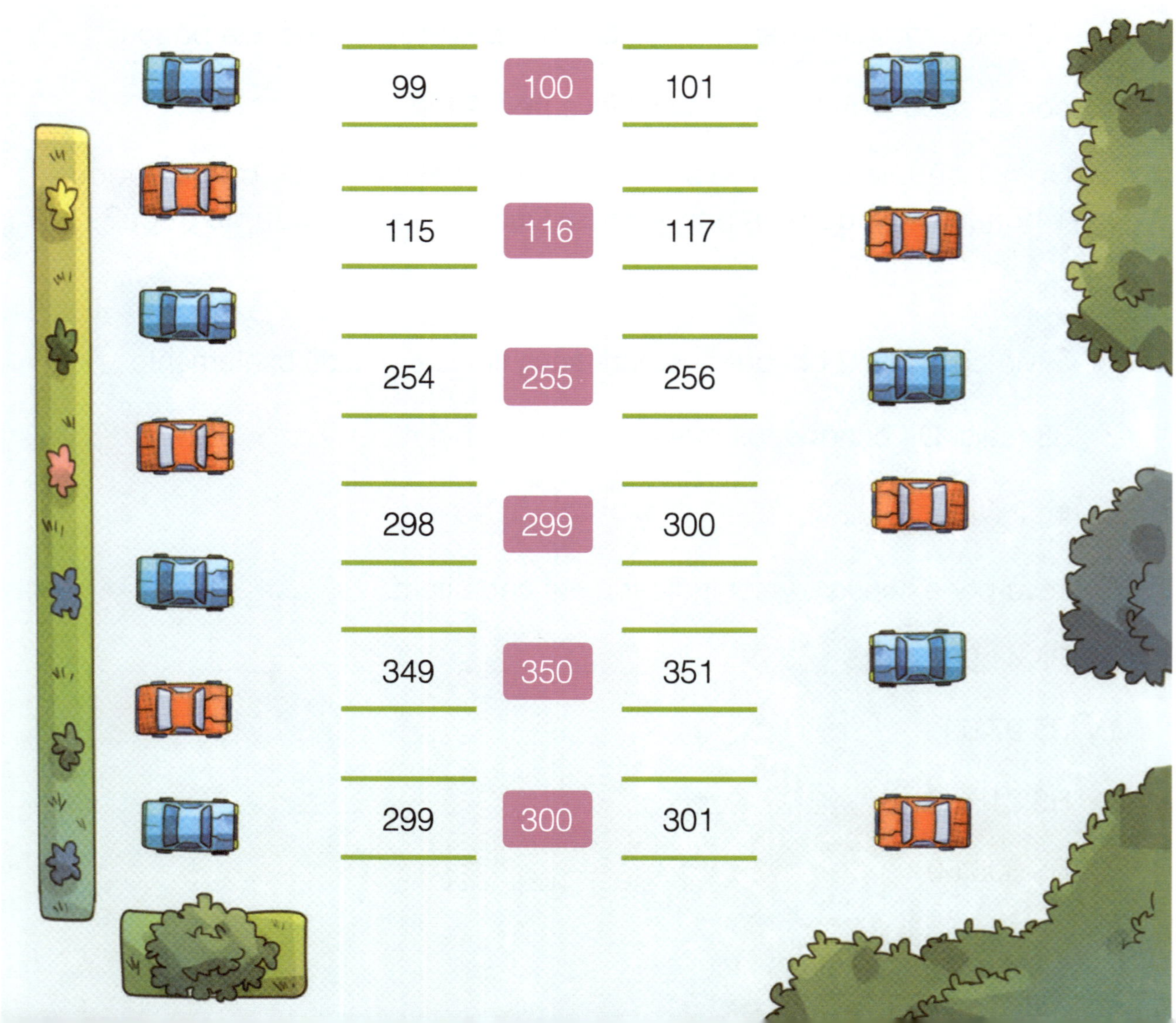

4 Com as cédulas e moedas abaixo, represente cada quantia indicada de 2 maneiras diferentes.

As imagens destas páginas não estão representadas em proporção.

a) 234 reais

b) 280 reais

c) 343 reais

d) 435 reais

O RELÓGIO

Você já sabe que o relógio de ponteiros também pode ser chamado de relógio analógico. Agora, vamos construir um relógio analógico?

Eduardo Santaliestra/Arquivo da editora

1 Destaque o mostruário e os ponteiros do **Material Complementar**. Depois, encaixe o pino central unindo os ponteiros ao mostruário.

2 Agora que você montou seu relógio, represente nele o horário das 7 horas.

Dominik Hladik/Shutterstock/Glow Images

a) Para qual número do mostrador o ponteiro pequeno está apontando?

____

b) E o ponteiro grande? ______________________

Lembre-se:
O ponteiro pequeno indica as horas.
O ponteiro grande indica os minutos.

3 Complete as lacunas a seguir. Depois, responda.

Você representou 7 horas no seu relógio. Agora, mova o ponteiro grande do 12 para o 6. Nesse movimento, o ponteiro deu um giro de ________________ volta. Sozinho, esse ponteiro do relógio leva ________________ hora nesse percurso.

a) Que horário o relógio está marcando? ____________________________

b) Se você completar a volta, levando o ponteiro grande novamente até o 12, então para onde o ponteiro pequeno deverá apontar? __________

c) Que horário o relógio estará marcando? __________________________

Meia volta do ponteiro grande no relógio corresponde a 30 minutos ou meia hora.
1 volta completa desse ponteiro no relógio corresponde a 60 minutos ou 1 hora.

4 Escreva abaixo de cada relógio o horário que ele está marcando.

Vectorlib/Shutterstock/Glow Images

______________________________ ______________________________

5 Desenhe os ponteiros em cada relógio abaixo de acordo com os horários indicados.

a) 8 horas e 30 minutos

b) 12 horas e 30 minutos

c) 6 horas e 30 minutos

Reprodução/Arquivo da editora

6 Ligue os relógios que marcam o mesmo horário.

Cobalt88/Shutterstock/Glow Images

Sergii Koro Iko/Shutterstock/Glow Images

7 Há algumas atividades que você faz todos os dias no mesmo horário. Escreva na lista abaixo algumas dessas atividades e o horário em que você as realiza.

Atividade	Horário em que costuma realizá-la
Acordar	

Reprodução/Arquivo da editora

8 Francisco saiu de casa às 7 horas e chegou ao trabalho às 8 horas e 30 minutos. Quanto tempo ele demorou nesse trajeto?

9 Agora é a sua vez de ser professor!

a) Escreva um bilhete para um amigo explicando como ele pode ler o horário em um relógio de ponteiros.

b) Quando terminar de escrever o bilhete, troque seu livro com um colega e vejam se um entendeu o bilhete do outro. Se faltou alguma informação, então complete o bilhete.

FACES, VÉRTICES E ARESTAS

Vamos conhecer um pouco mais sobre os elementos dos poliedros. Observe um paralelepípedo e alguns dos nomes que usamos em Geometria.

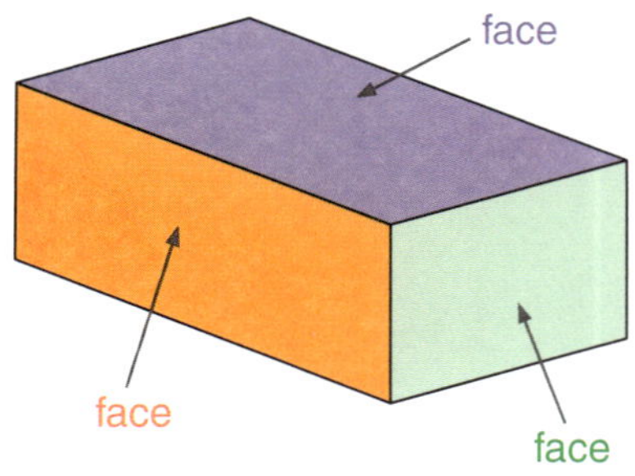

O paralelepípedo do lado esquerdo está com as faces pintadas. Há mais 3 faces ocultas. Você consegue imaginá-las?

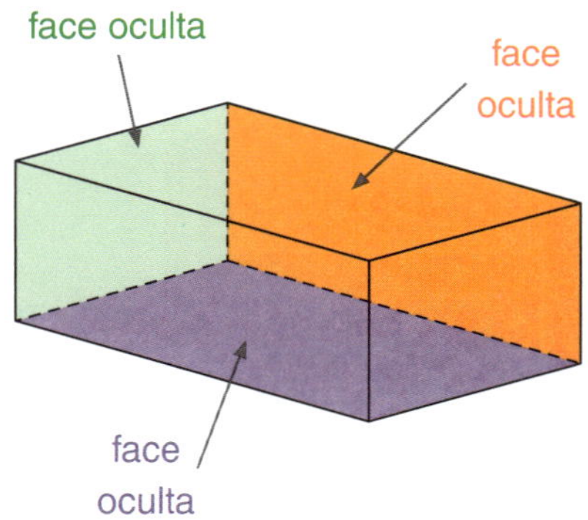

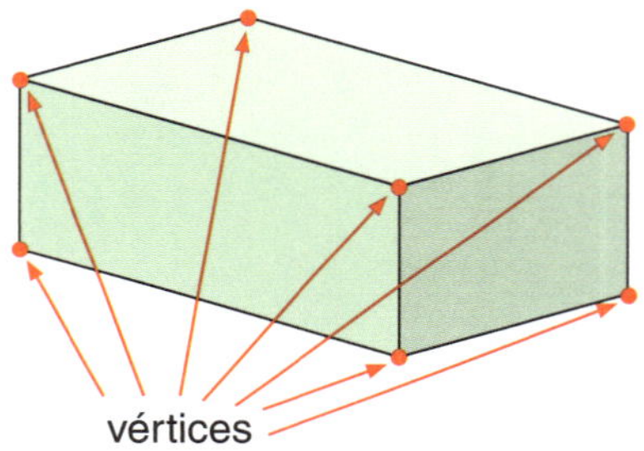

Os vértices são “as pontas”. Observe-os no paralelepípedo à esquerda.

Há mais 1 vértice oculto. Você consegue imaginar onde ele está?

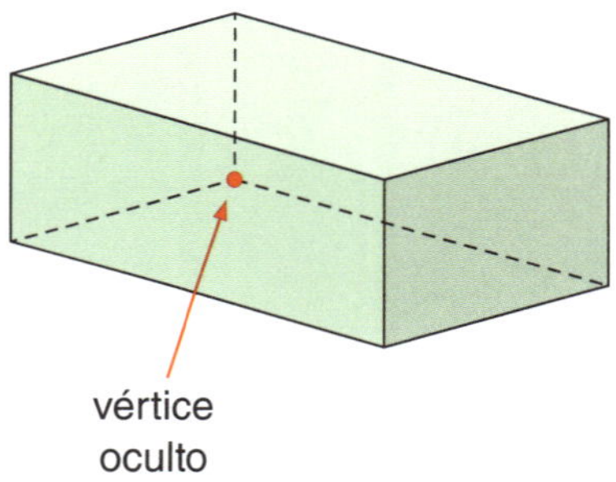

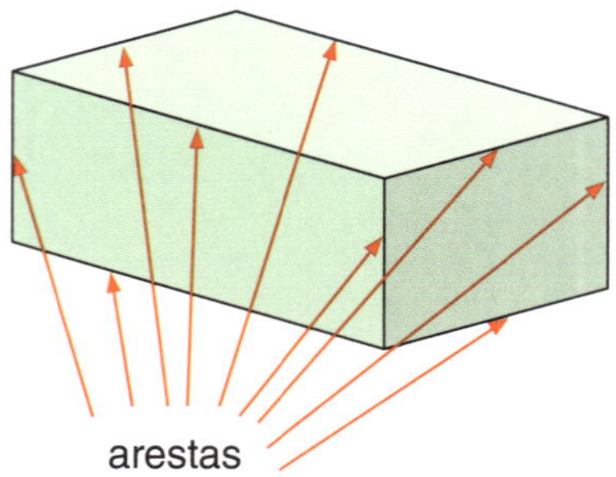

Agora, observe à esquerda onde ficam as arestas do paralelepípedo.

Há mais 3 arestas ocultas. Você consegue imaginá-las?

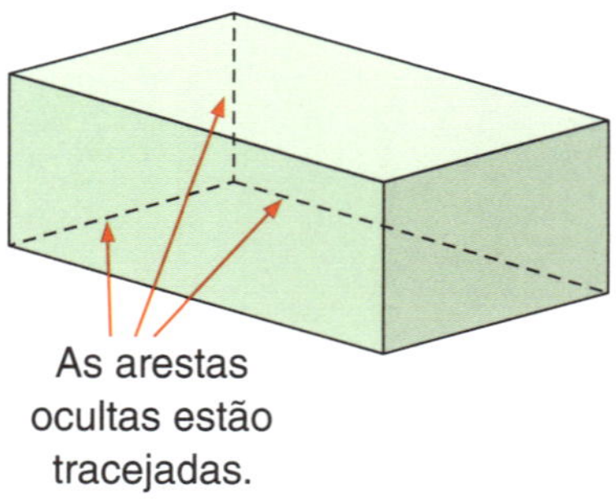

1 Complete com números: O paralelepípedo acima tem ______ faces, ______ vértices e ______ arestas.

2 Observe outros sólidos geométricos e registre a quantidade de faces, vértices e arestas de cada um deles.

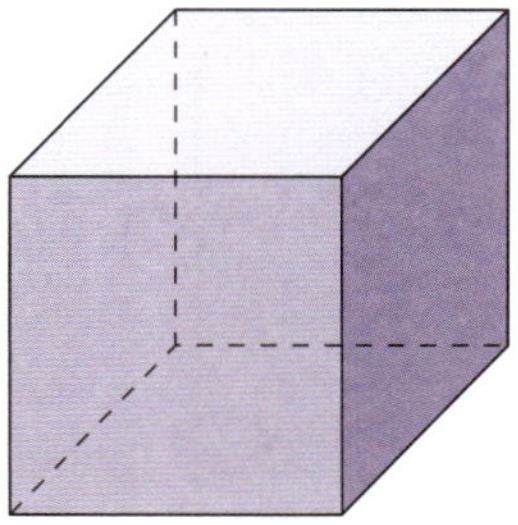

Cubo

faces ☐

vértices ☐

arestas ☐

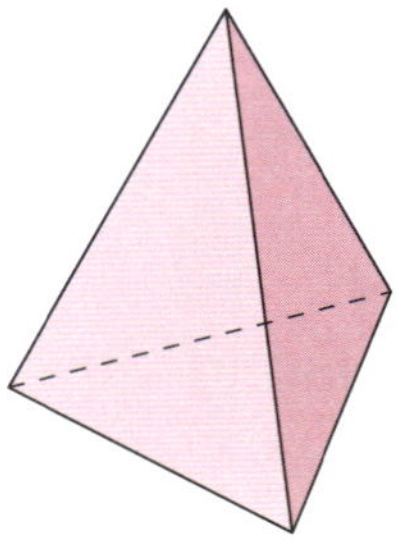

Tetraedro

faces ☐

vértices ☐

arestas ☐

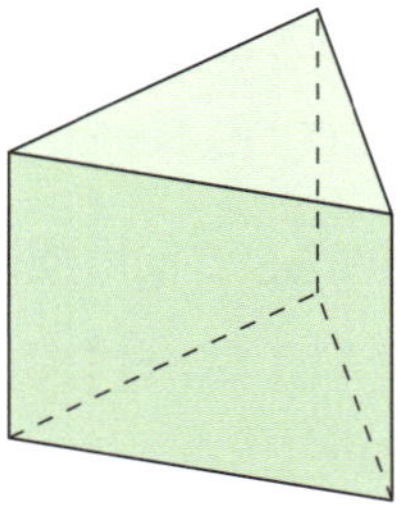

Prisma de base triangular

faces ☐

vértices ☐

arestas ☐

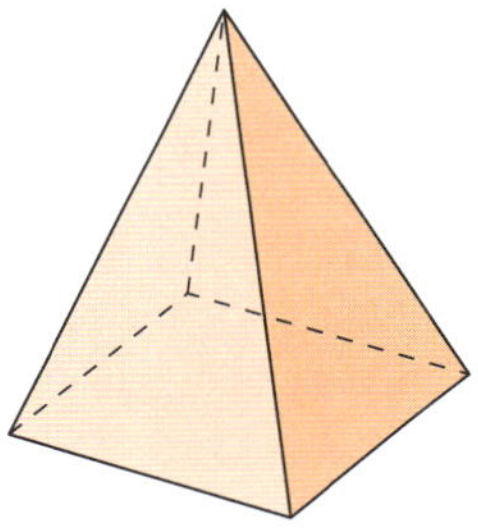

Pirâmide de base quadrada

faces ☐

vértices ☐

arestas ☐

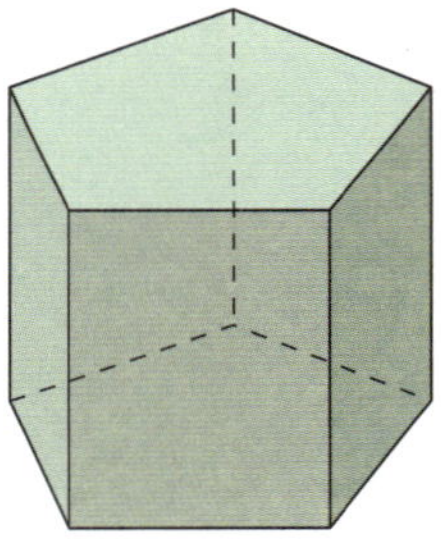

Prisma de base pentagonal

faces ☐

vértices ☐

arestas ☐

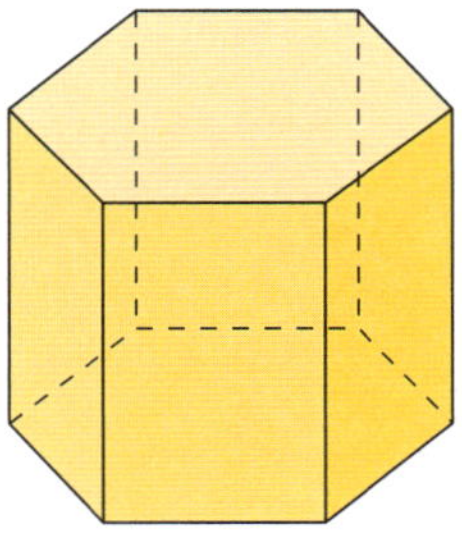

Prisma de base hexagonal

faces ☐

vértices ☐

arestas ☐

3 Observe as figuras geométricas planas que formam as faces dos sólidos geométricos acima. Quais dessas figuras você já conhecia? Escreva o nome delas abaixo.

ATIVIDADES DO CAPÍTULO

1. Observe ao lado as relações de dobro que podemos usar nas multiplicações.

   Complete as multiplicações a seguir observando se é possível usar a relação de dobro entre elas.

$$3 \times 3 = 9$$
$$\downarrow \times 2 \quad \downarrow \times 2$$
$$3 \times 6 = 18$$
$$\downarrow \times 2 \quad \downarrow \times 2$$
$$3 \times 12 = 36$$

a) $3 \times 2 = 6$	b) $5 \times 2 = 10$	c) $7 \times 2 = 14$
$3 \times 4 =$ ______	$5 \times 4 =$ ______	$7 \times 4 =$ ______
$3 \times 8 =$ ______	$5 \times 8 =$ ______	$7 \times 8 =$ ______

2. Desenhe as cédulas e as moedas que você usaria para pagar o brinquedo abaixo com o valor exato, sem receber troco.

Ilustra Cartoon/Arquivo da editora

As imagens destas páginas não estão representadas em proporção.

3. No relógio ao lado, registre o horário 10 horas e 30 minutos.

Mushakesa/Shutterstock/Glow Images

4. Complete com o nome do sólido geométrico: Tenho 6 faces, 8 vértices e 12 arestas. Minha base tem a forma de um retângulo.

   Sou um ______________________.

Andrey Kuzmin/Shutterstock/Glow Images

RESOLVENDO PROBLEMAS

Priscila vende pães de mel. Quando a encomenda não é grande, ela entrega os produtos pessoalmente.

Certo dia, Priscila recebeu 3 pequenas encomendas e foi fazer as entregas.

Para chegar à casa do primeiro cliente, o Joaquim, ela levou 15 minutos. Lá ela deixou 25 pães de mel.

Depois, andou mais 20 minutos e chegou à casa da Bia. Entregou a ela 30 pães de mel.

Com mais 18 minutos chegou ao escritório de Márcio, que havia encomendado 10 pães de mel. Nesse dia, Priscila ganhou 130 reais ao todo.

Quantos pães de mel ela entregou nesse dia?

a) Antes de resolver o problema, identifique o que significa cada número que está no texto. O primeiro já está feito.

3 Quantidade de encomendas que Priscila tinha no dia.

15 ______________________________

25 ______________________________

20 ______________________________

30 ______________________________

18 ______________________________

10 ______________________________

130 ______________________________

Julia Zakharova/Shutterstock/Glow Images

b) Agora, responda à pergunta do problema.

____

CÁLCULO MENTAL

1. Complete o resultado das adições abaixo utilizando apenas o cálculo mental.

+	100	200	300	500
100				
200				
400				
500				

2. Como você pensou para fazer os cálculos acima?

3. Calcule mentalmente e registre os resultados.

+	100	200	300	500
150				
250				
350				
450				

4. Anote como você pensou para fazer os cálculos acima.

Luciano Tasso/Arquivo da editora

5. Relembre como decompor um número. Veja o exemplo e continue fazendo as decomposições.

$$26 = 20 + 6$$

a) 37 = ______________ c) 81 = ______________

b) 39 = ______________ d) 62 = ______________

Veja abaixo uma maneira de adicionar 26 + 37.

26 + 37

20 + 6 30 + 7 — Primeiro, decompomos os números.

20 + 30 = 50 6 + 7 = 13 — Em seguida, adicionamos as dezenas e as unidades.

50 + 13 = 63 — Por último, adicionamos os resultados.

6. Calcule mentalmente as adições abaixo utilizando a estratégia acima.

a) 24 + 15 = ________ e) 73 + 26 = ________

b) 94 + 41 = ________ f) 28 + 45 = ________

c) 82 + 52 = ________ g) 57 + 17 = ________

d) 65 + 35 = ________ h) 31 + 68 = ________

MINHAS DICAS

Anote algo que você aprendeu nestas atividades e que pode ajudar a realizar cálculos mais rapidamente.

LER E ENTENDER

Nesta Unidade, você viu que a Matemática está presente em várias situações do dia a dia. Por exemplo, nos campeonatos de qualquer modalidade esportiva, as tabelas estão sempre presentes.

Veja na tabela abaixo a classificação final das 3 melhores delegações nas Paralimpíadas Escolares de 2015.

Classificação geral

Colocação	Delegação	Pontos	Bônus	Total de pontos
1º lugar	São Paulo	404	8	412
2º lugar	Rio de Janeiro	358	8	366
3º lugar	Minas Gerais	309	7	316

COMITÊ PARALÍMPICO BRASILEIRO (CPB). Disponível em: <http://cpb.org.br.187.38-89-161.groveurl.com/wp-content/uploads/2015/11/Boletim-5-Final-Completo.compressed.pdf>. Acesso em: 9 dez. 2015.

ANALISE

1. Para que a tabela foi usada?

2. Como os dados estão organizados na tabela para apresentar as informações ao leitor?

3. Qual delegação ficou em 2º lugar nessas Paralimpíadas Escolares?

4. Observe na tabela a pontuação da delegação que ficou em 1º lugar.

a) Quantos pontos essa delegação fez ao todo? ______________________

b) Essa pontuação é maior ou menor do que a pontuação obtida pelas outras delegações? ______________________

5. Observe na tabela a pontuação da delegação que ficou em 3º lugar.

a) Quantos pontos essa delegação fez ao todo? ______________________

b) Essa pontuação é maior ou menor do que a pontuação obtida pelas outras delegações? ______________________

RELACIONE

6. Todos os números usados nessa tabela têm a mesma função? Para que esses números foram usados?

____

____

7. Que tipo de cálculo foi feito para chegar ao "Total de pontos" de cada delegação?

____

8. O Brasil é dividido em 26 estados federados, mais o Distrito Federal. Então, o máximo de participantes das Paralimpíadas Escolares são 27 delegações. Porém, na competição de 2015, Piauí e Roraima não participaram.

a) Qual foi a classificação do último colocado nessa competição?

____

b) E qual foi a classificação do penúltimo colocado?

____

O QUE APRENDI?

A imagem que você viu na abertura desta Unidade é uma obra do pintor espanhol Ernest Descals.

Ernest Descals/Acervo do artista

Maraton, de Ernest Descals, data desconhecida. Óleo sobre tela. 146 cm × 114 cm. Acervo particular.

1. Observe a imagem.

   a) Estime quantas pessoas aparecem nessa obra. ____________

   b) Compare sua estimativa com a dos colegas. As estimativas foram próximas?

   c) Agora, faça a contagem e responda: quantas pessoas aparecem na obra?

   ____

   d) Qual é o uso dos números que você escreveu nos itens **a** e **c**?

   ____

   e) Imagine que essa obra retrata a linha de chegada de uma corrida. O atleta de camiseta preta está completando a corrida em qual colocação?

   ____

   f) Qual é o uso do número que você escreveu no item **e**?

   ____

   g) Liste 3 situações em que a Matemática está presente em uma corrida.

   ____

   ____

2. Lia organizou uma corrida e fez números de identificação de 1 a 300. Complete:

a) O sucessor do último número de identificação dessa corrida é ________ e o antecessor desse último número é ________.

b) A corrida acontecerá das 7:00 até às 9:00 da manhã. Então, o ponteiro menor do relógio dará ________ voltas completas do começo ao fim da corrida.

3. Vamos fazer uma pesquisa com os colegas de sua turma?

a) Pergunte qual dos esportes ao lado é o esporte preferido dos colegas. Em seguida, preencha a tabela.

Esporte preferido dos alunos da turma

Esporte	Quantidade de alunos
Futebol	
Basquete	
Corrida	
Natação	

Tabela elaborada para fins didáticos.

b) Qual foi o esporte mais votado? E o menos votado?

____

c) Quantos colegas escolheram natação como esporte preferido? ________

4. Complete: o sólido geométrico ao lado tem ________ vértices, ________ faces e ________ arestas.

Seu nome é ________________.

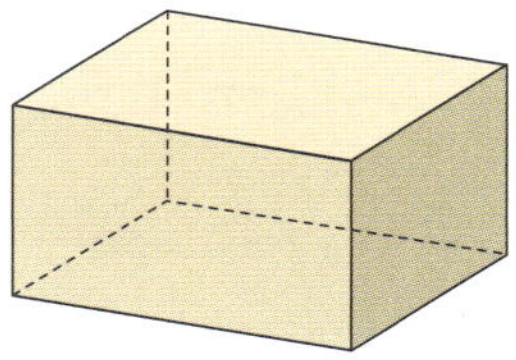

MINHA COLEÇÃO DE PALAVRAS

Escreva abaixo algumas palavras que você aprendeu nesta Unidade. Depois, escolha 2 palavras e escreva o significado delas.

____

____

____

UNIDADE

2 PRESENTE, PASSADO E FUTURO

Estúdio Mil/Arquivo da editora

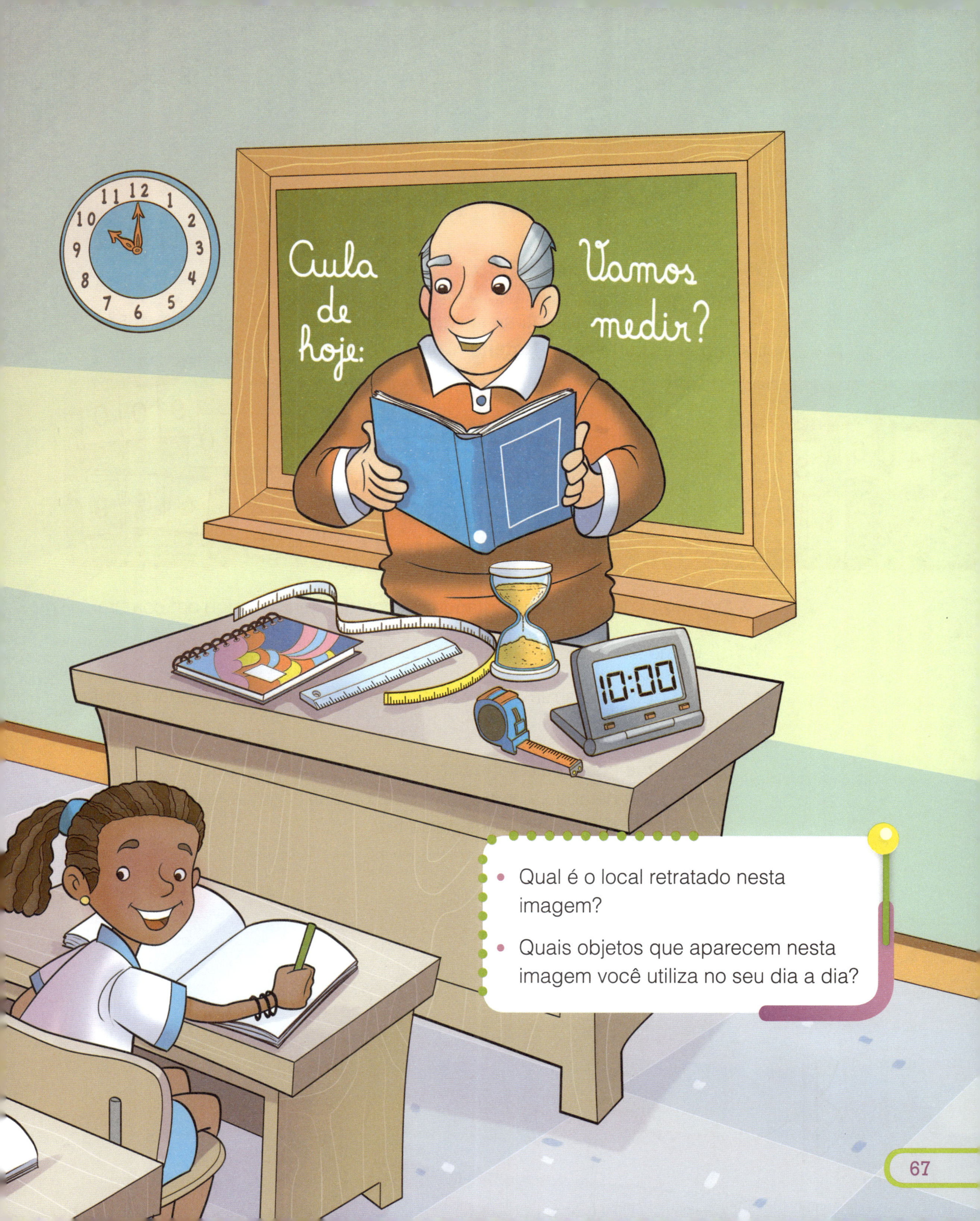

- Qual é o local retratado nesta imagem?
- Quais objetos que aparecem nesta imagem você utiliza no seu dia a dia?

CAPÍTULO 4

O USO DOS NÚMEROS

CARTELAS DE NÚMEROS

Vamos usar cartelas para estudar um pouco mais sobre os números? Destaque as cartelas do **Material Complementar**.

Tiut Vlad/Shutterstock/Glow Images

1 Organize suas cartelas formando grupos que tenham algo em comum.

a) Como ficaram os grupos que você fez?

b) Por que você arrumou as cartelas dessa maneira? O que cada grupo tem em comum?

c) Observe como os colegas organizaram as cartelas deles. Escreva ou desenhe abaixo uma maneira de organizar as cartelas que seja diferente da maneira como você fez.

2 Continue observando as cartelas e responda.

a) Qual é o maior número dessas cartelas? ____________

b) E qual é o menor número? ____________

c) Quantas cartelas têm números de 1 algarismo? ____________

d) Quais são os números de 2 algarismos que aparecem nessas cartelas? ________________________________

e) Qual é o menor número de 3 algarismos? ____________

f) Quais são os números maiores do que 300 e menores do que 700?

____

3 Localize a cartela que corresponde a cada item abaixo e escreva o número da cartela nos quadros.

a) Sete dezenas ou setenta. [ ][ ] — 8

b) Cinco centenas ou quinhentos. [ ][ ][ ] — 70

c) Três unidades. [ ] — 10

d) Dez unidades ou uma dezena. [ ][ ] — 80

e) Oito dezenas ou oitenta. [ ][ ] — 500

f) Oito unidades. [ ] — 3

FORMANDO NÚMEROS COM CARTELAS

Agora, vamos formar números sobrepondo as 3 cartelas abaixo? Para isso, observe as regras.

Tiut Vlad/Shutterstock/Glow Images

- É preciso usar as 3 cartelas.
- Cada cartela de valor menor fica sempre sobre uma cartela de valor maior.
- Uma cartela de valor menor deve sobrepor os algarismos 0 da cartela de valor maior.

1 Complete: se você seguiu as regras acima, então com essas cartelas você formou o número ______.

2 Elisabete tem as cartelas ao lado. Qual número ela vai formar? ______

9 | 50 | 300

3 Observe as cartelas abaixo.

a) Pinte de amarelo as cartelas que formam o número 781 e de azul as cartelas que formam o número 595.

1 | 500 | 5 | 700 | 2 | 90 | 30 | 400 | 80

b) As cartelas que você não pintou formam qual número? ______

4 Monte com suas cartelas os números abaixo. Depois, escreva nos quadros os números correspondentes às cartelas. Veja o exemplo.

428	4	0	0	2	0	8	→	4	2	8
a) 259							→			
b) 816							→			
c) 642							→			

5 Descubra uma regra e complete cada sequência numérica abaixo.

a)	0	100	200	300	400					
b)	530	531	532	533						
c)	900	910	920							
d)	900	800	700							
e)	700	710	720							
f)	990	991	992	993						
g)	690	680	670	660						
h)	239	238	237							

Valquíria formou os números 587 e 578 com suas cartelas.

Em seguida, Valquíria representou esses números em quadros de valor posicional. Você já sabe fazer isso!

C	D	U
Centena	Dezena	Unidade
5	8	7

C	D	U
Centena	Dezena	Unidade
5	7	8

Valquíria observou esses quadros e resolveu analisar o valor posicional de cada algarismo dos números. Veja abaixo.

Valor posicional

5 8 7

- 7 → 7 unidades
- 8 → 8 dezenas ou 80 unidades
- 5 → 5 centenas ou 50 dezenas

Valor posicional

5 7 8

- 8 → 8 unidades
- 7 → 7 dezenas ou 70 unidades
- 5 → 5 centenas ou 50 dezenas

Os números são organizados em ordens: **1ª ordem:** das unidades; **2ª ordem:** das dezenas; **3ª ordem:** das centenas.

6 Quantas ordens tem o número 587? E o número 578?

____

7 Você acha que a posição em que escrevemos os algarismos em um número é importante? Por quê?

8 Por que você acha que o quadro de valor posicional tem esse nome?

A maneira como escrevemos os números com nossos algarismos é chamada **sistema de numeração decimal**.

9 Vamos pensar sobre como escrevemos os números.

a) Quais algarismos usamos para escrever os números?

____

b) Quantos são esses algarismos? ____________________

c) Por que você acha que nosso sistema de numeração é chamado de **decimal**? ____________________

____

10 Forme o número indicado em cada item com suas cartelas. Em seguida, registre cada número nas cartelas e no quadro de valor posicional.

a) 952

C	D	U

b) 259

C	D	U

c) 592

C	D	U

11 Registre os números abaixo nas cartelas e nos quadros de valor posicional.

a) 1 centena, 3 dezenas e 7 unidades.

C	D	U

b) 5 centenas e 22 unidades.

C	D	U

c) 20 dezenas e 6 unidades.

C	D	U

d) 158 unidades.

C	D	U

PAR OU ÍMPAR?

Natália e Paulo tiraram **Par ou ímpar** para decidir quem usaria primeiro o computador.

Pablo Mayer/Arquivo da editora

1 Você concorda com Natália? Ela venceu o par ou ímpar? Por quê?

____

____

2 Observe o quadro numérico abaixo e pinte da cor que preferir apenas os números pares.

1	2	3	4	5	6	7	8	9	10
11	12	13	14	15	16	17	18	19	20
21	22	23	24	25	26	27	28	29	30
31	32	33	34	35	36	37	38	39	40
41	42	43	44	45	46	47	48	49	50
51	52	53	54	55	56	57	58	59	60
61	62	63	64	65	66	67	68	69	70
71	72	73	74	75	76	77	78	79	80
81	82	83	84	85	86	87	88	89	90
91	92	93	94	95	96	97	98	99	100

3 Observe o quadro numérico da atividade anterior.

a) Escreva nos quadrinhos abaixo com quais algarismos terminam os números pares.

☐ ☐ ☐ ☐ ☐

b) Os números ímpares não foram pintados. Escreva nos quadrinhos abaixo com quais algarismos eles terminam.

☐ ☐ ☐ ☐ ☐

4 Ligue abaixo os números pares na ordem crescente para completar a figura de um objeto.

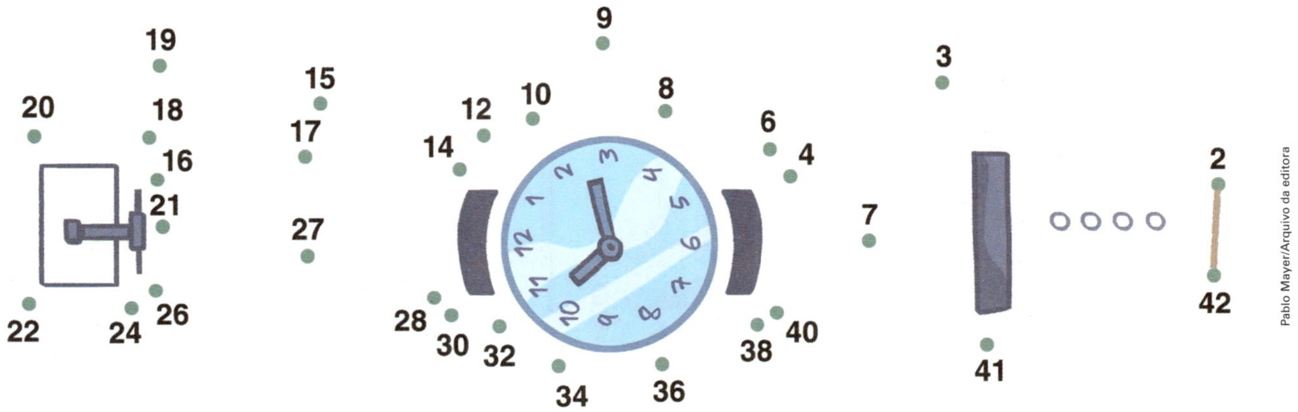

5 Observe a figura que você formou no liga-pontos acima.

a) Qual figura foi formada? ____________________

b) Quais números não foram usados? ____________________

c) Conte a um colega uma característica dos números que você ligou.

6 Faça os cálculos abaixo. Em seguida, marque um **X** apenas nos resultados que são ímpares.

a) 32 + 34 = ________

b) 125 + 12 = ________

c) 418 + 21 = ________

d) 333 + 11 = ________

e) 17 + 22 = ________

f) 529 + 1 = ________

g) 19 + 21 = ________

h) 213 + 26 = ________

i) 10 + 23 = ________

j) 615 + 15 = ________

k) 830 + 15 = ________

l) 918 + 24 = ________

RELÓGIO DE PONTEIROS

O relógio de ponteiros, assim como o relógio digital, é um instrumento usado para medir o tempo. Mas você sabia que antigamente as pessoas usavam outros instrumentos? Leia o texto abaixo.

A contagem do tempo

Antes dos relógios atuais, a humanidade já havia inventado outros instrumentos para medir o tempo, como a clepsidra, a ampulheta e o relógio de sol.

As imagens destas páginas não estão representadas em proporção.

Reprodução/Arquivo da editora

Clepsidra

Bettmann/Corbis/Latinstock

Ampulheta

Alex Hubenov/Shutterstock/Glow Images

Relógio de sol

O primeiro modelo que permitiu registrar horários foi o relógio de sol. Apesar de ser um instrumento simples, formado por uma base e uma haste, alguns de seus modelos marcam o horário com precisão.

É fácil entender como funciona um relógio de sol: a luz do Sol ilumina a haste e projeta sua sombra na base. Para ler o horário é só observar em qual número a sombra está. O problema é quando o Sol fica atrás das nuvens ou durante a noite, pois assim ninguém consegue saber o horário.

1 Observe novamente o relógio de ponteiros que você montou na Unidade anterior. Os ponteiros do relógio têm o mesmo comprimento?

____

2 Qual dos ponteiros marca os minutos e qual marca as horas?

____

MEIO-DIA E MEIA-NOITE

O dia tem 24 horas. Porém o relógio de ponteiros só tem marcas para 12 horas.

O ponteiro menor leva 12 horas para dar 1 volta completa no relógio. Sempre que esse ponteiro está no 12 dizemos que é meio-dia ou meia-noite. Se é de dia, então chamamos de meio-dia; se é de noite, então chamamos de meia-noite.

Entre o meio-dia e a meia-noite, podemos identificar os horários de 2 maneiras: recomeçamos a contagem a partir do 1 ou continuamos a contagem de 12 a 24. Veja abaixo alguns exemplos de horários.

Ilustrações: Pablo Mayer/ Arquivo da editora

1 hora da tarde ou 13 horas

2 horas da tarde ou 14 horas

8 horas da noite ou 20 horas

3 O médico receitou a Luísa um remédio a ser tomado de 4 em 4 horas. Ela iniciou o tratamento às 9 horas da manhã.

a) Em quais horários Luísa deve tomar o remédio novamente? Desenhe abaixo os ponteiros e complete os horários.

9 horas da manhã ou ______________

1 hora da tarde ou ______________

5 horas da tarde ou ______________

Fotos: Vectorib.com/Shutterstock/Glow Images

______________ ou 21 horas

1 hora da manhã ou ______________

______________ ou 5 horas

b) Qual é o próximo horário em que Luísa vai tomar o remédio?

____

TABUADAS DO 5 E DO 10

Vamos conhecer a tabuada do 5?

1 Rômulo é ciclista. Ele gasta 5 minutos para dar 1 volta na pista da praça que fica em frente à casa dele.

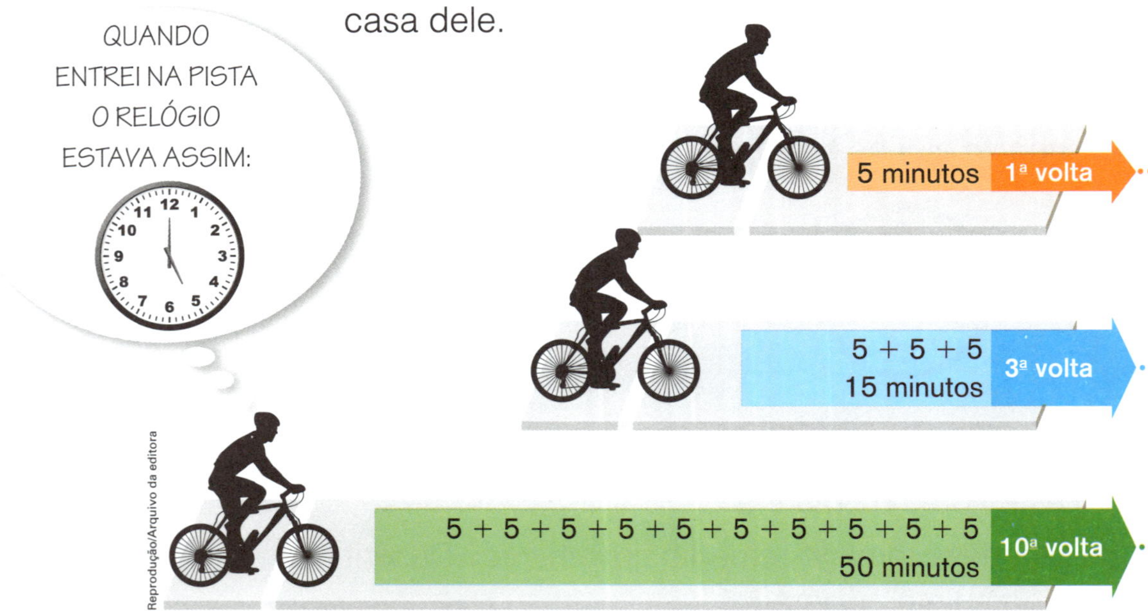

Reprodução/Arquivo da editora

1 × 5 = 5
2 × 5 = 10
3 × 5 = 15
4 × 5 = 20
5 × 5 = 25
6 × 5 = 30
7 × 5 = 35
8 × 5 = 40
9 × 5 = 45
10 × 5 = 50
11 × 5 = 55
12 × 5 = 60

a) Observe o horário em que Rômulo iniciou seu treino. Qual foi esse horário? ____________________

b) Rômulo deu 12 voltas na pista. Quanto tempo ele levou ao todo?

____

c) Marque no relógio abaixo o horário em que ele terminou o treino.

Mushakesa/Shutterstock/Glow Images

d) Se Rômulo tivesse dado apenas 7 voltas na pista, então quanto tempo ele teria demorado? ____________________

2 Para construir a tabuada do 10, vamos pensar na seguinte situação: Lia e seu amigo João colecionam figurinhas. Lia guarda 10 figurinhas em cada envelope, e João guarda 5 figurinhas em cada envelope.

Lia

João

Dam D'Souza/Arquivo da editora

a) Lia fez uma tabela para organizar a coleção dela. Complete-a.

Coleção de figurinhas de Lia

Quantidade de envelopes	1	2	3		5		7				11	
Quantidade de figurinhas	10	20		40		60			90			120

Tabela elaborada para fins didáticos.

b) A tabela abaixo corresponde à tabuada do 10. Complete-a.

Tabuada do 10

Quantidade	Multiplicação
10	$1 \times 10 = 10$
10 + 10	$2 \times 10 = 20$
	$3 \times 10 =$ ______
	$4 \times 10 =$ ______
	$5 \times 10 =$ ______
	$6 \times 10 =$ ______
	$7 \times 10 =$ ______
	$8 \times 10 =$ ______
	$9 \times 10 =$ ______
	$10 \times 10 =$ ______

Tabela elaborada para fins didáticos.

c) João também fez uma tabela para organizar a coleção dele. Complete a tabela de João.

Coleção de figurinhas de João

Quantidade de envelopes	1	2	3		5			8			11	
Quantidade de figurinhas	5	10		20		30			45		55	

Tabela elaborada para fins didáticos.

3 Observando a situação da atividade anterior, responda.

a) Lia já tem 6 envelopes cheios. Quantas figurinhas ela tem?

____

b) Quantos envelopes João precisa encher para ficar com a mesma quantidade de figurinhas que Lia? _______________

c) Se Lia conseguir 40 figurinhas, então de quantos envelopes ela vai precisar para essas figurinhas? _______________

d) Se João conseguir 40 figurinhas, então de quantos envelopes ele vai precisar para essas figurinhas? _______________

4 Continue observando as tabelas da atividade **2** e complete abaixo.

a) Se Lia já encheu 5 envelopes, então ela tem _____ figurinhas.

Se João já encheu 5 envelopes, então ele tem _____ figurinhas.

Lia tem o _______________ de figurinhas de João.

b) Se cada um deles tem 40 figurinhas para colocar nos envelopes, então Lia vai precisar de _____ envelopes e João vai precisar de _____ envelopes. Lia vai precisar da _______________ de envelopes de João.

Lembre-se:
$2 \times 4 = 8$
8 é o dobro de 4 e 4 é a metade de 8.

c) Se João tem 5 envelopes e Lia tem 30 figurinhas, então eles têm ao todo _____ figurinhas.

d) Se Lia tem 6 envelopes e João tem 45 figurinhas, então eles têm ao todo _____ figurinhas.

5 Lia consegue organizar 98 figurinhas em envelopes com 10 figurinhas?

____

____

6 Escreva uma multiplicação e uma divisão para representar a quantidade de cubinhos em cada item. Veja o exemplo.

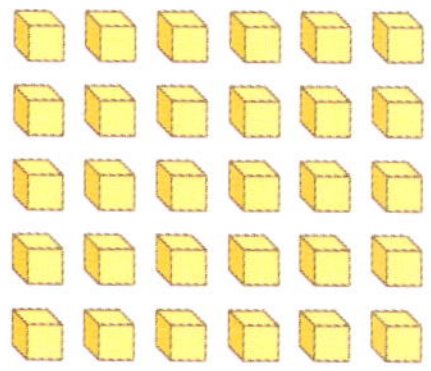

$6 \times 5 = 30$ e $30 \div 6 = 5$

a) 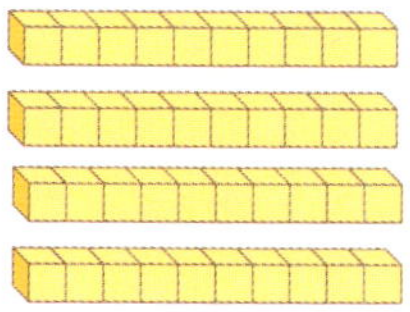

____

b) 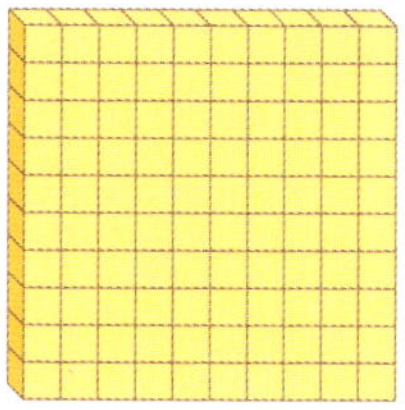

____

c) 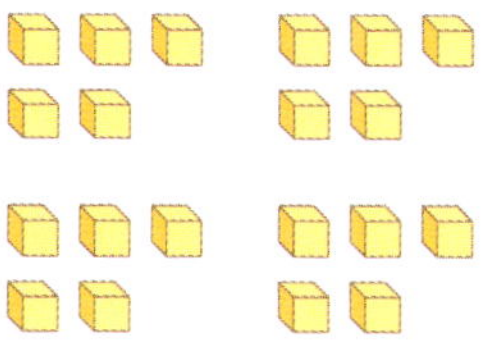

____

7 Observe os grupos de objetos a seguir e complete.

a) As maçãs estão em grupos de 5. O total de maçãs é ________ e posso representar essa situação pela multiplicação

________ × ________ = ________.

b) Os carrinhos estão em grupos de 10. O total de carrinhos é ________ e posso representar essa situação pela multiplicação

________ × ________ = ________.

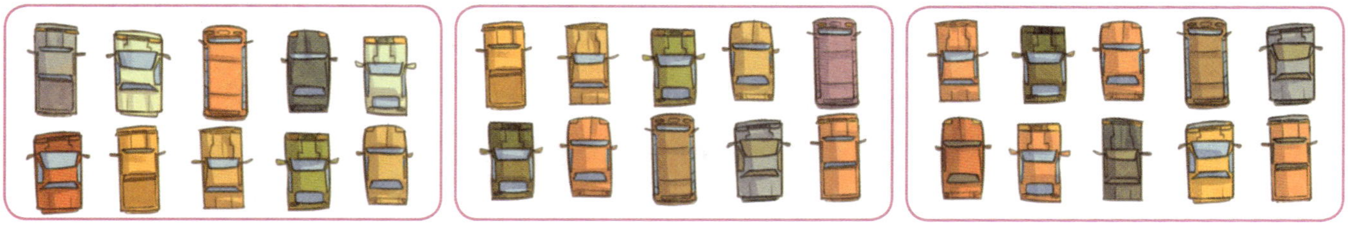

Ilustrações: André Rocca/ Arquivo da editora

MEDIDAS DE COMPRIMENTO

1 Observe a sequência de imagens nos quadrinhos abaixo.

Ilustrações: Pablo Mayer/Arquivo da editora

Reúna-se com 3 colegas e criem uma história com esses quadrinhos.

2 Taciane e Enzo mediram o comprimento da mesa do professor. Como unidade de medida, eles usaram a borracha e a régua abaixo.

A medida encontrada por Enzo para o comprimento da mesa do professor foi 10 vezes o objeto utilizado e Taciane encontrou 20 vezes o objeto utilizado. Então, qual objeto cada um usou?

____

3 Para cada medida de comprimento abaixo, faça uma estimativa em centímetros ou em metros.

a) Comprimento de uma caneta: ______________________________

b) Largura da sala de aula: ______________________________

c) Sua altura: ______________________________

Lembre-se:
Metro e **centímetro** são unidades de medida de comprimento.
1 metro (1 m) vale 100 centímetros (100 cm).

A fita métrica é um dos instrumentos que nos ajudam a medir objetos, em metros ou em centímetros. Você vai construir uma fita métrica!

MATERIAL NECESSÁRIO

- Partes da fita métrica do **Material Complementar**
- Tesoura com pontas arredondadas
- Cola

Pamela Uyttendaele/Shutterstock/Glow Images

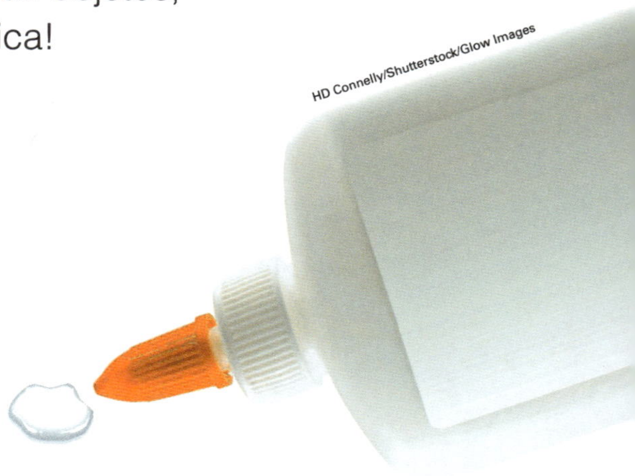

HD Connelly/Shutterstock/Glow Images

Como montar

- Destaque as partes da fita métrica do **Material Complementar**.
- Monte e cole as partes de acordo com a sequência numérica de 0 a 100.

4 Cada pedaço da fita métrica que você montou tem 20 cm. Quantos pedaços de 20 cm foram necessários para formar 1 metro?

____

5 Se você tivesse usado pedaços de 50 cm, então quantos pedaços teriam sido necessários para formar 1 metro? ____________________

6 Agora complete as conversões abaixo.

a) 1 m = ______ cm d) 4 m = ______ cm g) 700 cm = ______ m

b) 2 m = ______ cm e) 5 m = ______ cm h) 800 cm = ______ m

c) 3 m = ______ cm f) 600 cm = ______ m i) 900 cm = ______ m

7 Em dupla, utilize a fita métrica para medir a altura de seu colega e depois registre o resultado abaixo.

Nome do colega	Altura em cm

DIVIDINDO COM OS AMIGOS

Ilustrações: Luciano Tasso/Arquivo da editora

1 Júlia recebeu de sua mãe um pacote com 20 canetas e quer dividi-las com 4 colegas.

a) Como Júlia pode realizar essa divisão? Registre abaixo.

b) Com quantas canetas cada colega ficará?

2 Caio recebeu 4 canetas de Júlia. Quando chegou em casa, dividiu as canetas com seu irmão mais novo. Veja abaixo como Caio fez a divisão das canetas.

a) Com quantas canetas Caio ficou após a divisão? ________

b) Caio foi distribuindo as canetas de 1 em 1. Para descobrir quantas canetas cada colega de Júlia recebeu, você usou essa mesma estratégia ou dividiu de outro modo?

3 Agora é a sua vez! Ajude Mariana a dividir as figurinhas abaixo com suas amigas. Para isso, distribua as figurinhas igualmente nas 5 caixinhas.

Luciano Tasso/Arquivo da editora

a) Quantas figurinhas Mariana tinha? ____________________

b) Quantas figurinhas cada amiga vai receber? ____________________

O que você acabou de fazer se chama **divisão**. Você dividiu igualmente 15 figurinhas em 5 caixinhas. No final, cada caixinha ficou com 3 figurinhas e não sobrou nenhuma figurinha.

Então, 15 figurinhas **divididas** em 5 caixas **é igual a** 3 figurinhas.

Em Matemática representamos assim: $15 \div 5 = 3$

4 Vamos praticar! Resolva as divisões a seguir da maneira que preferir. Se necessário, represente as quantidades com desenhos.

a) $18 \div 3 =$ ________

b) $21 \div 7 =$ ________

c) $30 \div 5 =$ ________

d) $28 \div 4 =$ ________

SIMETRIA

Shutterstock/Glow Images

Você vai criar uma figura simétrica conhecida como **toalhinha de papel**.

MATERIAL NECESSÁRIO

- Folha de papel
- Tesoura com pontas arredondadas

Como montar

- Pegue uma folha de papel com a forma de um quadrado **(1)**.
- Dobre a folha ao meio formando um retângulo **(2)**.
- Dobre novamente o retângulo ao meio **(3)**.
- Com uma tesoura, faça alguns cortes na sua dobradura **(4)**.
- Desdobre o papel e veja a figura que você formou **(5)**.

Agora, perceba que, se você colocar um espelho sobre as marcas das dobras, a outra parte aparece refletida. Experimente fazer isso.

O traço vermelho ao lado indica um dos locais onde você pode colocar o espelho. Esse traço recebe o nome de **eixo de simetria**.

Toalhinha com eixo de simetria vertical.

Fotos: Eduardo Santaliestra/Arquivo da editora

Veja agora o traço vermelho na horizontal que indica a segunda dobra. Esse traço vermelho também é um eixo de simetria. Assim, uma figura pode ter 1 ou mais eixos de simetria.

Agora observe abaixo outros exemplos de figuras que apresentam simetria.

Eduardo Santaliestra/Arquivo da editora

Toalhinha com eixo de simetria horizontal.

As imagens destas páginas não estão representadas em proporção.

Michael Pettigrew/Shutterstock/Glow Images

Foto de joaninha com simetria vertical aproximada. Na natureza é comum encontrar animais e plantas cujas fotos aparentam ter simetria.

G. Evangelista/Opção Brasil Imagens

Azulejos com simetrias vertical e horizontal.

- Observe as imagens abaixo e marque um **X** em cada imagem que apresenta simetria em relação a um eixo.

☐ 

☐ 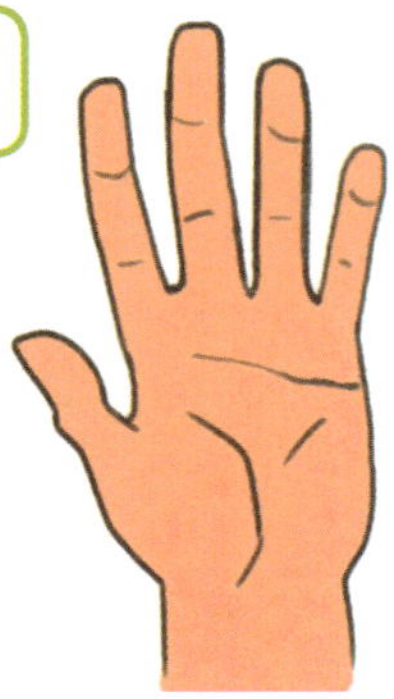

☐ 

☐ 

André Rocca/Arquivo da editora

ATIVIDADES DO CAPÍTULO

1. Complete as informações sobre o relógio de ponteiros.

a) Quando o ponteiro maior está sobre o número 12 e o ponteiro menor está sobre o número 10, são ________ horas da manhã.

b) Quando o ponteiro maior está sobre o número 12 e o ponteiro menor está sobre o número ________, são 19 horas.

2. Complete a tabuada do 5 observando a tabuada do 10. Ela pode ajudar você a se lembrar dos resultados.

a) $3 \times 5 =$ ________ → $3 \times 10 = 30$

b) $8 \times 5 =$ ________ → $8 \times 10 = 80$

3. Complete as frases abaixo com **centímetros** ou **metros**.

a) Ao medir o comprimento de um lápis, podemos dizer que ele tem 15 ____________________.

b) Ao medir a altura de uma porta, podemos dizer que ela tem 2 ____________________.

4. Contorne os números abaixo que são pares.

12 23 5 66 31 18 44 50

5. Pinte as figuras abaixo que têm simetria em relação a um eixo.

graphixmania/Shutterstock

RESOLVENDO PROBLEMAS

1. Alice, Andrei, Thaís, Raquel e Fábio moram na mesma rua. Veja abaixo o número das casas deles.

Pablo Mayer/Arquivo da editora

A partir das dicas abaixo, escreva o número da casa em que cada um deles mora.

- Andrei mora na casa de maior número. ______
- O número da casa de Fábio é a metade do número de outra casa. ______
- Raquel mora entre Alice e Andrei. ______
- O número da casa de Alice tem o algarismo 1. ______
- A casa em que Thaís mora não é azul. ______

2. Hugo precisa saber a altura total de uma escada. Como ele só tinha uma régua de 20 centímetros, resolveu medir a altura entre cada degrau e depois calcular a altura total. A escada é formada por 13 degraus com 10 centímetros de altura entre eles.

Diogo Cesar/Arquivo da editora

a) Se a escada tivesse 10 degraus, então qual seria a altura total da escada? Justifique.

______

b) Qual é a altura total da escada de Hugo?

______

TRABALHANDO COM JOGOS

TOMBA-LATAS

Número de jogadores: 4 ou 5

MATERIAL NECESSÁRIO

- 10 latas
- 1 bola (de meia ou de plástico)

Como jogar

- Apoiem as latas umas sobre as outras, como na imagem desta página.
- Meçam de 5 a 10 metros de distância das latas e façam uma marca no chão indicando o lugar do arremesso da bola.
- Na sua vez, cada jogador deve se posicionar atrás da marca e lançar a bola, tentando derrubar a maior quantidade de latas possível. Em seguida, o jogador deve contar quantas latas derrubou, reorganizá-las e passar a vez para o próximo jogador.
- Cada lata derrubada vale 10 pontos.
- Vence a partida quem conseguir a maior pontuação após 3 rodadas.

Pensando sobre o jogo

1. Jogue uma partida de **Tomba-Latas** com os colegas.
Registre na tabela abaixo o nome dos jogadores e os pontos que cada um fez em cada rodada. Depois, calcule o total de pontos de cada jogador.

Felipe Prado/Arquivo da editora

Pontuação no jogo Tomba-Latas

Jogador	1ª rodada	2ª rodada	3ª rodada	Total de pontos

Tabela elaborada para fins didáticos.

2. Observe a tabela que você preencheu na página anterior.

a) Qual jogador teve a maior pontuação?

____

b) Qual jogador teve a menor pontuação?

____

c) Qual é a diferença de pontos entre o primeiro e o último colocado?

____

____

d) Como você calculou essa diferença?

____

____

e) Qual é a pontuação máxima que um jogador pode conseguir em 3 rodadas? ______________

f) Quantos pontos a mais você precisaria ter feito nessas 3 rodadas para atingir a pontuação máxima possível?

____

____

g) Você acha que é fácil contar a pontuação desse jogo? Por quê?

CAPÍTULO 5

SEMELHANÇAS E DIFERENÇAS

USANDO AS CÉDULAS DO DINHEIRO

Marcos, Sandra e Yuri foram ao mercado Boa Vizinhança juntos. Veja abaixo a tabela de preços de alguns produtos desse mercado.

Tabela de preços do mercado Boa Vizinhança

Produto	Preço
1 quilo de laranja	R$ 3,00
1 quilo de maçã	R$ 5,00
1 maço de couve	R$ 2,00
1 pé de alho-poró	R$ 6,00
1 maço de hortelã	R$ 4,00

Andre Rocca/Arquivo da editora

Tabela elaborada para fins didáticos.

1 Marcos comprou 1 pé de alho-poró e 3 maços de couve no mercado Boa Vizinhança. Sandra comprou 2 quilos de laranja e 2 maços de hortelã.

a) Quantos reais Marcos gastou? ____________

b) Quantos reais Sandra gastou? ____________

c) Quantos reais Marcos e Sandra gastaram juntos? ____________

d) Quais produtos podemos comprar nesse mercado com apenas 3 reais? ____________

2 Yuri gastou 7 reais em sua compra no mercado Boa Vizinhança. Escreva ou desenhe abaixo quais produtos ele pode ter comprado com esse valor.

3 Você sabe quais são as cédulas usadas no Brasil? Contorne os valores abaixo que se referem às cédulas do Real.

Banco de imagens/Arquivo da editora

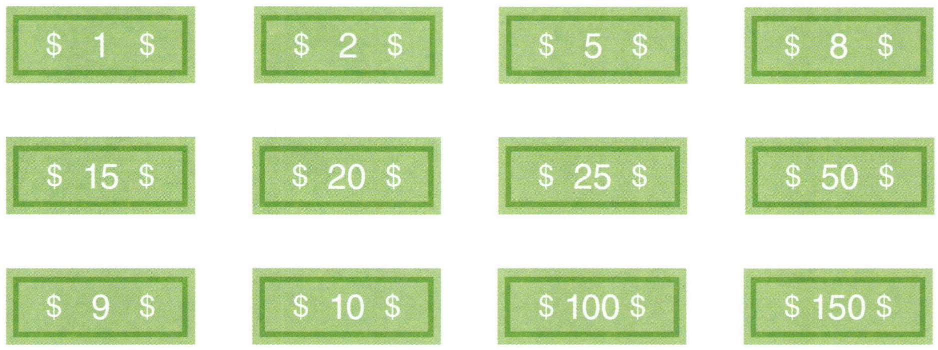

Cédulas: papel impresso que tem valor monetário. Também chamado de papel-moeda ou nota.

4 Escreva abaixo as cédulas que Marcos, Sandra e Yuri podem ter utilizado para pagar suas compras no mercado Boa Vizinhança.

a) Marcos: ______________________________

b) Sandra: ______________________________

c) Yuri: ______________________________

5 Registre abaixo 3 maneiras diferentes de usar as cédulas para obter 20 reais.

1ª maneira	2ª maneira	3ª maneira

Mike Flippo/Shutterstock/Glow Images

TABUADAS DO 3 E DO 6

Você sabe o que é um triciclo?

1 Observe o triciclo ao lado e depois complete.

a) Um triciclo tem _______ rodas.

b) Se você tivesse 2 triciclos, então quantas rodas seriam?

$3 + 3 =$ _______ ou $2 \times 3 =$ _______, ou seja, _______ rodas.

2 Continue completando.

a) $3 + 3 + 3 =$ _______ ou $3 \times 3 =$ _______, ou seja, _______ rodas.

b) $3 + 3 + 3 + 3 =$ _______ ou _______ $\times 3 =$ _______.

c) $3 + 3 + 3 + 3 + 3 =$ _______ ou _______ $\times$ _______ $=$ _______.

3 Complete a tabela abaixo com os resultados que faltam na tabuada do 3 e com o dobro dos resultados dessa tabuada.

Você se lembra?
$2 \times 3 = 6$
e $2 \times 6 = 12$
12 é o dobro de 6.
6 é a metade de 12.

Tabuada do 3 e seu dobro

Multiplicação	Dobro
$1 \times 3 = 3$	6
$2 \times 3 = 6$	12
$3 \times 3 = 9$	
$4 \times 3 = 12$	
$5 \times 3 = 15$	
$6 \times 3 =$ _______	
$7 \times 3 =$ _______	
$8 \times 3 =$ _______	
$9 \times 3 =$ _______	
$10 \times 3 =$ _______	

Tabela elaborada para fins didáticos.

4 Vamos ver agora como fica a tabuada do 6?

a) Termine de completar a tabela abaixo.

Tabuada do 6

Quantidade	Multiplicação
6	$1 \times 6 = 6$
6 + 6	$2 \times 6 = 12$
	$3 \times 6 =$ ______
	$4 \times 6 =$ ______
	$5 \times 6 =$ ______
	$6 \times 6 =$ ______
	$7 \times 6 =$ ______
	$8 \times 6 =$ ______
	$9 \times 6 =$ ______
	$10 \times 6 =$ ______

Tabela elaborada para fins didáticos.

b) Compare os resultados da tabuada do 6 da tabela acima com o dobro da tabuada do 3 que você calculou na atividade anterior. O que você percebeu?

____

____

5 Analise as atividades **3** e **4** e responda.

a) Na tabuada do 3, adiciona-se de ______ em ______.

b) Na tabuada do 6, adiciona-se de ______ em ______.

c) Na tabuada do 6, os resultados são o ______________ dos resultados da tabuada do 3.

MATERIAL DOURADO

Você conhece o material dourado? Ele foi criado pela educadora Maria Montessori para facilitar a aprendizagem das 4 operações: adição, subtração, multiplicação e divisão.

Veja abaixo o desenho de 3 tipos de peças do material dourado: a placa, a barra e o cubinho. Observe que essas peças podem representar números.

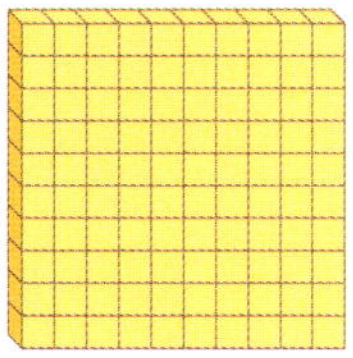 placa	 barra	 cubinho
1 centena ou 10 dezenas ou 100 unidades	1 dezena ou 10 unidades	1 unidade

Vamos representar o número 263 com esse material. Observe abaixo.

C	D	U
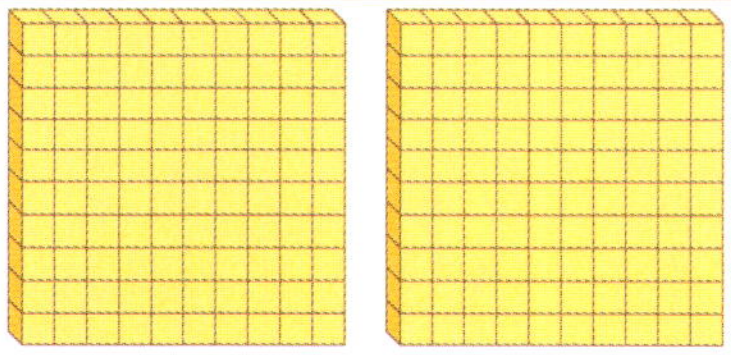	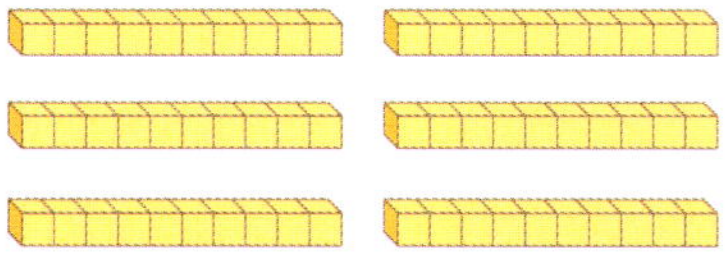	
2	6	3

Podemos dizer: 2 centenas mais 6 dezenas mais 3 unidades ou 26 dezenas mais 3 unidades ou 263 unidades.

1 Agora você! Que números as peças do material dourado abaixo representam? Complete os quadros de valor posicional.

a)

C	D	U
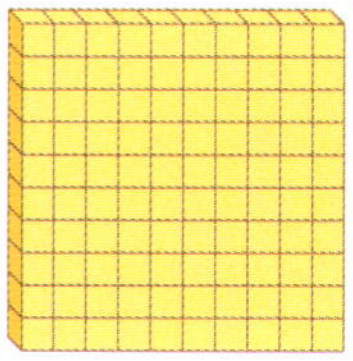	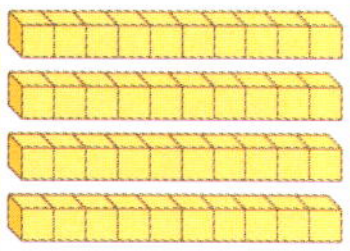	

b)

C	D	U
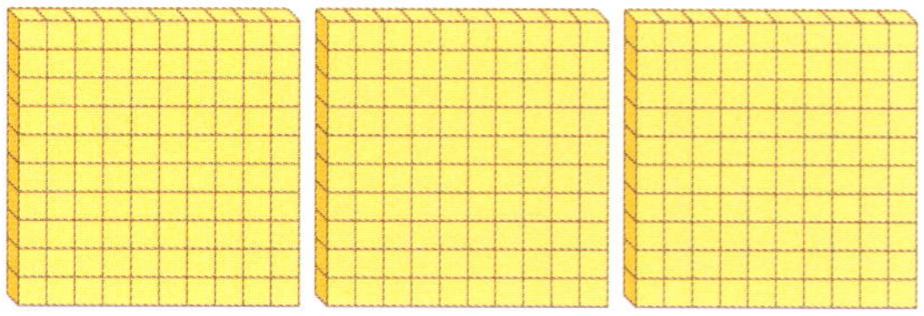		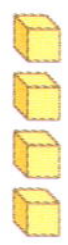

2 Destaque as peças do material dourado do **Material Complementar**. Com essas peças, represente o número desta página e o número 275.

3 Desenhe as peças do material dourado que podem ser usadas para representar os números abaixo.

Faça desenhos simples como  para a placa,  para a barra e □ para o cubinho. Depois, escreva como os números podem ser lidos. Observe o exemplo.

18

C	D	U

	1	8

1 dezena mais 8 unidades ou 18 unidades.

a) 108

C	D	U

b) 265

C	D	U

4 Pense nas peças do material dourado e no que você considera mais prático e rápido.

a) Utilizar 13 cubinhos ou 1 barra mais 3 cubinhos? Por quê?

b) Utilizar 16 barras ou 1 placa mais 6 barras? Por quê?

ADIÇÃO COM TROCA USANDO O MATERIAL DOURADO

1 Vamos calcular o valor de 517 + 316 usando o material dourado.

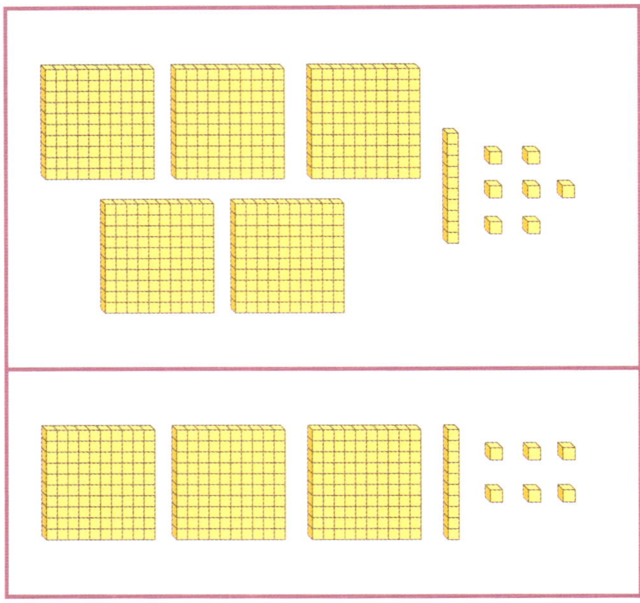

	C	D	U
	5	1	7
+	3	1	6

a) Ao juntar os cubinhos, temos 13 unidades. O que podemos fazer quando temos 10 unidades? ______________________

b) Veja abaixo a troca que fizemos com as peças e como começamos a registrar a adição.

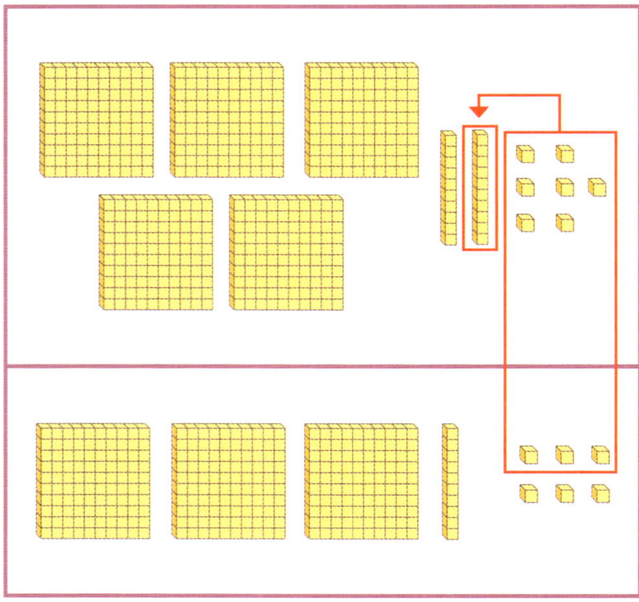

	C	D	U
	5	^{1}1	7
+	3	1	6
			3

c) Complete o que falta para terminar o cálculo da adição acima.

2 Agora é sua vez! Faça as trocas e complete as adições abaixo.

a) 269 + 125 = ________

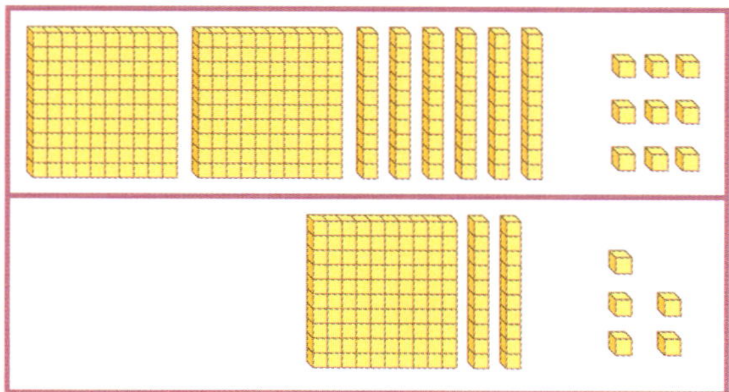

	C	D	U
	2	6	9
+	1	2	5

b) 347 + 424 = ________

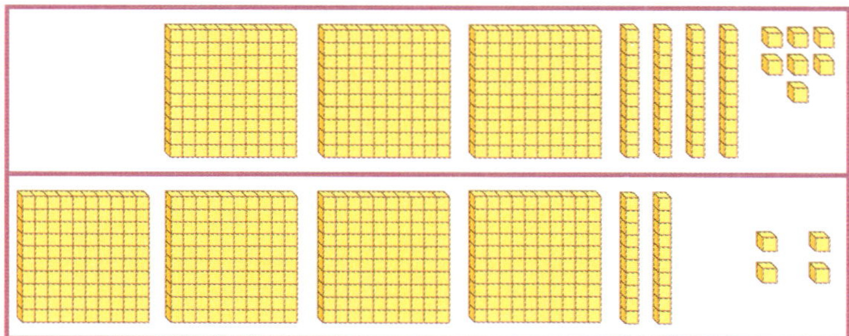

	C	D	U
	3	4	7
+	4	2	4

c) 444 + 338 = ________

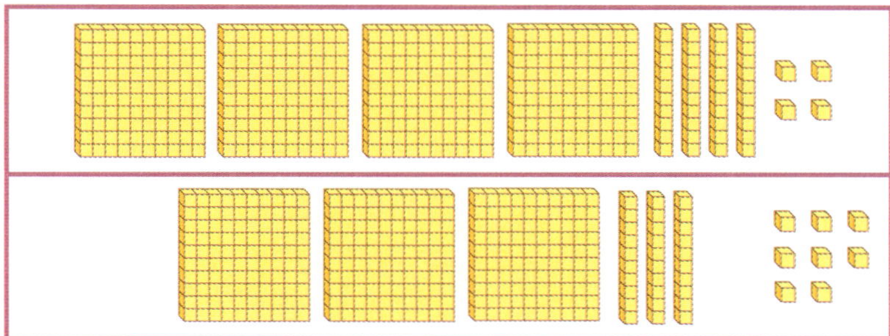

	C	D	U
+			

d) 555 + 238 = ________

	C	D	U
+			

ADIÇÃO COM TROCA USANDO O ÁBACO

Você lembra como se usa o ábaco? Veja o número 261 representado nele.

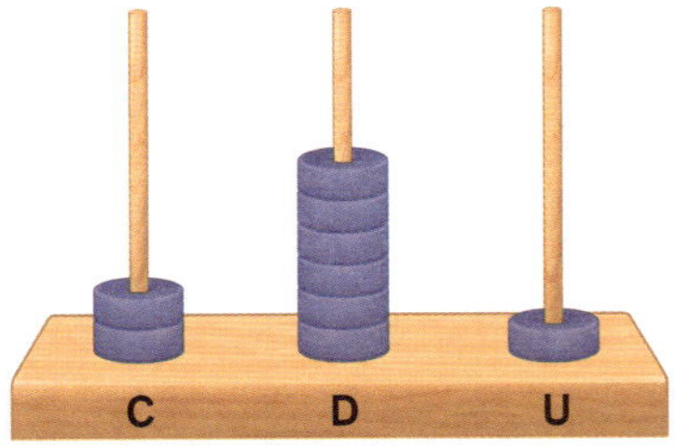

Ilustrações: Banco de imagens/ Arquivo da editora

261

1 Complete: nessa representação temos ______ centenas, ______ dezenas e ______ unidade.

2 Represente os números abaixo nos ábacos.

a) 382

b) 109

c) 745

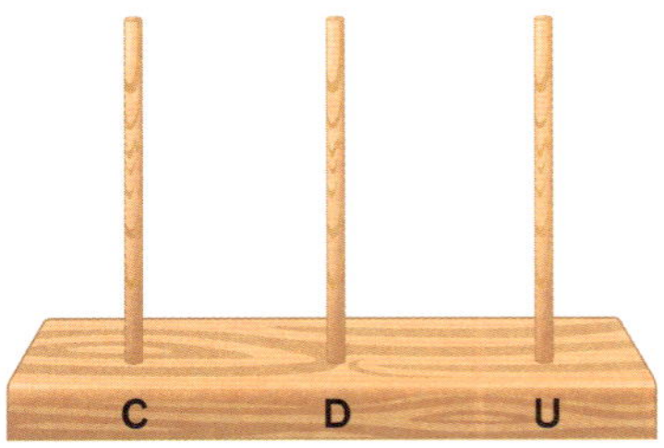

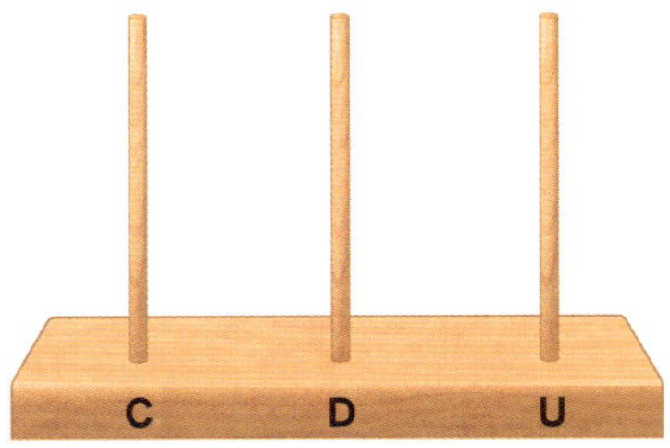

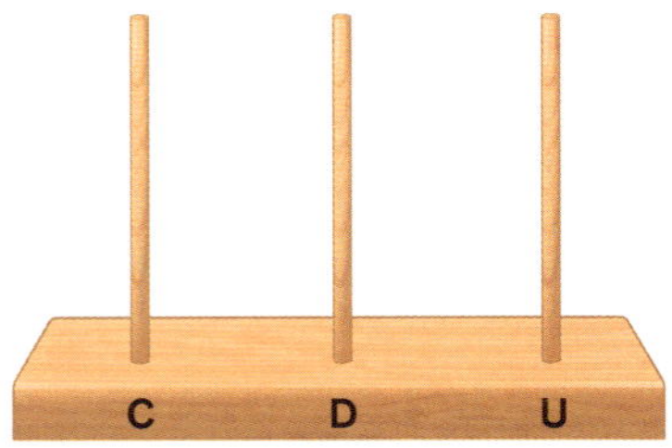

Vânia aprendeu a fazer adição com troca usando o material dourado. Agora, ela quer fazer uma adição com troca usando o ábaco. Veja abaixo como ela fez para calcular o valor de 517 + 316.

- Primeiro ela registrou no ábaco o número 517 usando argolas roxas.

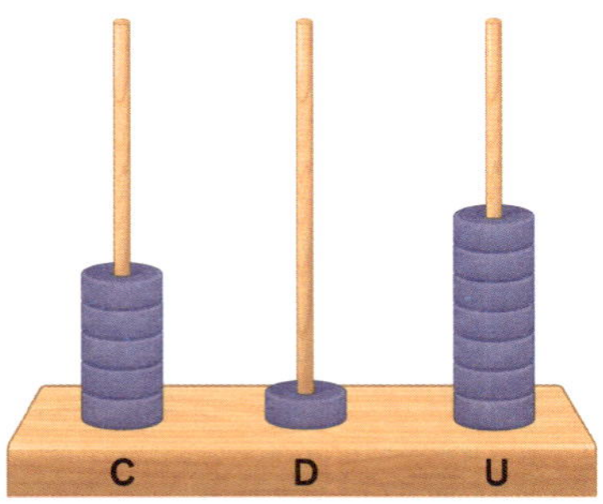

- Em seguida ela registrou no mesmo ábaco o número 316 usando argolas vermelhas.

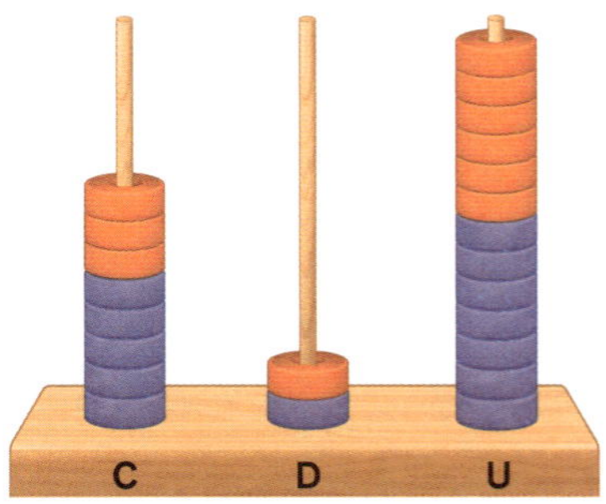

3 Observe na página anterior como ficou o ábaco depois que Vânia registrou os números 517 e 316. Complete.

a) Havia _______ argolas roxas no pino das unidades e foram acrescentadas _______ argolas vermelhas. Agora são _______ argolas nesse pino, ou seja, _______ unidades.

b) Havia _______ argola roxa no pino das dezenas e foi acrescentada _______ argola vermelha. Agora são _______ argolas nesse pino, ou seja, _______ dezenas.

c) Havia _______ argolas roxas no pino das centenas e foram acrescentadas _______ argolas vermelhas. Agora são _______ argolas nesse pino, ou seja, _______centenas.

Veja no ábaco abaixo como Vânia finalizou o cálculo de 517 + 316. Cada pino só pode conter 9 argolas. Como no pino das unidades havia 13 argolas, ela trocou 10 argolas das unidades por 1 argola da dezena e terminou o cálculo.

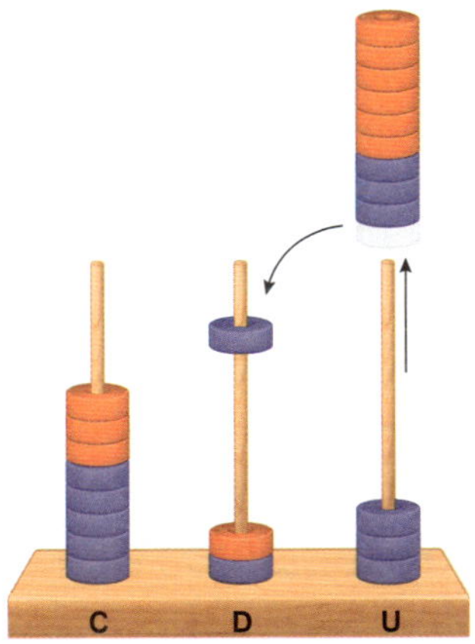

Ilustrações: Banco de imagens/Arquivo da editora

833

4 Agora, registre nos ábacos as adições abaixo e depois escreva os resultados.

a) 158 + 236 = _________ b) 347 + 423 = _________ c) 605 + 207 = _________

TABELA E GRÁFICO NO TOMBA-LATAS

Você se lembra do jogo **Tomba-Latas**?

Evandro, Aroldo, Lílian e Maria estavam jogando **Tomba-Latas**. Em cada rodada, Maria era a última a jogar.

Na última rodada, Maria resolveu analisar a pontuação final dos outros jogadores para calcular quantas latas ela precisaria derrubar para ganhar a partida.

1 Observe a tabela abaixo.

Pontuação no Tomba-Latas

Jogador	1ª rodada	2ª rodada	3ª rodada	Total de pontos
Evandro	60 pontos	100 pontos	80 pontos	
Aroldo	80 pontos	50 pontos	100 pontos	
Lílian	50 pontos	60 pontos	90 pontos	
Maria	100 pontos	70 pontos		

Tabela elaborada para fins didáticos.

a) Calcule e anote na tabela acima o total de pontos de todos os jogadores, menos o total de pontos de Maria.

b) No mínimo quantos pontos Maria precisa fazer ao todo para ganhar a partida? ____________________

c) Então, no mínimo quantas latas Maria precisa derrubar na 3ª rodada?

____

d) Agora, registre na tabela acima quantos pontos Maria faria se derrubasse essa quantidade de latas na 3ª rodada.

2 Continuando o jogo, em sua última jogada Maria conseguiu derrubar as latas que precisava e venceu a partida. Evandro resolveu refazer a tabela dessa partida de um jeito diferente. Em vez de escrever a pontuação obtida, ele quis anotar a quantidade de latas que cada um derrubou.

a) Complete a tabela de Evandro com a quantidade de latas derrubadas.

Latas derrubadas no Tomba-Latas

Jogador	1ª rodada	2ª rodada	3ª rodada	Total de latas
Evandro	6 latas	10 latas	8 latas	24 latas
Aroldo				
Lílian				
Maria				

Tabela elaborada para fins didáticos.

b) Agora, registre no gráfico abaixo a quantidade total de latas que cada jogador derrubou nessa partida. Cada quadradinho deve representar 1 lata derrubada. Use uma cor diferente para cada jogador.

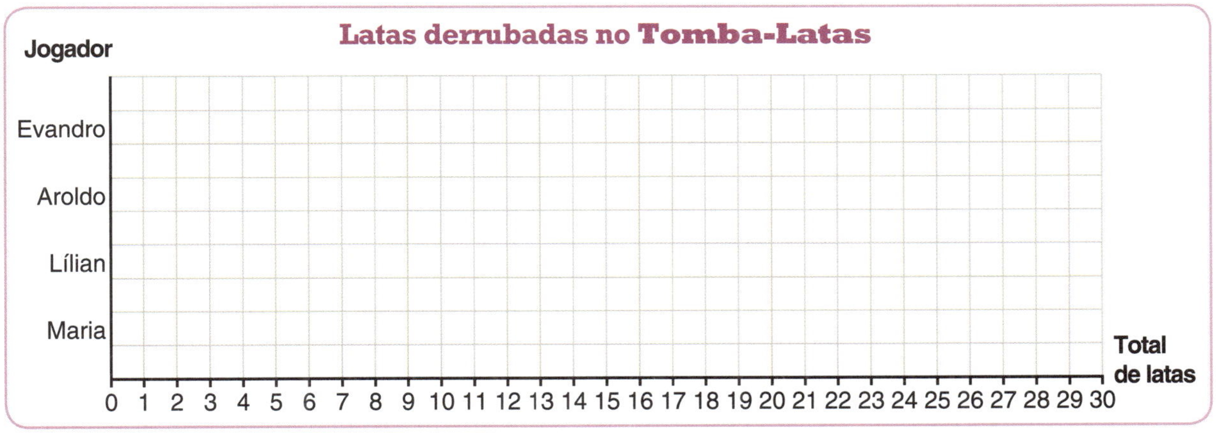

Gráfico elaborado para fins didáticos.

c) Quantas latas Maria derrubou a mais do que Aroldo? ____________

d) Quantas latas o jogador que ficou em último lugar precisava derrubar para alcançar o vencedor? ____________

e) Essa quantidade de latas corresponde a quantos pontos? ____________

3 Evandro, Aroldo, Lílian e Maria fizeram outra partida de **Tomba-Latas** e preencheram outra tabela. Veja abaixo.

Felipe Prado/Arquivo da editora

Latas derrubadas na 2ª partida

Jogador	1ª rodada	2ª rodada	3ª rodada	Total de latas
Evandro	8 latas	6 latas	7 latas	
Aroldo		9 latas	9 latas	26 latas
Lílian	10 latas	9 latas		29 latas
Maria	6 latas		9 latas	22 latas

Tabela elaborada para fins didáticos.

a) Complete a tabela acima.

b) Quem foi o vencedor dessa partida? ____________________

c) Escreva o nome dos jogadores de acordo com o total de pontos nessa partida.

1º lugar: ____________________ 3º lugar: ____________________

2º lugar: ____________________ 4º lugar: ____________________

d) Agora anote na tabela abaixo quantos pontos eles fizeram em cada rodada e o total de pontos.

Pontuação na 2ª partida

Jogador	1ª rodada	2ª rodada	3ª rodada	Total de pontos
Evandro				
Aroldo				
Lílian				
Maria				

Tabela elaborada para fins didáticos.

4 Volte à página **103** e observe a tabela e o gráfico da atividade **2**.

a) Onde é mais fácil visualizar quem foi o vencedor: na tabela ou no gráfico? Por quê?

____

____

b) Para fazer um gráfico como esse é preciso que todos os quadradinhos sejam do mesmo tamanho? Por quê?

____

____

____

5 Que tal fazer agora o gráfico da partida que você e seus colegas jogaram? Retome a tabela da página **90**.

MATERIAL NECESSÁRIO

- 2 folhas de papel sulfite
- Cola
- Tesoura com pontas arredondadas
- Tinta guache e pincel ou lápis de cor

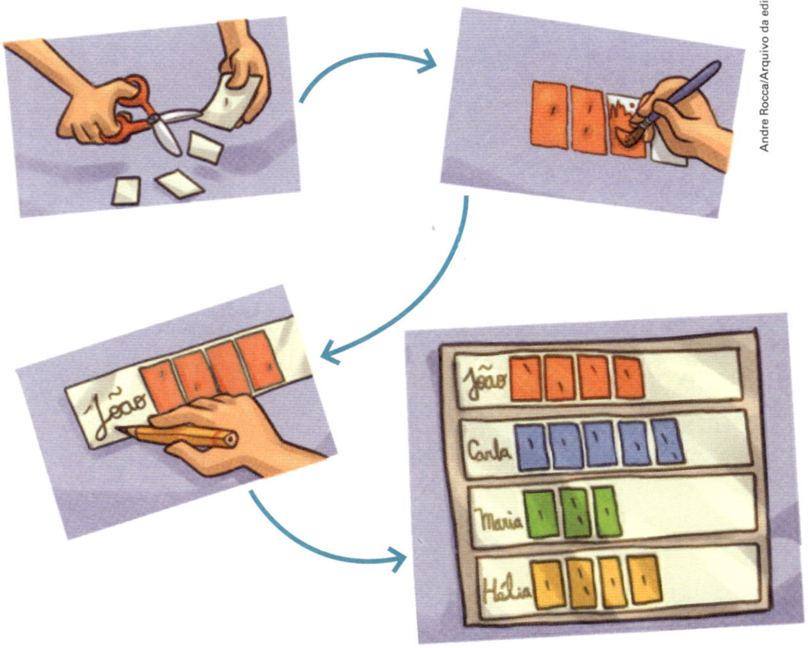

Andre Rocca/Arquivo da editora

Como montar

- Recorte retângulos pequenos, todos do mesmo tamanho.
- Corte 1 retângulo para cada lata que você derrubou e pinte-os com uma cor diferente da escolhida pelos colegas.
- Em uma tira de papel sulfite, cole todos os retângulos na sequência até formar uma barra. Escreva seu nome.
- Com os colegas, cole todas as tiras em uma única folha de papel sulfite. O gráfico está pronto!

nalinn/Shutterstock

SIMETRIA NAS LETRAS E NAS PALAVRAS

Você sabia que algumas letras maiúsculas do alfabeto também apresentam simetria? Veja 3 letras maiúsculas abaixo.

O U W

1 Trace os eixos de simetria nessas 3 letras.

2 Procure mais 3 letras que apresentem eixo de simetria e desenhe-as abaixo. Depois, trace os eixos de simetria.

3 Há letras que não têm eixo de simetria. Desenhe abaixo 3 letras que não têm eixo de simetria.

Preste atenção: algumas letras têm eixos de simetria vertical e horizontal!

4 Pinte todas as letras abaixo que têm eixo de simetria vertical e contorne todas as letras que têm eixo de simetria horizontal.

Z A R I Q T C O L H

B D F U J K V N

M Y G P X S W E

5 Observe as palavras abaixo. Elas estão incompletas.

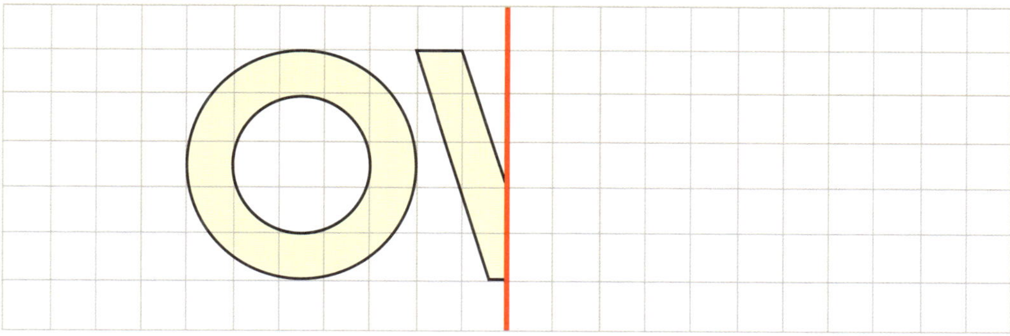

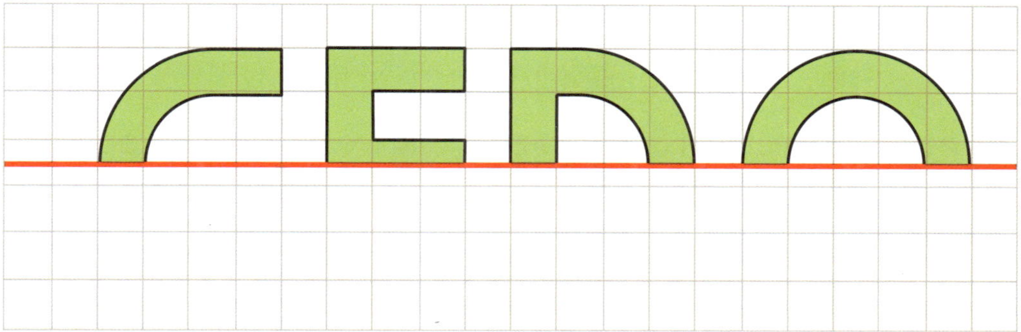

a) Oriente-se pelo eixo de simetria de cada palavra e complete a outra metade de modo que a palavra fique simétrica.

b) Qual palavra você formou usando o eixo de simetria vertical?

____

c) Você conhece outra palavra que também tem eixo de simetria vertical?

____

____

d) Qual palavra você formou usando o eixo de simetria horizontal?

____

e) Você conhece outra palavra que também tem eixo de simetria horizontal?

____

____

Shutterstock/Glow Images

ATIVIDADES DO CAPÍTULO

1. Rubens precisa formar R$ 136,00 apenas com cédulas.

a) Quais cédulas ele deve usar para ficar com a menor quantidade de cédulas?

____

____

b) E para ficar com exatamente 8 cédulas?

____

2. Pense nas peças do material dourado para resolver as adições abaixo.

a)

	C	D	U
	2	6	9
+		2	8

b)

	C	D	U
	1	2	7
+		6	6

c)

	C	D	U
	2	4	9
+	1	3	7

d)

	C	D	U
	4	2	6
+	3	5	4

3. Em uma partida de **Tomba-Latas**, Evandro e seus amigos anotaram parte dos pontos que cada um fez. Complete a tabela abaixo.

Pontos por jogador

Jogador	1ª rodada	2ª rodada	3ª rodada	Total de pontos
Evandro	20 pontos		70 pontos	120 pontos
Aroldo		50 pontos	80 pontos	230 pontos
Lílian	90 pontos	60 pontos		200 pontos
Maria	40 pontos	60 pontos	100 pontos	

Tabela elaborada para fins didáticos.

4. ITATI é uma cidade do Rio Grande do Sul. Seu nome, com letras maiúsculas, é uma palavra que apresenta simetria. Como é o eixo de simetria da palavra ITATI? _______________

RESOLVENDO PROBLEMAS

Nos problemas a seguir, calcule da maneira que preferir. Depois, registre a resposta.

1. Pedro e seus amigos fizeram um mutirão para organizar os 457 livros da biblioteca da escola. Eles retiraram 26 livros que estavam danificados e juntaram 136 livros que foram doados para a escola e 60 livros que chegaram da secretaria.

a) Com quantos livros a biblioteca ficou ao todo?

Resposta: ______________________________

b) O que você achou da atitude de Pedro e seus colegas?

c) O que você entendeu da expressão "livros danificados"?

d) Se você visse algum colega danificando algum livro ou outro objeto da escola, então o que diria a ele?

2. Para uma oficina de Arte, a professora Selma separou 27 potes de tinta guache de diferentes cores. Na sala havia 6 mesas, e ela colocou a mesma quantidade de potes em cada mesa. Mas, antes, retirou 2 potes que estavam com a tinta ressecada. Quantos potes de tinta ela colocou em cada mesa?

Resposta: ______________________________

CÁLCULO MENTAL

Na Unidade anterior você decompôs os números para adicioná-los. Lembra? Veja novamente como fazer essas adições por decomposição, mas agora com números maiores.

232 + 441 = 200 + 30 + 2 + 400 + 40 + 1

200 + 400 = 600 30 + 40 = 70 2 + 1 = 3

600 + 70 + 3 = 673

- Primeiro decompomos os números em centenas, dezenas e unidades.
- Em seguida, adicionamos as centenas, as dezenas e as unidades.
- Por último adicionamos os resultados.

1. Resolva as adições usando a estratégia acima.

a) 218 + 327 = 200 + 10 + 8 + 300 + 20 + 7

200 + 300 = ________ 10 + 20 = ________ 8 + 7 = ________

500 + ________ + ________ = ________

b) 135 + 235 = 100 + ________ + 5 + ________ + 30 + ________

100 + ________ = ________ ________ + 30 = ________

5 + ________ = ________ 300 + ________ + ________ = ________

c) 275 + 618 = 200 + ________ + 5 + ________ + 10 + ________

200 + ________ = ________ ________ + 10 = ________

5 + ________ = ________ 800 + ________ + ________ = ________

Luciano Tasso/Arquivo da editora

2. Continue utilizando a estratégia da decomposição e calcule mentalmente.

a) 342 + 156 = ______

b) 428 + 212 = ______

c) 562 + 251 = ______

d) 673 + 127 = ______

e) 153 + 134 = ______

f) 221 + 434 = ______

g) 456 + 233 = ______

h) 357 + 212 = ______

3. Calcule mentalmente e pinte o quadro com a operação que resulta no número dado em cada item.

a) 120

60 + 40	30 + 90	50 + 50

b) 350

170 + 70	200 + 100	320 + 30

c) 563

200 + 163	263 + 300	400 + 363

d) 830

430 + 400	200 + 730	520 + 210

e) 748

350 + 358	300 + 448	148 + 700

MINHAS DICAS

Anote algo que você aprendeu nestas atividades e que pode ajudar a realizar cálculos mais rapidamente.

______

______

______

LEITURA DE IMAGEM

MEDIR PARA QUÊ?

Você já deve ter reparado que os números estão presentes em diversas situações do dia a dia. Mas o que os números têm a ver com a saúde?

OBSERVE

1. As crianças da foto abaixo estão encostadas na parede.

   a) O que há nessa parede?

   b) O que as crianças estão fazendo?

Best View Stock/Getty Images

   c) Observe a escala e responda: o que representa o número 160 que aparece na imagem?

   d) A criança da direita é aproximadamente quantos centímetros mais alta do que a outra criança?

2. Com a passar dos anos, o corpo das crianças cresce e se desenvolve. Observe na imagem abaixo a primeira dentição de uma criança e a dentição permanente, que nasce depois.

Dentes temporários (conhecidos como dentes de leite) **Dentes permanentes**

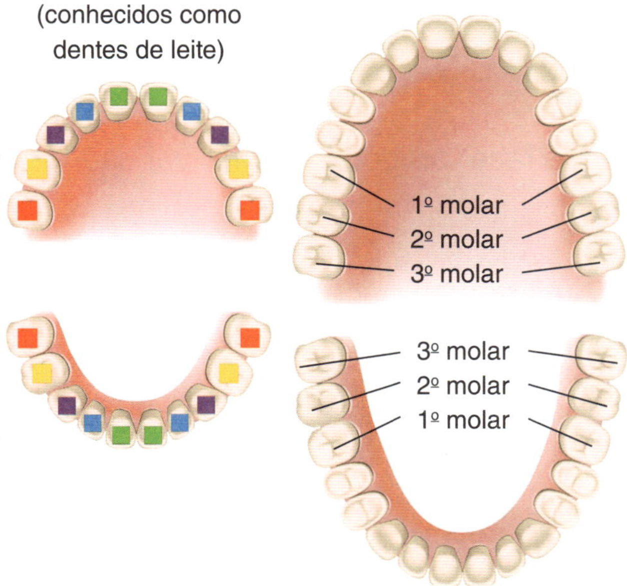

Ilustrações: Alila Medical Media/Shutterstock/Glow Images

Troca dos dentes de leite

Nome do dente	Idade aproximada
Incisivos centrais	6 a 7 anos
Incisivos laterais	7 a 8 anos
Caninos	9 a 11 anos
Primeiros pré-molares	10 a 12 anos
Segundos pré-molares	11 a 13 anos

Fonte de consulta: GENGIVA. **Artigos**. Disponível em: <http://gengiva.com/artigos/cronologia-do-nascimento-dos-dentes>. Acesso em: 30 nov. 2015.

Que diferenças você vê entre a dentição de leite e a dentição permanente?

ANALISE

3. Além dos dentes que aparecem substituindo os dentes de leite, quantos dentes nascem no ser humano? ______

4. Qual dentição parece ser mais eficiente para a mastigação? Por quê?

RELACIONE

5. Quantos dentes permanentes já nasceram em sua boca?

______

6. Quais cuidados você tem com seus dentes?

______

______

CAPÍTULO

6 ORGANIZANDO PARA CALCULAR

SUBTRAÇÃO USANDO O MATERIAL DOURADO

Você já utilizou o material dourado para fazer adições. Agora, vai usá-lo para fazer subtrações.

1 Vamos calcular o valor de 234 − 127 usando as peças do material dourado. Para isso, representamos o número 234 como abaixo. Precisamos tirar 127.

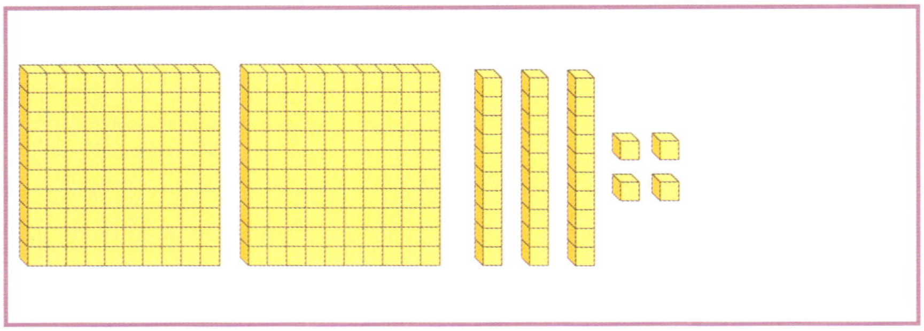

	C	D	U
	2	3	4
−	1	2	7

Perceba que não temos cubinhos suficientes para isso.

a) O que é preciso fazer? ______________________

b) Veja abaixo como ficou a nova representação do número 234.

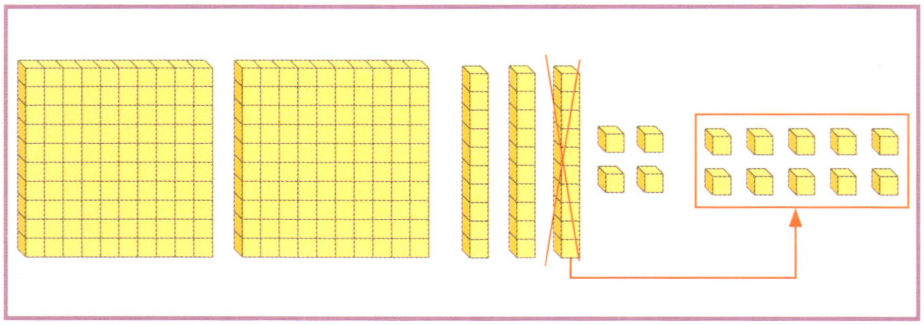

	C	D	U
	2	$\overset{2}{\cancel{3}}$	$^{1}4$
−	1	2	7

Com quantos cubinhos ficamos após a troca? ______________

c) Com quantas barras ficamos após a troca? ______________

d) Risque da representação do número 234 os 127 que devem ser retirados. Depois, complete a subtração acima.

2 Faça a troca, risque as peças do material dourado que devem ser retiradas e complete as subtrações abaixo.

a) 264 − 125 = ________

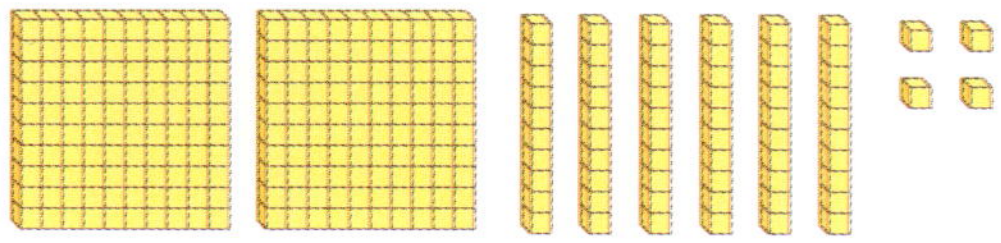

	C	D	U
	2	6	4
−	1	2	5

b) 347 − 29 = ________

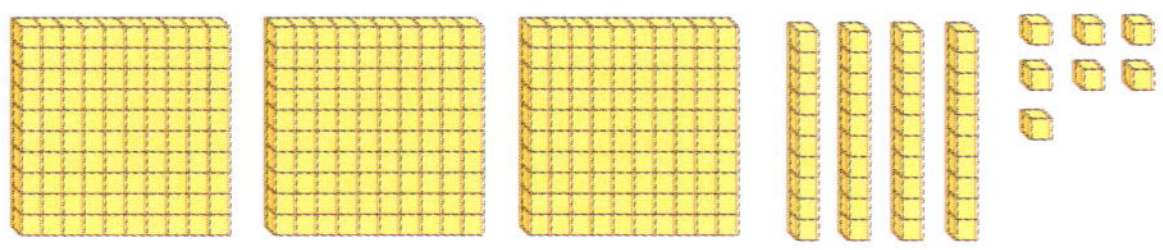

	C	D	U
	3	4	7
−		2	9

c) 444 − 338 = ________

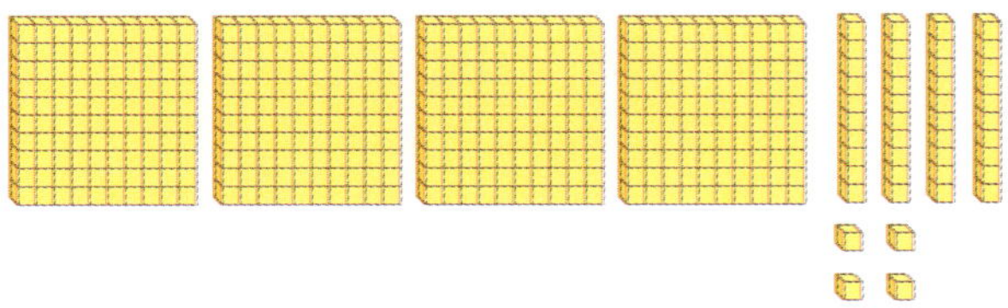

	C	D	U
−			

d) 555 − 236 = ________

	C	D	U
−			

TABUADAS DO 7 E DO 9

Pablo Mayer/Arquivo da editora

1 Cada página do álbum ao lado tem 7 figurinhas.

a) Quantas figurinhas há em 2 páginas? Complete:

$7 + 7 =$ _______ ou $2 \times 7 =$ _______, ou seja,

_______ figurinhas.

b) Quantas figurinhas há em 3 páginas? E em 4 páginas? Complete a tabela abaixo.

Álbum de figurinhas

Quantidade de páginas	1	2	3		5			8			11	
Quantidade de figurinhas	7	14		28		42			63		77	

Tabela elaborada para fins didáticos.

c) Agora, complete abaixo a tabuada do 7.

Tabuada do 7

$1 \times 7 = 7$	$2 \times 7 = 14$	$3 \times 7 =$ _______	$4 \times 7 =$ _______	$5 \times 7 =$ _______
$6 \times 7 =$ _______	$7 \times 7 =$ _______	$8 \times 7 =$ _______	$9 \times 7 =$ _______	$7 \times 10 =$ _______

Tabela elaborada para fins didáticos.

d) Se faltam 4 páginas para completar o álbum, então faltam quantas figurinhas? _______________

2 Para saber o resultado de 7×8, podemos fazer assim:

$$7 \times 8 = 7 \times (5 + 3) = 7 \times 5 + 7 \times 3 = 35 + 21 = 56$$

Pensando desse modo, complete abaixo.

$7 \times 11 = 7 \times (4 + 7) = 7 \times 4 + 7 \times 7 =$ _______ + _______ $= 77$

$7 \times 15 = 7 \times ($_______ + _______$) = 7 \times$ _______ $+ 7 \times$ _______ $=$ _______ + _______ $= 105$

3 Na tabuada do 7, adicionamos de 7 em 7.

a) Complete: na tabuada do 9, adicionamos de _______ em _______.

b) Siga o modelo e complete abaixo a tabuada do 9.

Tabuada do 9

Quantidade	Multiplicação
9	$1 \times 9 = 9$
9 + 9	$2 \times 9 = 18$
	$3 \times 9 =$ _______
	$4 \times 9 =$ _______
	$5 \times 9 =$ _______
	$6 \times 9 =$ _______
	$7 \times 9 =$ _______
	$8 \times 9 =$ _______
	$9 \times 9 =$ _______
	$10 \times 9 =$ _______

Tabela elaborada para fins didáticos.

c) Escreva abaixo a sequência numérica dos resultados da tabuada do 9.

9, 18, _______, _______, _______, _______, _______, _______, _______, _______

d) Observe os algarismos dos resultados da tabuada do 9. O que você observa nesses algarismos?

4 Complete as multiplicações abaixo de acordo com o exemplo.

63 → $9 \times 7 = 63$ e $7 \times 9 = 63$

a) 54 → _______ × _______ = 54 e _______ × _______ = 54

b) 28 → _______ × _______ = 28 e _______ × _______ = 28

c) 27 → _______ × _______ = _______ e _______ × _______ = _______

d) 56 → _______ × _______ = _______ e _______ × _______ = _______

PROBLEMAS DE ADIÇÃO E SUBTRAÇÃO

Faça os cálculos dos problemas a seguir como preferir. Depois, registre a resposta de cada problema.

1 Márcia foi a uma loja de tecidos comprar o material de que precisava para seu trabalho de costureira. Ela comprou 14 metros de tecido vermelho, 27 metros de tecido preto, 38 metros de tecido rosa e 25 metros de tecido azul.

a) Quantos metros de tecido Márcia comprou ao todo?

Resposta: ______________________________

b) Márcia usou 7 metros do tecido preto e 2 metros do tecido rosa para fazer um vestido. Cada metro de tecido rosa custou 7 reais e cada metro de tecido preto custou 9 reais. Quantos reais Márcia gastou com os tecidos para esse vestido?

Resposta: ______________________________

c) Se cada metro de tecido vermelho custou 10 reais, então quanto ela gastou com o tecido vermelho?

Resposta: ______________________________

2 Fernanda tem uma loja de produtos esportivos. Ela fez uma encomenda de 114 tênis, 158 *shorts*, 67 camisetas e 30 pares de joelheiras. Quantos produtos ela encomendou ao todo?

Resposta: ______________________________

3 Luana e Renata vão organizar uma festa surpresa para sua amiga Júlia. Luana encheu 42 balões coloridos e Renata encheu 26 balões. Quantos balões elas ainda têm que encher para ficar com 100 balões ao todo?

Snake3d/Shutterstock/Glow Images

Resposta: ____________________

4 Carminha comprou um livro muito divertido. No primeiro dia ela leu metade das páginas do livro. Quando foi guardá-lo, sua mãe perguntou quantas páginas ela havia lido.

— Já li 35 páginas! — respondeu Carminha.

Quantas páginas faltam para ela terminar de ler o livro?

Resposta: ____________________

5 Celso é eletricista e está trabalhando em um prédio em construção. Ele recebeu a encomenda para instalar 82 tomadas no prédio. Ele já instalou 22 tomadas no primeiro andar e 30 tomadas no segundo andar. Quantas tomadas ele ainda tem que instalar?

Pablo Mayer/ Arquivo da editora

Resposta: ____________________

ORGANIZAÇÃO RETANGULAR

Veja abaixo os carrinhos de César.

Ilustrações: André Rocca/Arquivo da editora

1 Veja ao lado como César organizou os carrinhos.

a) Escreva uma multiplicação para obter o total de carrinhos.

____

b) Confira com os colegas se todos escreveram a mesma multiplicação.

2 A organização que César fez dos carrinhos pode ser representada em uma malha quadriculada por um retângulo com 24 quadradinhos. Veja abaixo essa representação e pinte outras 2 organizações retangulares diferentes com 24 quadradinhos. Depois, escreva as multiplicações correspondentes.

Multiplicações: ____________________ e ____________________ .

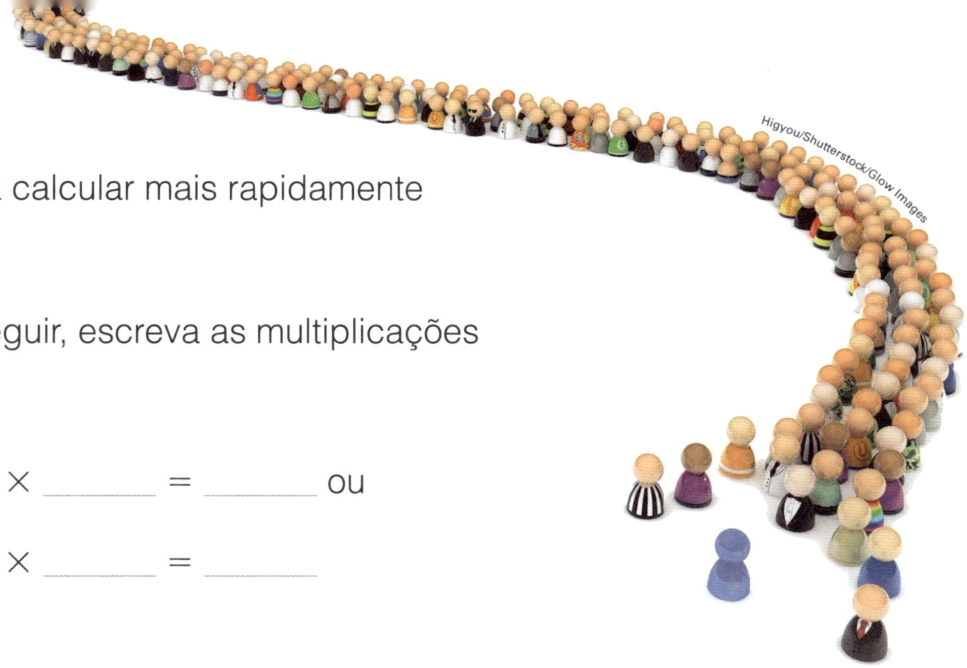
Higyou/Shutterstock/Glow Images

Organizar em filas pode ajudar a calcular mais rapidamente quantos objetos há em um grupo.

3 Para cada grupo de objetos a seguir, escreva as multiplicações correspondentes.

Ilustrações: André Rocca/ Arquivo da editora

a) 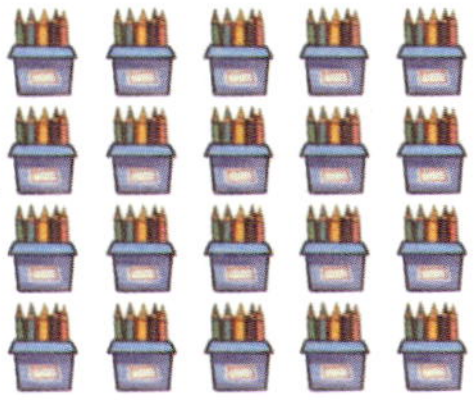

_____ × _____ = _____ ou

_____ × _____ = _____

b) 

_____ × _____ = _____ ou

_____ × _____ = _____

As imagens destas páginas não estão representadas em proporção.

c) 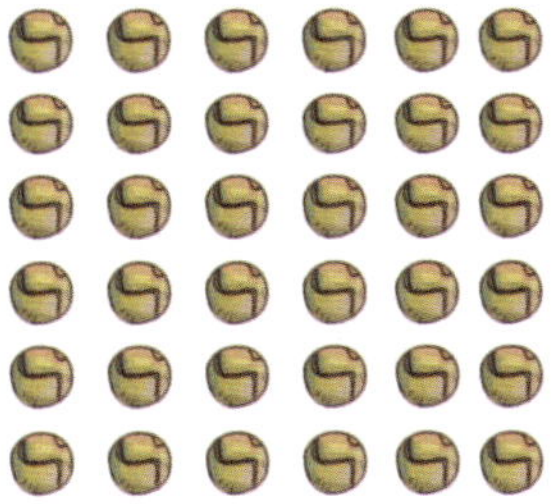

_____ × _____ = _____

d) 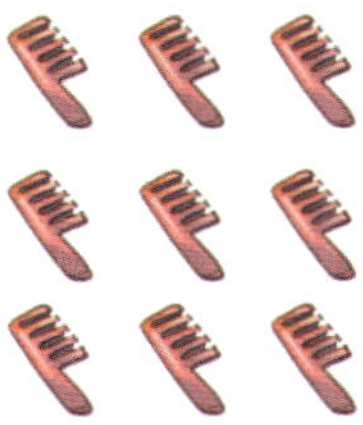

_____ × _____ = _____

4 Faça uma organização retangular de 12 bolinhas de 3 jeitos diferentes. Depois, escreva as 2 multiplicações para cada organização retangular.

DIVISÃO

Em sua festa de aniversário, Pedro quer dar saquinhos com bolinhas de gude para os amigos. Ele tem 33 bolinhas de gude e vai distribuí-las em 8 saquinhos com a mesma quantidade de bolinhas em cada um.

Pedro começou colocando 1 bolinha em cada saquinho.

Ilustrações: Luciano Tasso/Arquivo da editora

1 Veja no esquema abaixo como podemos representar a distribuição que Pedro fez das primeiras 8 bolinhas.

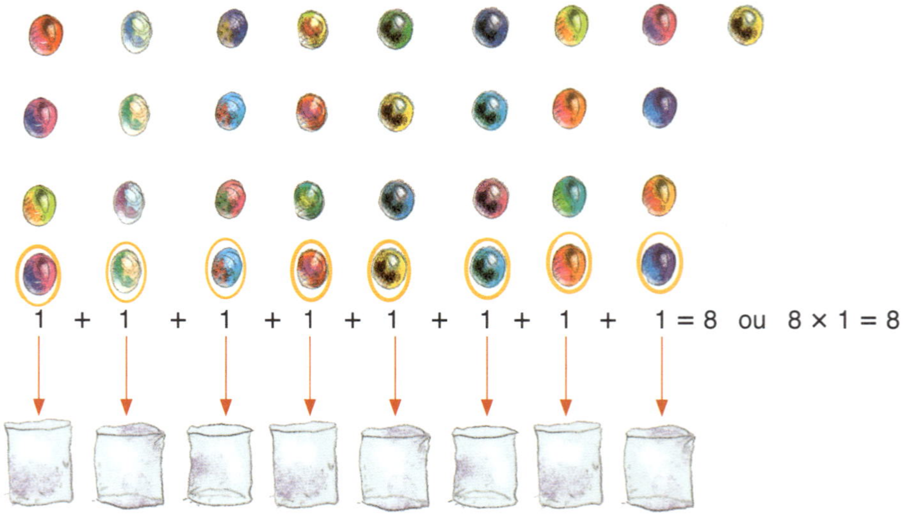

a) Quantas bolinhas de gude sobraram depois que Pedro fez essa distribuição? ____________________

b) Como você calculou quantas bolinhas de gude sobraram?

Depois de distribuir 1 bolinha de gude em cada saquinho, Pedro percebeu que ainda havia muitas bolinhas para distribuir. Então, ele resolveu colocar mais 3 bolinhas de gude em cada saquinho.

2 Observe abaixo como Pedro fez.

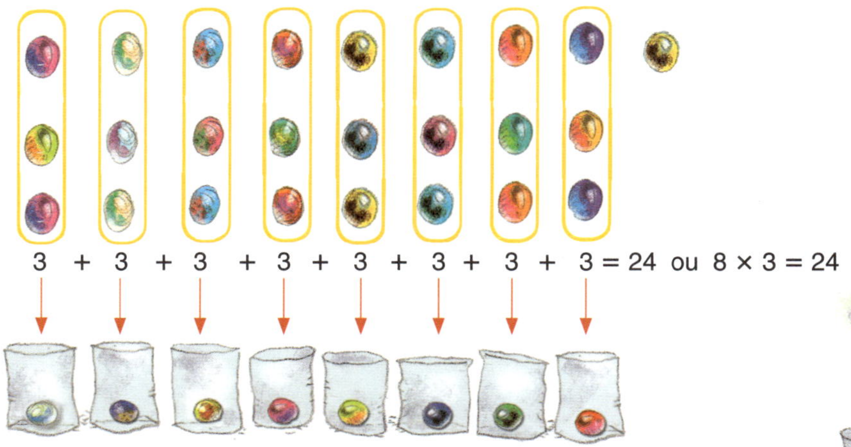

Ilustrações: Luciano Tasso/Arquivo da editora

a) Complete: cada saquinho ficou com ______ bolinhas de gude.

b) Observe novamente a ilustração. Por que Pedro está segurando 1 bolinha de gude?

____

Pedro realizou a seguinte divisão:

33 bolinhas de gude ÷ 8 saquinhos = 4 bolinhas em cada saquinho e sobra 1 bolinha

Então: 33 ÷ 8 = 4 e sobra 1

3 Complete abaixo a divisão que Pedro fez.

$$\begin{array}{r|l} 33 & 8 \\ \hline \_\_\_ & \_\_\_ \end{array}$$

resto → ______ ______ ← resultado

> Quando efetuamos uma divisão em partes iguais e não há sobra, ou resto, dizemos que ela é uma divisão **exata**.
>
> Quando há sobra, ou resto, dizemos que a divisão **não é exata**.

4 Pedro também resolveu distribuir 26 chaveiros nos mesmos 8 saquinhos.

a) Vamos ajudar Pedro na distribuição dos chaveiros? Tente descobrir quantos chaveiros podem ser colocados de uma única vez em cada saquinho para agilizar a distribuição. Registre abaixo suas estratégias.

b) Sobrou algum chaveiro? Se sim, então quantos chaveiros sobraram?

____

Para resolver a distribuição dos chaveiros acima, Patrícia, irmã de Pedro, sugeriu uma estratégia: sabemos que há 8 saquinhos e, portanto, precisamos de pelo menos 8 chaveiros para cada saquinho ficar com 1 chaveiro. Se quisermos colocar 2 chaveiros em cada saquinho, então precisaremos de 16 chaveiros ($8 + 8 = 16$). E se quisermos colocar 3 chaveiros em cada saquinho, então precisaremos de 24 chaveiros ($8 + 8 + 8 = 24$).

Veja abaixo o esquema que ela montou para essa estratégia.

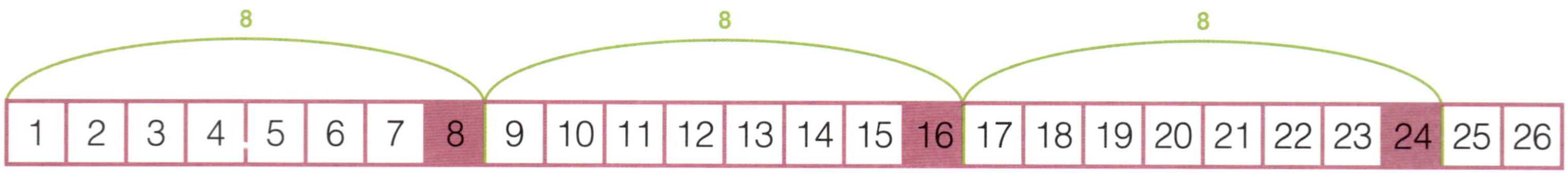

5 Observando o esquema de Patrícia, complete abaixo.

Quando contamos de 8 em 8, montamos a tabuada do ________.

O número 8 cabe ________ vezes no número 26 e sobram ________ chaveiros.

6 Patrícia e Pedro vão distribuir mais bolinhas de gude em saquinhos para a festa. Observe a quantidade de bolinhas e de saquinhos que cada um quer distribuir.

Luciano Tasso/Arquivo da editora

a) Calcule quantas bolinhas de gude Patrícia deve colocar em cada saquinho para que todos os saquinhos fiquem com a mesma quantidade de bolinhas. Faça o mesmo para as bolinhas de gude e saquinhos de Pedro.

- Patrícia: ____________________
- Pedro: ____________________

b) Complete as divisões abaixo.

Patrícia	**Pedro**
16 ÷ 3 = ________	16 ÷ 4 = ________
16 | 3	16 | 4
resto → ____ ____ ← resultado	resto → ____ ____ ← resultado

7 Resolva as divisões abaixo e registre suas estratégias para resolvê-las.

a) 16 ÷ 5 = ____________ b) 16 ÷ 6 = ____________

A CALCULADORA QUEBRADA

Joana precisava registrar o número 54 no visor de uma calculadora que estava com as teclas 5 e 4 quebradas. Veja abaixo como ela pensou.

JÁ QUE EU NÃO TENHO O 5 E O 4, EU VOU FAZER:

1 0 + 1 0 + 1 0 + 1 0 + 1 0 + 1 + 1 + 1 + 1 = 54

EU POSSO FAZER TAMBÉM:

6 6 − 1 0 = 56

E, EM SEGUIDA: 5 6 − 2 = 54

BlueRingMedia/Shutterstock

1 Você consegue explicar as maneiras que Joana pensou? Qual delas você achou melhor? Por quê?

2 Leve uma calculadora para a sala de aula. Descubra outra maneira de chegar ao número 54 e registre abaixo as teclas que você apertou.

____

3 Agora, encontre uma maneira de obter o número 16 sem usar as teclas 1 e 6 e registre abaixo as teclas que você apertou.

____

4 Escreva abaixo as teclas que você precisa apertar para obter cada número sem usar as teclas 2 e 3.

a) 123 → ______________________________

____

b) 213 → ______________________________

____

c) 312 → ______________________________

____

5 Registre na calculadora o número 289.

a) Sem apagá-lo, que teclas você pode apertar para aparecer no visor o número 310? ______________________

b) Registre abaixo a resposta de um colega que seja diferente da sua.

____

6 Artur quer registrar o número 315 em sua calculadora.

a) Circule abaixo as teclas que Artur pode apertar para obter o número 340. Depois, escreva essas teclas na ordem em que Artur deve apertá-las.

=   +   1   2   −

5   7   ÷   ×

BlueRingMedia/Shutterstock

____

b) De que outra maneira ele poderia obter o número 340 no visor usando outras teclas? ______________________

7 Agora crie você um desafio para um colega.

a) Qual número ele deve registrar na calculadora? __________

b) Em qual número ele deve transformar o número anterior? __________

c) Como você resolveria? ______________________

d) Entregue o desafio a um colega e espere ele resolver. Como seu colega resolveu? ______________________

e) Você fez esse desafio para um colega e ele deve ter feito um para você. Qual foi o desafio que ele fez e como você resolveu?

____

Pablo Mayer/Arquivo da editora

MEDIDAS DE TEMPO

Antes de surgirem as unidades de medida de tempo e os instrumentos de medida que usamos atualmente, o ser humano orientava-se de outra maneira, como pela posição do Sol e pelas fases da Lua.

Hoje, algumas unidades de medida que nos ajudam a marcar o tempo no dia a dia são: ano, mês, dia, hora, minuto e segundo.

1 Leia as frases abaixo e complete-as com as palavras: **minutos**, **hora**, **dia**, **mês** ou **ano**. Você não pode repetir nenhuma palavra!

a) Ontem foi meu aniversário e eu fiz uma festa muito bonita. Agora só vou comemorá-lo novamente no próximo ____________.

b) A casa de Cecília é longe da escola. Geralmente ela demora mais de 1 ____________ para fazer o trajeto de casa até a escola.

c) Gustavo adora brincar com jogos *on-line*. Ele tem muita habilidade! Ontem eu o vi completar uma fase inteira do jogo em apenas 3 ____________.

d) Meu pai adora fazer churrasco. Uma vez por ____________ ele convida toda a família para almoçar em casa.

e) Meu dentista deu uma bronca em meu irmão porque ele não estava usando fio dental pelo menos 1 vez ao ____________.

2 Relacione a coluna da esquerda com a da direita.

1 semana	12 meses
1 ano	7 dias
1 dia	60 minutos
1 hora	24 horas

3 Consulte um calendário para responder às perguntas abaixo.
Na terceira semana do mês de fevereiro, Isabela viu no calendário que faltavam 16 semanas para seu aniversário.

a) Faltavam aproximadamente quantos meses para essa data?

____

b) Em que mês será o aniversário de Isabela? ______________________

4 Complete os itens abaixo.

a) Um caminhoneiro comentou: "Levei meio dia para viajar de São Paulo a Santa Catarina". Isso quer dizer que ele viajou por ________ horas.

b) Minha amiga disse que andou por meia hora de bicicleta. Isso quer dizer que ela andou de bicicleta por ________ minutos.

5 Faça o que se pede.

a) Preencha o calendário abaixo com o mês em que estamos.

b) Contorne de **azul** o dia de hoje e de **verde** o terceiro domingo.

c) Pinte de **vermelho** os domingos e feriados e de **amarelo** a última semana.

d) Responda: em qual dia da semana caiu o 1º dia do mês? ______________________

Mês: ______________________

Domingo	Segunda- -feira	Terça- -feira	Quarta- -feira	Quinta- -feira	Sexta- -feira	Sábado

Dam d' Souza/Arquivo da editora

FIGURAS PLANAS SIMÉTRICAS

Soraia fez o desenho de um barco na malha quadriculada abaixo. Em seguida, ela fez o desenho simétrico a ele em relação ao traço vermelho.

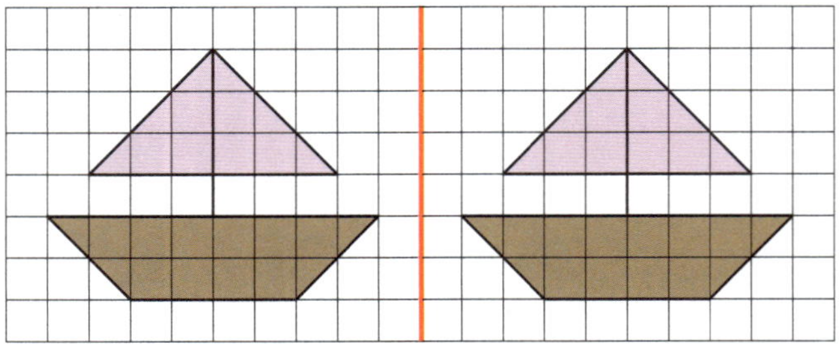

Quando duas figuras planas são construídas dessa maneira, dizemos que elas são **figuras planas simétricas**. Dizemos também que uma figura é simétrica à outra em relação ao traço vermelho, que é o eixo de simetria.

1 Nas malhas quadriculadas abaixo, desenhe a figura simétrica em relação ao eixo de simetria destacado em vermelho.

a) 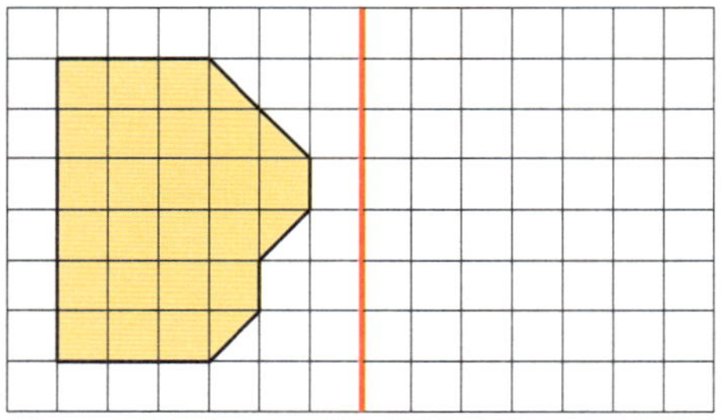

b) 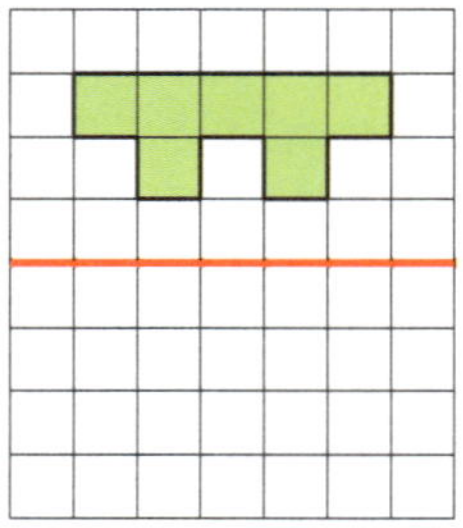

2 Raul fez o desenho de um baú em uma malha pontilhada.

a) Faça abaixo um desenho simétrico ao desenho dele. Um traço do desenho simétrico já está feito!

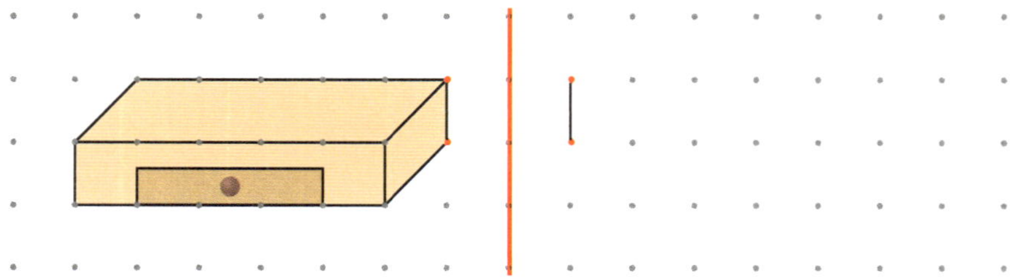

b) Para conferir se os desenhos estão simétricos, imagine que você dobrou o papel no eixo de simetria. Um desenho fica exatamente sobre o outro? ______________________

3 Agora, utilizando a malha quadriculada abaixo, crie uma figura e construa sua figura simétrica. Antes de iniciar, desenhe o eixo de simetria.

4 Refaça o mesmo desenho utilizando a malha pontilhada abaixo.

5 Em qual das 2 malhas você achou mais fácil desenhar? Por quê?

ATIVIDADES DO CAPÍTULO

1. Resolva as subtrações como preferir. Depois, registre abaixo.

a) 222 – 108 = ________

	C	D	U
	2	2	2
–	1	0	8

b) 341 – 38 = ________

	C	D	U
–			

c) 690 – 133 = ________

	C	D	U
–			

2. Represente na malha quadriculada cada multiplicação abaixo.

a) 5 × 9 = ________

b) 7 × 7 = ________

c) 9 × 9 = ________

3. Junte-se a um colega para esta atividade.
Gabriel chegou à rodoviária às 7 horas. No terminal de embarque havia uma placa com os horários de partida dos ônibus.

> Recife – saída de 6 em 6 horas.
> Horários: 6 horas, 12 horas, 18 horas e 24 horas.

a) Há quantas horas saiu o último ônibus? ________________

b) Quanto tempo ele terá de esperar para tomar o próximo ônibus?

____

RESOLVENDO PROBLEMAS

- Em uma sessão de cinema havia 20 pessoas na sala, sendo 13 adultos e 7 crianças. Essa sala de cinema tem 10 fileiras com 14 cadeiras em cada fileira. Quantas cadeiras há na sala? Antes de resolver o problema, responda.

a) O que significam os números do enunciado desse problema?

- 20 ______
- 13 ______
- 7 ______
- 10 ______
- 14 ______

b) De quais números você precisa para resolver o problema? ______

c) Agora, resolva o problema e registre a resposta.

Resposta: ______

d) Invente outra pergunta para esse problema.

______

e) Quais números você precisa usar para responder à pergunta que criou?

______

f) Peça a um colega que resolva o problema que você criou no espaço ao lado.

g) Seu colega acertou a resposta do problema? Se ele não acertou, então corrija a resolução e mostre para ele.

CÁLCULO MENTAL

1. Vamos relembrar adições que resultam em 10?

a) Preencha o quadro com adições de resultado 10.

1 + 9 = 10		

b) Agora, complete as adições abaixo com os números que faltam para que o resultado seja 10.

9 + ______ = 10 4 + ______ = 10

8 + ______ = 10 3 + ______ = 10

7 + ______ = 10 2 + ______ = 10

6 + ______ = 10 1 + ______ = 10

5 + ______ = 10 0 + ______ = 10

c) Qual das adições acima você não havia registrado no quadro do item **a**?

____

____

Luciano Tasso/Arquivo da editora

2. Preencha o quadro abaixo com adições de resultado 100.

10 + 90 = 100		

3. Complete as adições abaixo com os números que faltam.

a) 18 + ______ = 20
b) 28 + ______ = 30
c) 38 + ______ = 40
d) 17 + ______ = 20
e) 27 + ______ = 30
f) 37 + ______ = 40
g) 16 + ______ = 20
h) 26 + ______ = 30
i) 36 + ______ = 40

4. Continue completando as adições abaixo com os números que faltam.

a) 80 + ______ = 100
b) 180 + ______ = 200
c) 280 + ______ = 300
d) 380 + ______ = 400
e) 70 + ______ = 100
f) 170 + ______ = 200
g) 270 + ______ = 300
h) 370 + ______ = 400

MINHAS DICAS

Anote algo que você aprendeu nestas atividades e que pode ajudar a realizar cálculos mais rapidamente.

____

____

____

____

____

LER E ENTENDER

Os poemas “brincam” com os sons e as imagens das palavras e despertam diferentes emoções no leitor. É para sentir um pouco disso que nesta seção vamos ler um poema!

Mas antes veja ao lado a capa do livro em que ele foi publicado.

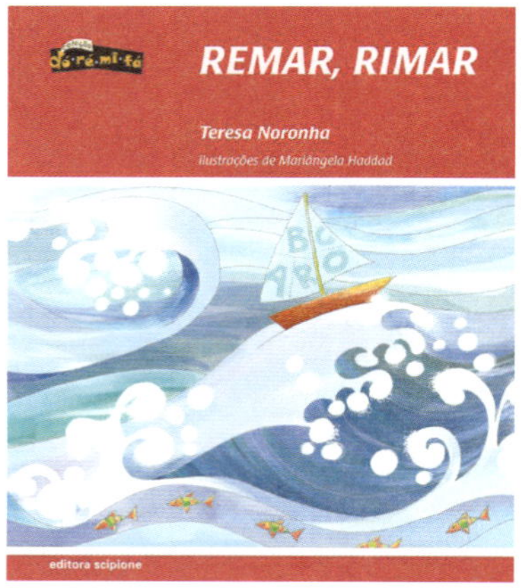

Reprodução/Ed. Scipione

Você já leu esse livro? O que o título **Remar, rimar** leva você a pensar? Converse com os colegas e o professor sobre essas perguntas.

Agora, leia o título do poema abaixo. Com base no que estudou nesta Unidade, você consegue imaginar do que ele trata?

Tique-taque

Jarp2/Shutterstock/Glow Images

Trabalhou o dia inteiro
Meio assim-assim...
Às sete horas deu badaladas fortes
– Era depois do jantar
E ele estava bem alimentado.
Deu as oito lentamente,
Com um suspiro compriiido...
Bateu as nove com várias pausas para tossir.
Às dez, trocou duas batidas por um cochilo.
Nas badaladas das onze, espirrou seis vezes.
À meia-noite, nada!
Onde foi parar à meia-noite?
Ou ela tirou férias sem avisar
Ou o velho relógio
Caiu de cama com gripe...

Remar, rimar, de Teresa Noronha. Coleção Dó-ré-mi-fá. São Paulo: Editora Scipione, 2007. p. 26-27.

ANALISE

1. A expressão **tique-taque** usada no título do poema tenta representar que som?

2. Em todo o poema, ações próprias do ser humano são atribuídas a um ser não vivo. Quais são essas ações e a quem são atribuídas?

RELACIONE

3. Em qual período do dia (manhã, tarde ou noite) o relógio começou a dar sinais de que estava cansado ou pegando uma gripe? Explique a um colega sua resposta.

4. Qual é a diferença entre um relógio digital e um relógio de ponteiros?

5. Contorne todos os horários citados no poema e sublinhe os outros números.

6. Como os horários citados no poema podem aparecer em um relógio digital?

O QUE APRENDI?

1. Observe novamente a imagem que você viu na abertura desta Unidade.

Estúdio Mil/Arquivo da editora

a) Liste os instrumentos de medida presentes nesta imagem.

____

b) O que esses instrumento medem?

____

____

c) Qual horário os relógios estão marcando? _______________

d) Quantas pessoas há nesta imagem? O número de pessoas é par ou ímpar?

____

e) Se o professor tivesse 9 cadernos para dividir igualmente entre os alunos que aparecem na imagem, então com quantos cadernos cada aluno ficaria?

____

f) O professor precisa distribuir 5 lápis para cada aluno da imagem. Quantos lápis ele distribuirá ao todo? _______________

2. Desenhe ponteiros nos relógios abaixo para indicar o mesmo horário de cada relógio digital.

a)

Sergii Koroiko/Shutterstock/Glow Images

Vectorlib.com/Shutterstock/Glow Images

b)

Sergii Koroiko/Shutterstock/Glow Images

Vectorlib.com/Shutterstock/Glow Images

3. Complete as palavras abaixo orientando-se pelo eixo de simetria em vermelho.

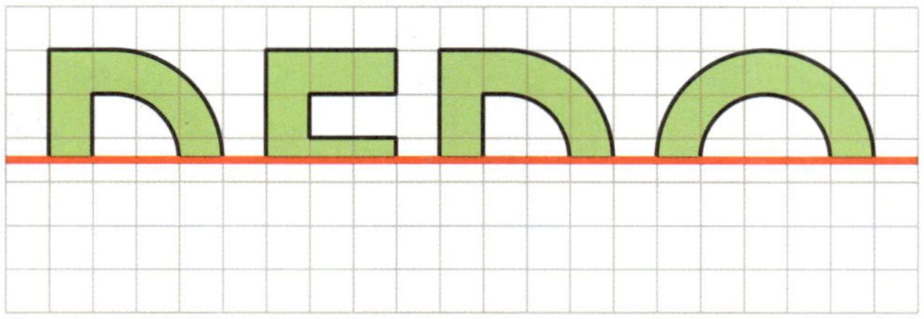

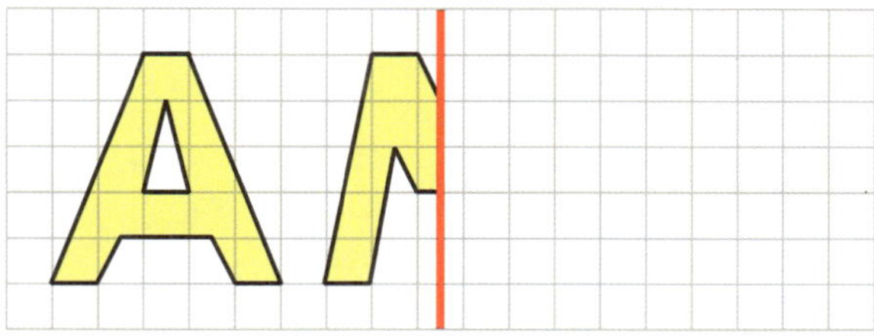

4. Registre no visor de uma calculadora o número 362.

a) Sem apagá-lo, quais teclas você pode apertar para aparecer no visor o número 390?

____

b) Agora, sem apagar o número 390, quais teclas você pode apertar para aparecer no visor o número 350?

____

MINHA COLEÇÃO DE PALAVRAS

Escreva abaixo algumas palavras que você aprendeu nesta Unidade. Depois, escolha 2 palavras e escreva o significado delas.

____

____

____

UNIDADE 3

MARAVILHAS DO EGITO

Reprodução de parte do cartaz do filme **As aventuras de Peabody & Sherman**, criado por Jay Ward. Produzido nos Estados Unidos, teve seu lançamento em 2014.

Kobal/The Picture Desk/Agence France-Presse

- Você conhece os personagens que aparecem nesta imagem?
- Em que país você acha que os personagens estão? Justifique.

CAPÍTULO 7

REPRESENTANDO NÚMEROS

QUADRO NUMÉRICO

Neste livro, você já estudou muitos números maiores do que 100. Vamos registrar alguns desses números no quadro numérico e conhecer mais alguns?

1 Complete o quadro numérico abaixo. Depois, faça o que se pede.

900		902	903	904	905	906	907		
910		912	913	914	915	916	917	918	919
920	921		923		925	926	927	928	929
930	931	932		934	935	936	937	938	
940	941	942		944	945	946	947	948	949
950	951	952	953			956	957	958	959
960	961	962	963	964	965		967	968	969
970	971	972	973	974	975	976		978	979
980		982	983	984	985	986	987		989
990	991		993	994	995	996	997	998	

a) Na primeira coluna há 2 algarismos escritos em **vermelho** em cada número. Eles estão em sequência de cima para baixo, com o zero à direita. Qual será o próximo número dessa sequência?

b) Pinte a coluna dos números terminados em 3.

c) Qual é a regra de formação da sequência de números que você pintou?

d) Essa regra se mantém para as outras colunas?

e) Escreva abaixo os números que formarão a próxima linha desse quadro.

2 Com alguns colegas, responda ao que se pede. Se preciso, pesquisem em uma enciclopédia ou na internet.

a) Quantos metros há em 1 quilômetro?

b) Quantos gramas há em 1 quilograma?

c) O que vocês concluem sobre o significado da palavra "quilo"?

3 Observe o quadro numérico abaixo e complete-o com os números que faltam. Depois, faça o que se pede.

1000	1001	1002	1003	1004		1006	1007	1008	1009
1010	1011	1012	1013	1014		1016	1017	1018	1019
1020	1021	1022	1023	1024		1026	1027	1028	1029
1030	1031	1032	1033	1034		1036	1037	1038	1039
1040	1041	1042	1043	1044		1046	1047	1048	1049
1050	1051	1052	1053	1054		1056	1057	1058	1059
1060	1061	1062	1063	1064		1066	1067	1068	1069
1070	1071	1072	1073	1074		1076	1077	1078	1079
1080	1081	1082	1083	1084		1086	1087	1088	1089
1090	1091	1092	1093	1094		1096	1097	1098	1099

a) O que você observou nos números que escreveu no quadro?

b) Pinte de **azul** todos os números da coluna que tem o número 1000.

c) O que você observou nos números da sequência dessa coluna?

d) Pinte de **vermelho** os números que estão entre 1041 e 1044.

e) Faça um **X** no número que está entre 1020 e 1022.

f) Localize no quadro 3 pares de números que têm 10 unidades de diferença. Escreva-os abaixo.

g) Escreva por extenso o menor e o maior número desse quadro.

SISTEMA DE NUMERAÇÃO EGÍPCIO

Você se lembra do estudo do sistema de numeração decimal, ou seja, do sistema de numeração que usamos para escrever os números? Agora, vamos conhecer um pouco sobre outro sistema de numeração.

Os números no Egito

O Egito está localizado no norte da África. Ele é cortado pelo rio Nilo, que todo ano, no período de cheias, inunda grandes faixas de terras secas do Egito e fertiliza o solo.

Você sabia que os antigos egípcios não escreviam usando letras para formar palavras como nós fazemos atualmente?

Cada símbolo da escrita egípcia era uma figura que representava 1 ou mais palavras. Essas figuras ou símbolos são chamados de hieróglifos. Os números também eram escritos com símbolos diferentes dos algarismos que usamos hoje. Veja ao lado alguns exemplos.

Nosso sistema de numeração	Símbolo egípcio	Descrição do símbolo egípcio
1	𓏺	traço vertical
10	𓎆	asa
100	𓍢	espiral
1 000	𓆼	flor de lótus

Fonte de consulta: **História universal dos algarismos**, de Georges Ifrah. Rio de Janeiro: Nova Fronteira, 1997. v. 1. p. 341-347.

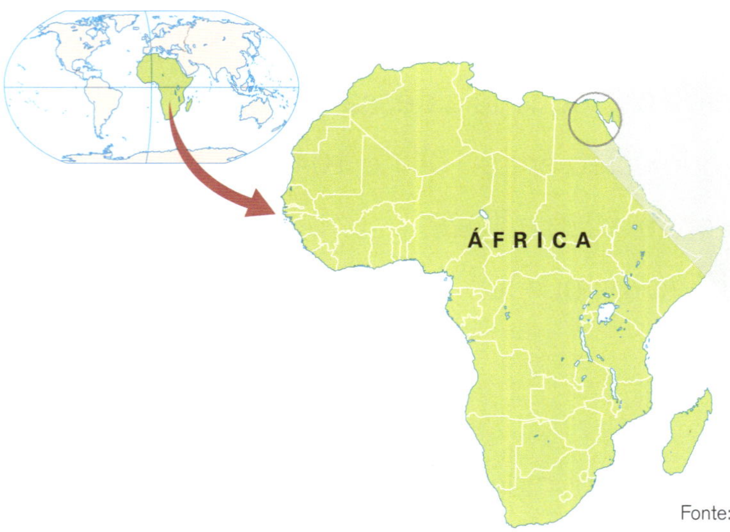

África: região do rio Nilo

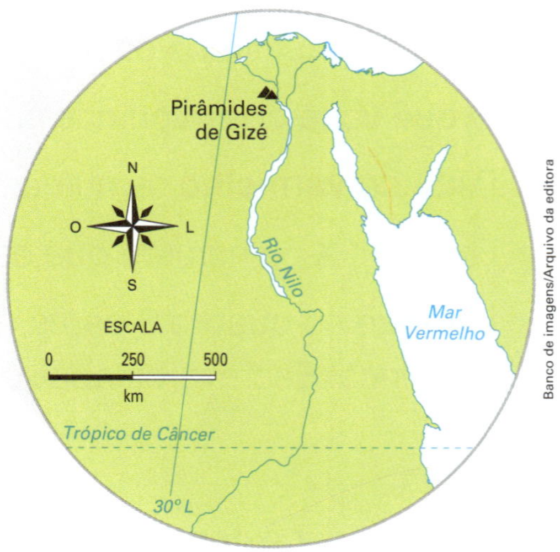

Fonte: IBGE. **Atlas geográfico escolar**. Rio de Janeiro, 2012. p. 45.

Para escrever os números 1, 10, 100 e 1 000, os egípcios usavam os símbolos apresentados na página anterior. Para formar outros números, os egípcios repetiam símbolos. Para escrever o número 8, por exemplo, eles faziam assim: 

Para escrever o número 32, eles faziam assim: 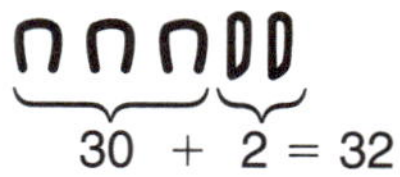

Mas eles também podiam escrever o número 32 assim: 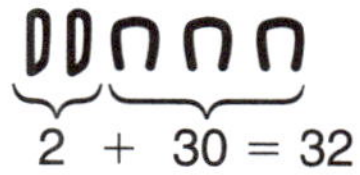

1 Escreva os números abaixo usando algarismos do nosso sistema de numeração.

a)  ____________

b) 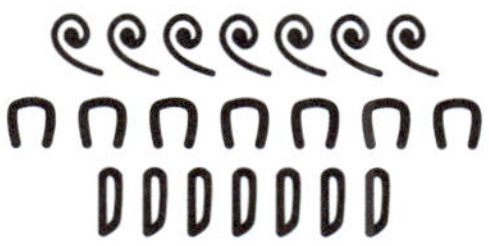 ____________

c)  ____________

d)  ____________

e)  ____________

f)  ____________

2 Agora, escreva os números abaixo usando símbolos egípcios.

a) Sua idade: ____________

b) O ano em que estamos: ____________

3 Represente os números abaixo com símbolos egípcios.

a) 220 ____________

b) 202 ____________

c) 2012 ____________

4 No nosso sistema de numeração, se você trocar os algarismos de lugar, então o valor muda ou permanece igual? ____________

5 No sistema egípcio, se você trocar os símbolos de lugar, então o valor do número muda ou permanece igual? ____________

O ÁBACO E OS NÚMEROS MAIORES DO QUE 1 000

Neste ano, você já construiu um ábaco para representar centenas, dezenas e unidades. Também já usou o ábaco para fazer adições. Agora, vamos ampliá-lo para poder representar números maiores do que 1 000.

Veja o ábaco ao lado.

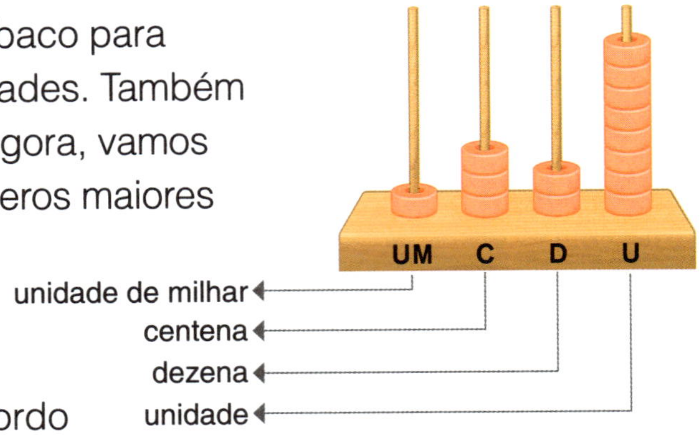

1 Complete as frases abaixo de acordo com o número representado nesse ábaco.

a) Cada argola no pino das unidades de milhar vale 1 000; como há ________ argola nesse pino, ela representa ________ unidades.

b) Cada argola no pino das centenas vale 100; como há ________ argolas nesse pino, elas representam ________ unidades.

c) Cada argola no pino das dezenas vale 10; como há ________ argolas nesse pino, elas representam ________ unidades.

d) Cada argola no pino das unidades vale 1; como há ________ argolas nesse pino, elas representam ________ unidades.

e) Esse ábaco está representando o número ________.

2 Observe o ábaco ao lado.

Ilustrações: Banco de imagens/Arquivo da editora

a) Em qual pino está a argola?

____

b) Quanto vale 1 argola nesse pino?

____

c) Quanto valem 2 argolas nesse pino? E 5 argolas?

____

3 Vamos representar alguns números no ábaco?

a) Desenhe argolas nos pinos para representar nos ábacos cada número abaixo.

185

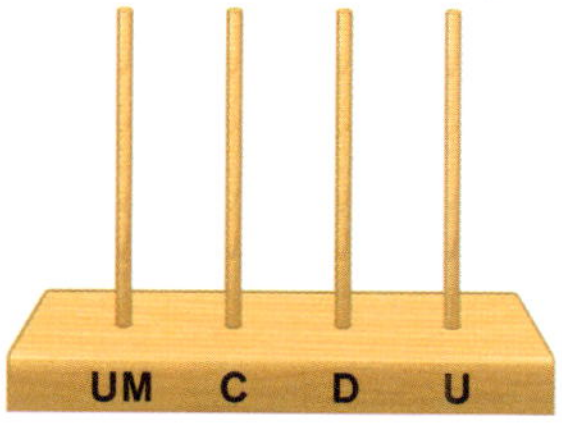

1 703

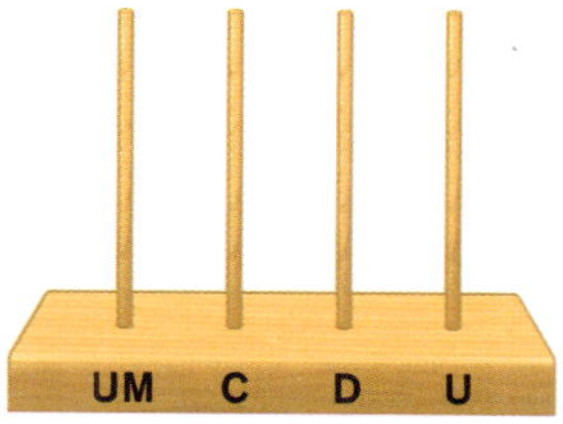

2 468

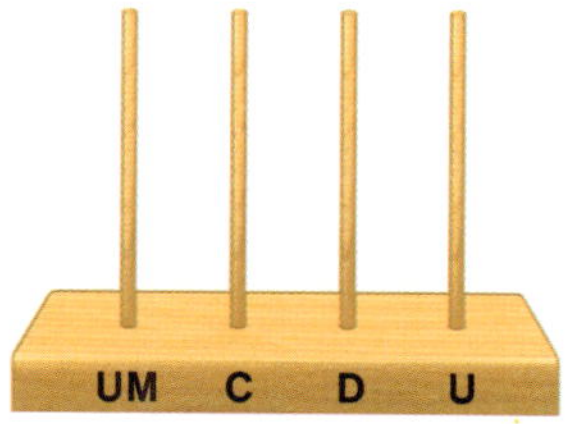

b) Seus colegas representaram os números da mesma maneira que você?

4 Escreva abaixo o número que está representado em cada ábaco.

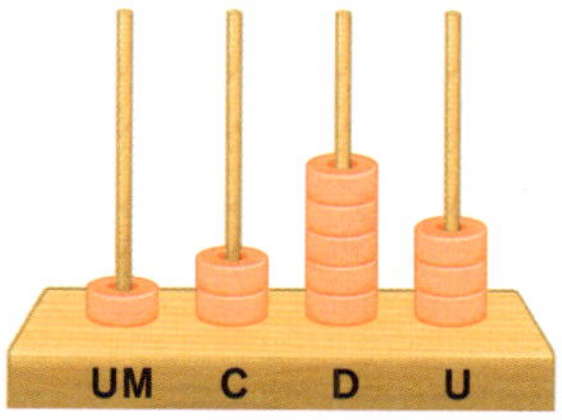

____

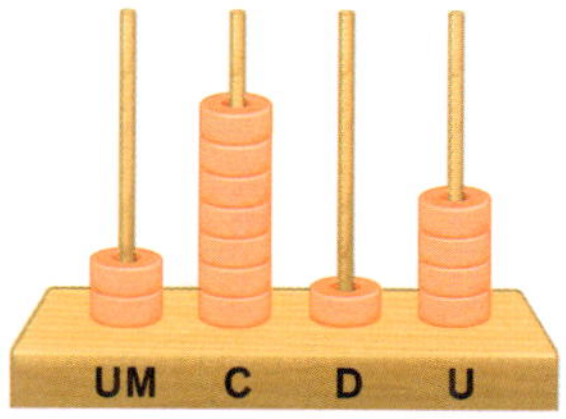

____

____

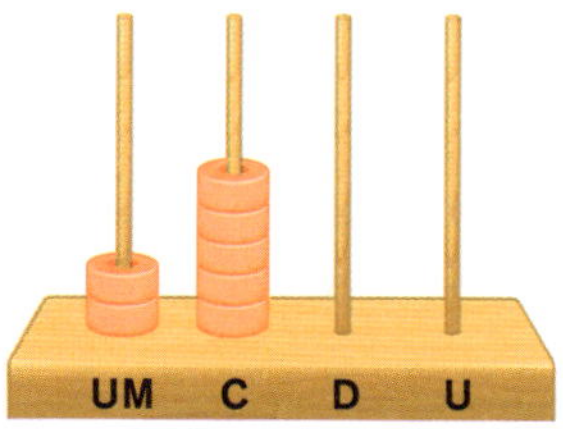

____

____

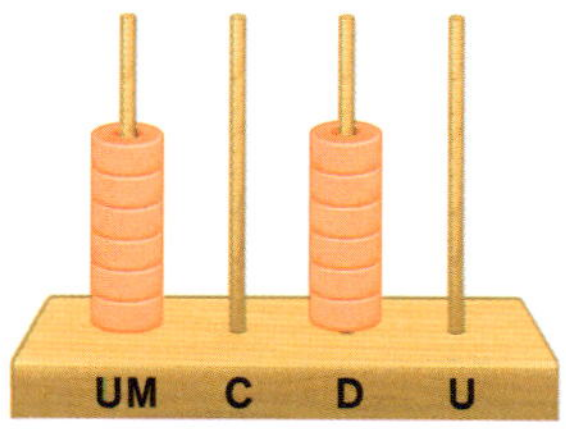

____

Ilustrações: Banco de imagens/Arquivo da editora

5 Observe o modelo e decomponha os números da atividade anterior.

1 253 = 1 000 + 200 + 50 + 3

a) ______________ = ______________ + ______________

b) ______________ = ______________ + ______________ + ______________ + ______________

c) ______________ = ______________ + ______________

d) ______________ = ______________ + ______________ + ______________ + ______________

e) ______________ = ______________ + ______________

A CONSTRUÇÃO DAS PIRÂMIDES E OS NÚMEROS

Leia abaixo um texto sobre a construção das pirâmides do Egito.

Os túmulos dos faraós do Egito

Art Images Archive/Glow Images

Papiro de cerca de 1069-945 a.C. com desenho de homens puxando blocos de construção.

As pirâmides do Egito foram construídas para servirem de túmulo aos antigos reis egípcios, também chamados de faraós.

Atualmente existem aproximadamente 100 pirâmides no Egito. A maior e mais famosa é a pirâmide de Quéops (nome grego pelo qual ficou conhecido o faraó Khufu), construída por volta de 2550 a.C. em Gizé, perto da cidade do Cairo, a atual capital do Egito.

A pirâmide de Quéops, também conhecida como Grande Pirâmide de Gizé, foi por muito tempo a construção mais alta do mundo, com 147 metros de altura.

Em Gizé, há outras 2 grandes pirâmides famosas: a pirâmide de Quéfren, filho sucessor de Quéops, com 143 metros de altura; e a pirâmide de Miquerinos, neto de Quéops, com aproximadamente 65 metros. Assim como aconteceu com Quéops, as pirâmides de Quéfren e Miquerinos ficaram conhecidas pela versão grega de seus nomes, que originalmente são Khafre e Menkaure.

As 3 pirâmides de Gizé formam o monumento mais antigo das 7 Maravilhas do Mundo da Antiguidade e esse é o único monumento dessas maravilhas que ainda existe atualmente.

Fontes de consulta: MUNDO ESTRANHO. **Geografia**. Disponível em: <http://mundoestranho.abril.com.br/materia/como-foram-erguidas-as-piramides-do-egito>; SUPERINTERESSANTE. **Ciência**. Disponível em: <http://super.abril.com.br/ciencia/as-muitas-sete-maravilhas-do-mundo>. Acesso em: 17 dez. 2015.

1 De acordo com o texto que você leu, responda:

a) Qual das 3 pirâmides é a mais alta? Qual é a altura dessa pirâmide?

____

b) Quantos metros a pirâmide mais alta tem a mais do que a segunda pirâmide mais baixa? _______________________

2 Luciana leu no texto que há aproximadamente 100 pirâmides no Egito. Veja abaixo o que Daniel disse.

a) Quantas pirâmides Daniel pensou que havia no Egito?

____

____

b) Quantas pirâmides Daniel imaginou a mais do que existem no Egito?

____

____

3 Represente no ábaco ao lado o número usado para representar o ano em que se acredita que a pirâmide de Quéops tenha sido construída.

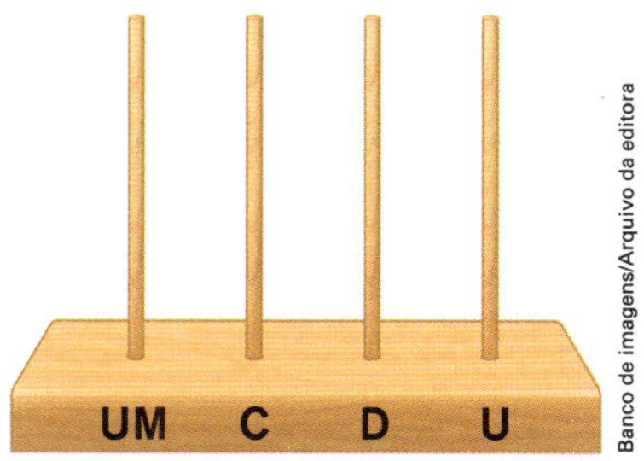

4 Faça uma pesquisa sobre as 7 Maravilhas do Mundo da Antiguidade.

a) Quais são essas 7 maravilhas? _______________________

____

____

b) Você já tinha ouvido falar desses monumentos?

MEDIDAS DE COMPRIMENTO

Você já brincou de contar quantos passos precisa dar para ir de sua casa a outro lugar? Ou então já contou quantos palmos tem a largura de sua carteira?

Desde a Antiguidade os povos foram criando suas unidades de medida de comprimento usando partes do corpo. Assim, criou-se o cúbito ou côvado, a polegada, o palmo, o pé e o passo. Cada povo tinha sua “unidade-padrão”.

As imagens desta página não estão representadas em proporção.

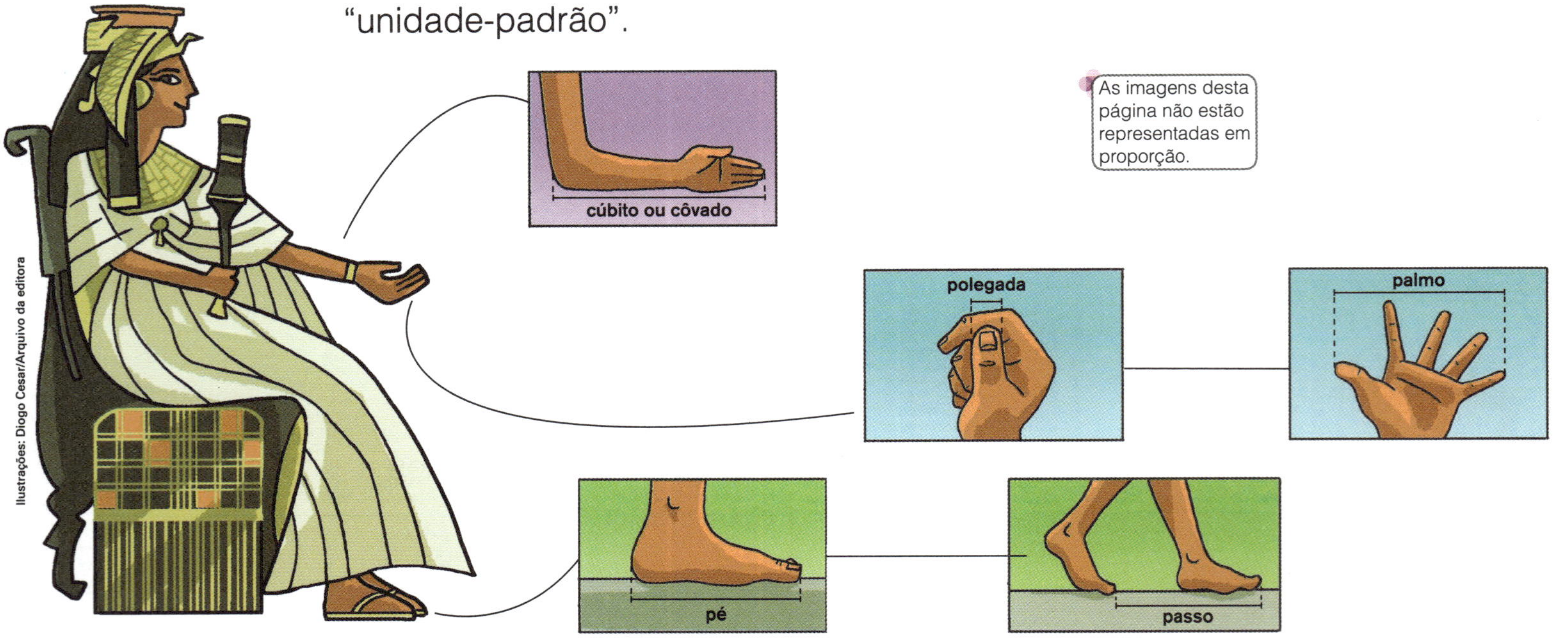

Ilustrações: Diogo Cesar/Arquivo da editora

Hoje, a unidade de medida padrão usada no Brasil para medir comprimentos é o **metro**. Veja abaixo alguns dos instrumentos usados atualmente para medir comprimentos.

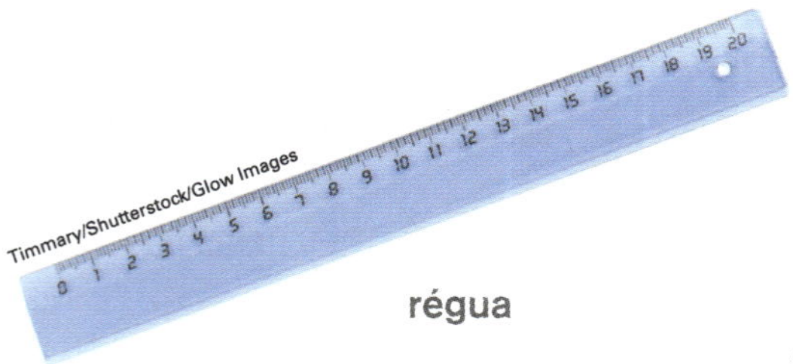

Timmary/Shutterstock/Glow Images

régua

Fotyma/Shutterstock/Glow Images

fita métrica

Alexander Lobanov/Shutterstock/Glow Images

trena

A RÉGUA COMO INSTRUMENTO DE MEDIDA

Observe as marcações de centímetros e de milímetros na régua abaixo.

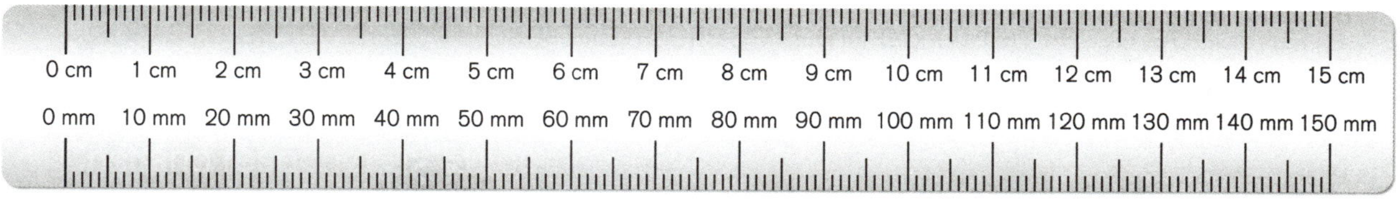

Régua de 15 cm.

> O **centímetro** (cm) e o **milímetro** (mm) são unidades de medida de comprimento.
>
> 1 cm = 10 mm

1 Usando sua régua, faça ao lado um traço de 2 cm.

2 Agora, responda:

a) Quantos traços de 10 centímetros são necessários para formar 30 centímetros? ____________________

b) Quantos traços de 10 centímetros são necessários para formar 100 centímetros? ____________________

3 Complete a numeração da régua a seguir. Depois, faça um traço com o comprimento pedido. Veja o exemplo para 1 cm.

1 cm

12 cm

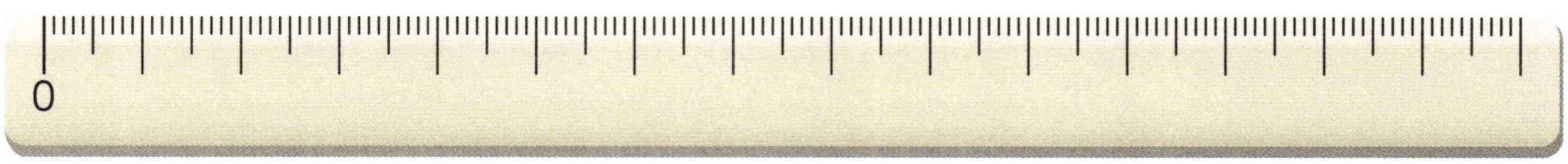

Ilustrações: Shutterstock/Glow Images

4 Observe novamente a régua graduada em centímetros e milímetros e complete os itens abaixo.

a) 1 cm = ____________________

b) 40 mm = ____________________

c) 80 mm = ____________________

d) 12 cm = ____________________

MEDIDAS DE MASSA E DE CAPACIDADE

Na cozinha é comum precisarmos de instrumentos para medir a quantidade de alimento de uma receita. Para isso, muitas vezes usamos uma balança e um copo de medidas, por exemplo.

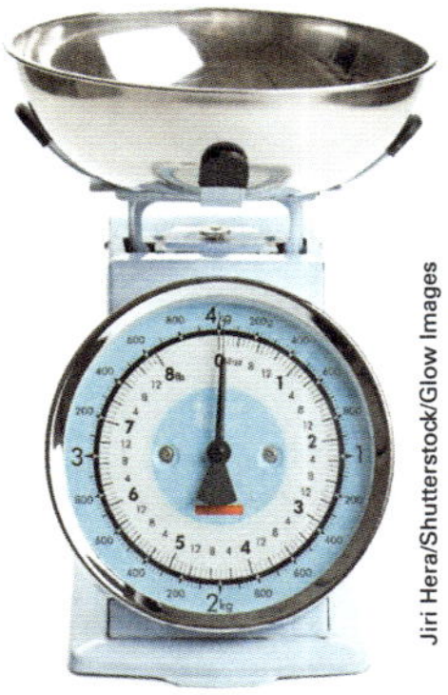

Jiri Hera/Shutterstock/Glow Images

balança

Ericlefrancais/Shutterstock/Glow Images

copo de medidas

As imagens destas páginas não estão representadas em proporção.

1 Escreva abaixo de cada produto qual dos 2 instrumentos acima deve ser utilizado para medi-lo.

a) Suco

____

c) Cenoura

____

e) Água

____

b) Tomate

____

d) Carne

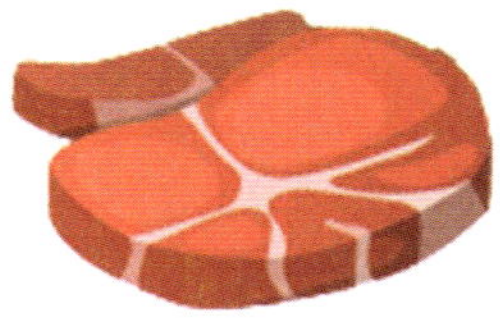

____

f) Vinagre

____

Ilustrações: Anna.zabella/Shutterstock

2 Na atividade **1**, qual é a diferença entre os produtos que foram medidos com a balança e os produtos que foram medidos com o copo de medidas?

____

____

3 Veja abaixo as cenas de 3 malas sendo pesadas na balança de um aeroporto. Observe-as e complete a afirmação a seguir.

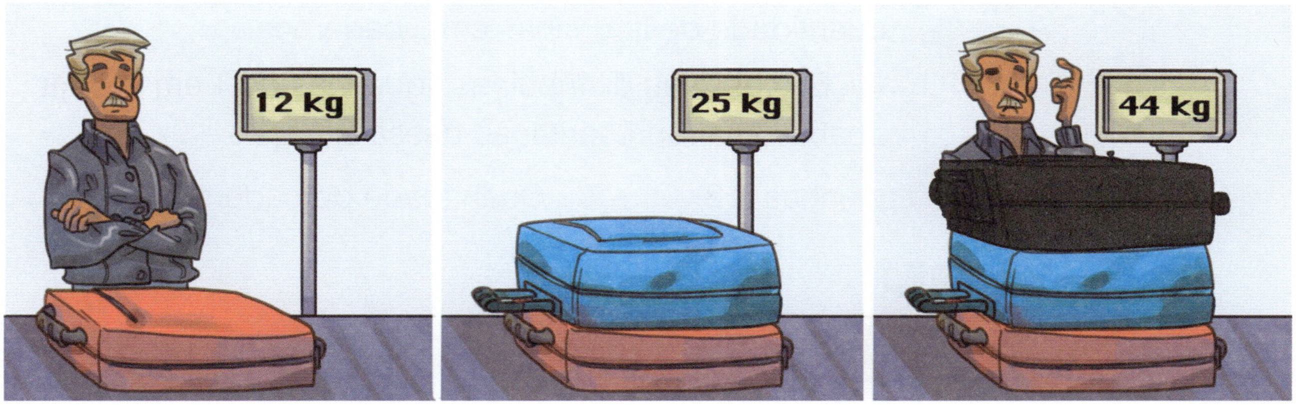

André Rocca/Arquivo da editora

A massa da mala preta é _______ kg.

> O **quilograma** (kg) e o **grama** (g) são unidades de medida de massa.
> 1 kg = 1 000 g

4 Observe ao lado os recipientes de alguns produtos que Hélton tem e complete as frases com os valores correspondentes.

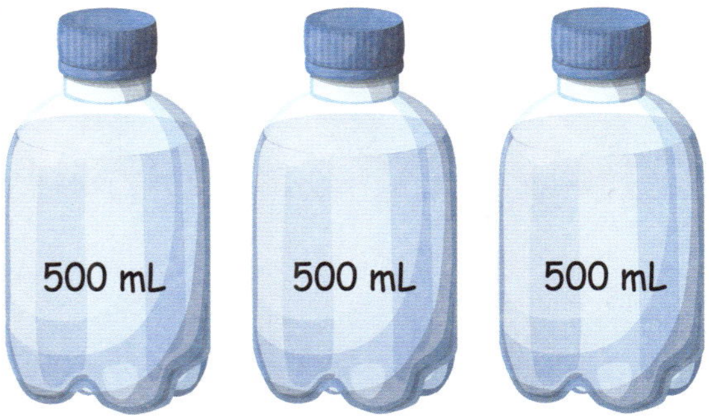

Ilustrações: Anna.zabella/Shutterstock

a) Hélton colocou em 1 jarra a água que estava em 3 garrafas de plástico. A jarra ficou com _______ mL.

b) Ele despejou em uma tigela 5 copos de leite e metade de 1 garrafa de água. A tigela ficou com _______ mL.

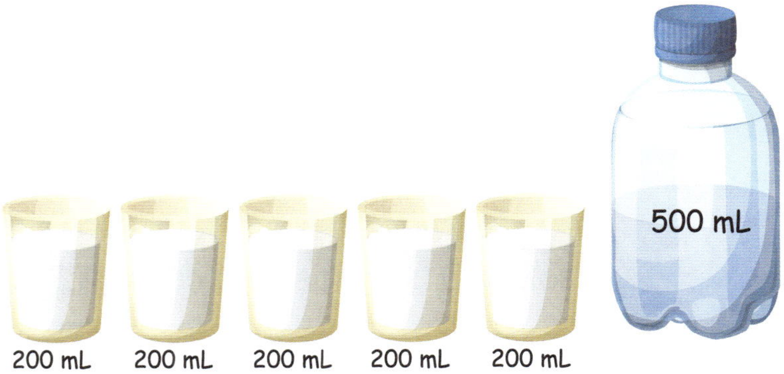

> O **litro** (L) e o **mililitro** (mL) são unidades de medida de capacidade.
> 1 L = 1 000 mL

DIVISÃO COM ESTIMATIVAS

Giovana tem 12 figurinhas e quer colar a mesma quantidade de figurinhas em 3 cadernos.

Ela resolveu distribuir as figurinhas de 1 em 1. Veja abaixo uma representação dessa situação.

Quantidade de figurinhas: 12

Quantidade de cadernos: 3

Ilustrações: Luciano Tasso/ Arquivo da editora

Figurinhas distribuídas		Figurinhas coladas em cada caderno		
	$\begin{array}{r} 12 \\ -\ 3 \\ \hline 9 \end{array}$	1		Giovana distribuiu 3 figurinhas colando 1 figurinha em cada caderno.
	$\begin{array}{r} 9 \\ -\ 3 \\ \hline 6 \end{array}$	1		Depois distribuiu mais 3 figurinhas colando 1 figurinha em cada caderno.
	$\begin{array}{r} 6 \\ -\ 3 \\ \hline 3 \end{array}$	1		Novamente ela distribuiu 3 figurinhas colando 1 figurinha em cada caderno.
	$\begin{array}{r} 3 \\ -\ 3 \\ \hline 0 \end{array}$	1		Por fim, ela distribuiu as últimas 3 figurinhas colando 1 figurinha em cada caderno.

$1 + 1 + 1 + 1 = 4$

→ 4 figurinhas em cada caderno

Giovana distribuiu 4 figurinhas em cada um dos 3 cadernos e não sobrou nenhuma figurinha. Veja abaixo como ela representou essa divisão.

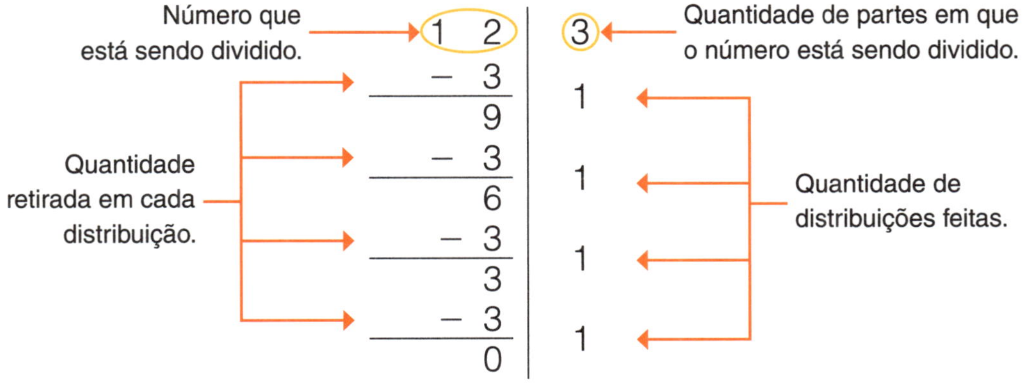

$12 \div 3 = 4$

- Se Giovana tivesse 4 cadernos, então como ela poderia distribuir as 12 figurinhas igualmente entre eles?

Quantidade de figurinhas: 12

Quantidade de cadernos: 4

Ilustrações: Luciano Tasso/Arquivo da editora

a) Complete o quadro abaixo seguindo a estratégia de Giovana.

Figurinhas distribuídas		**Figurinhas coladas em cada caderno**	
	1 2 − ______		
	8 − ______		

Giovana distribuiu 4 figurinhas colando 1 figurinha em cada caderno.

Giovana distribuiu 8 figurinhas colando 2 figurinhas em cada caderno.

b) Quantas figurinhas Giovana colou em cada caderno? ____________

c) Sobrou alguma figurinha? ____________

d) Complete: $12 \div 4 =$ ______

FIGURAS GEOMÉTRICAS PLANAS

As figuras abaixo você já deve conhecer!

Triângulo

Quadrado

Retângulo

1 Observe as figuras geométricas planas acima.

a) Quantos lados têm o triângulo, o quadrado e o retângulo?

Triângulo: ________ Quadrado: ________ Retângulo: ________

b) Quantos vértices têm essas figuras?

Triângulo: ________ Quadrado: ________ Retângulo: ________

Agora, conheça mais algumas figuras geométricas planas.

Pentágono

Hexágono

2 Responda:

a) Quantos lados têm o pentágono e o hexágono?

Pentágono: ________ Hexágono: ________

b) Quantos vértices têm essas figuras?

Pentágono: ________ Hexágono: ________

c) O que podemos observar de diferente entre um pentágono e um hexágono?

____

3 Usando um lápis grafite, crie no espaço abaixo um desenho usando triângulos, quadrados, retângulos, pentágonos e hexágonos. Depois, dê para um colega pintar seu desenho seguindo a legenda.

Triângulo | Quadrado | Retângulo

Pentágono | Hexágono

MONTANDO PIRÂMIDES

Agora você vai construir uma pirâmide de base quadrada.

MATERIAL NECESSÁRIO

- Molde da pirâmide de base quadrada do **Material Complementar**
- Cola

Como montar

- Pinte as faces do molde da pirâmide do **Material Complementar**.
- Em seguida, destaque o molde da pirâmide.
- Dobre o molde nas linhas tracejadas.
- Passe cola nas abas de colagem e feche a pirâmide.
- Espere secar.

1 Pegue a pirâmide que você montou.

a) Sobre uma folha de papel, contorne uma das faces dessa pirâmide. Veja na ilustração ao lado qual face você deve contornar.

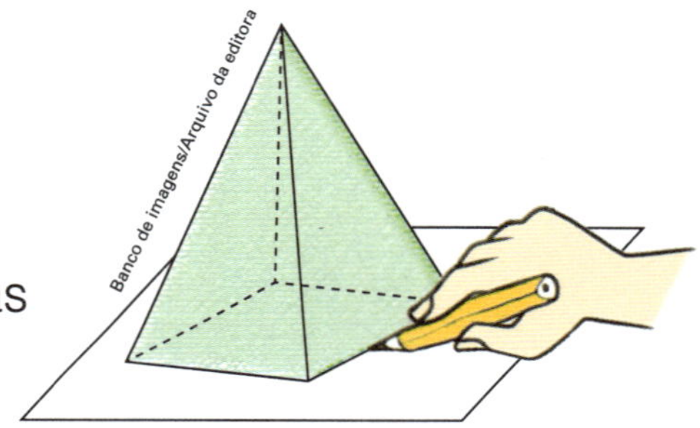

A face da pirâmide apoiada na folha é chamada **base.**

b) Assinale com um **X**. O contorno da base da pirâmide que você desenhou lembra:

☐ um triângulo. ☐ um quadrado. ☐ um círculo.

c) Complete: esse contorno tem ________ lados.

d) Quantas faces da pirâmide que você montou lembram cada figura abaixo?

Quadrado: ________ Pentágono: ________ Triângulo: ________

e) Complete: essa pirâmide tem ________ faces, ________ arestas e ________ vértices.

2 Agora, você vai montar mais 3 pirâmides com bases diferentes.

- Localize no **Material Complementar** os moldes das pirâmides abaixo.

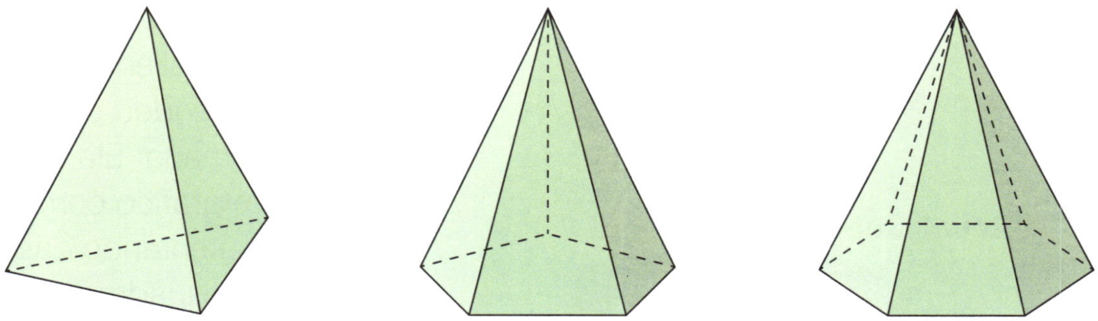

Pirâmide de base triangular — Pirâmide de base pentagonal — Pirâmide de base hexagonal

- Pinte as faces triangulares de **azul**, as faces pentagonais de **marrom** e as faces hexagonais de **amarelo**.
- Destaque os moldes das pirâmides.
- Monte as pirâmides como você fez com a pirâmide de base quadrada.

3 Observe as pirâmides que você montou.

a) Complete a tabela abaixo.

Pirâmides que você montou

Tipo de pirâmide	Quantidade de faces	Quantidade de vértices	Quantidade de arestas
Pirâmide de base triangular			
Pirâmide de base pentagonal			
Pirâmide de base hexagonal			

Tabela elaborada para fins didáticos.

b) Essas pirâmides têm características comuns. Descreva algumas dessas características para os colegas.

Atenção!
Guarde suas pirâmides, pois você vai usá-las novamente nos próximos capítulos.

MESMOS DADOS EM DIFERENTES GRÁFICOS DE COLUNAS

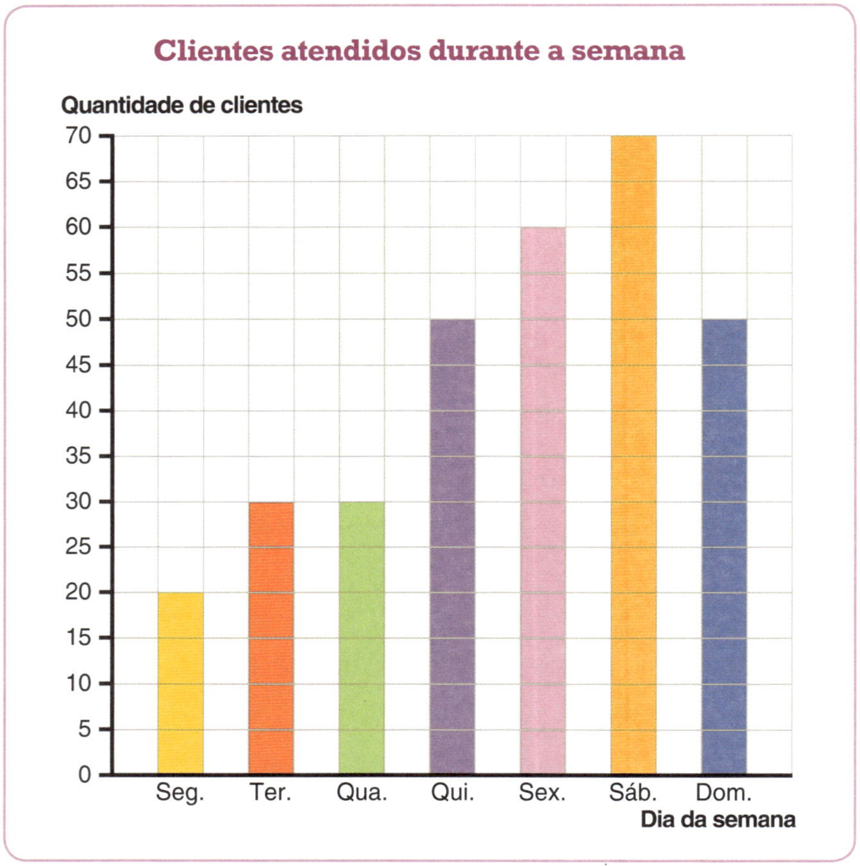

Gráfico elaborado para fins didáticos.

Rosa administra um restaurante e contou a quantidade de clientes que o restaurante atendeu por dia durante 1 semana. Ela tentou construir um gráfico com esses dados, representando cada cliente com 1 quadradinho, mas o gráfico não coube na folha.

Então, ela teve uma ideia: representar cada 5 clientes com 1 quadradinho. Veja ao lado o gráfico que ela fez.

1 Complete a tabela abaixo com os dados do gráfico que Rosa construiu.

Clientes atendidos durante a semana

Dia da semana	Quantidade de quadradinhos pintados no gráfico	Quantidade de clientes
Segunda-feira		
Terça-feira		
Quarta-feira		
Quinta-feira		
Sexta-feira		
Sábado		
Domingo		

Tabela elaborada para fins didáticos.

2 Rosa quer fazer um novo gráfico com os mesmos dados, mas ocupando menos espaço ainda. Para isso, ela começou a fazer o novo gráfico representando cada 10 clientes com 1 quadradinho. Veja abaixo.

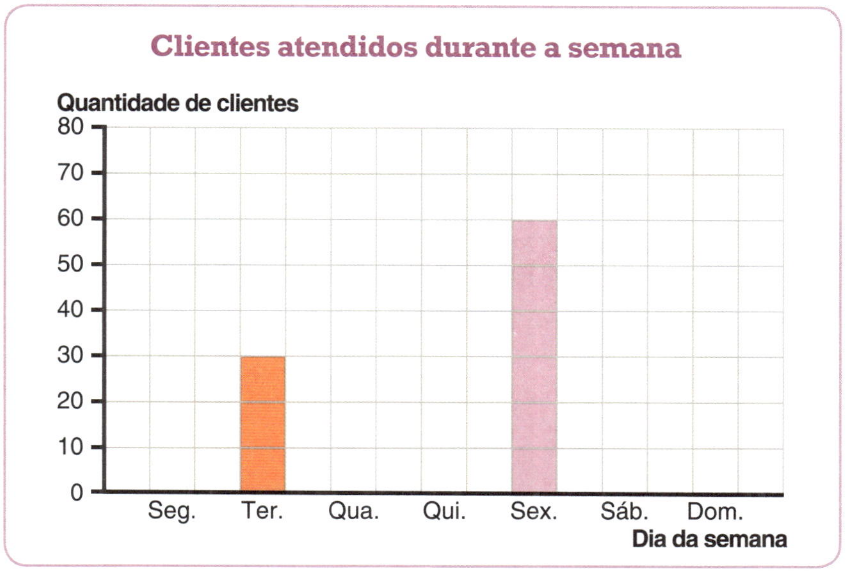

Gráfico elaborado para fins didáticos.

a) Observe o gráfico e a tabela da página anterior e complete o gráfico acima com cada quadradinho representando 10 clientes.

b) Agora, complete a tabela abaixo com os dados desse gráfico.

Clientes atendidos durante a semana

Dia da semana	Quantidade de quadradinhos pintados no gráfico	Quantidade de clientes
Segunda-feira		
Terça-feira		
Quarta-feira		
Quinta-feira		
Sexta-feira		
Sábado		
Domingo		

Tabela elaborada para fins didáticos.

c) Compare os 2 gráficos. Qual deles você achou melhor para representar os clientes que o restaurante atendeu durante a semana? Converse com os colegas.

ATIVIDADES DO CAPÍTULO

1. Na culinária egípcia é comum o uso de arroz, carne, tomates, berinjelas e pimentões verdes nas receitas.

a) Que instrumento de medida um cozinheiro pode usar para medir esses ingredientes? ______________________

b) Ao comprar 1 pacote de arroz e 1 kg de tomate em um supermercado, Ísis gastou R$ 28,00. Sua amiga Helena comprou os mesmos ingredientes em outro supermercado e gastou metade desse valor. Quanto Helena gastou?

Resposta: ______________________

2. Vamos representar o número 3 049 de diversas maneiras?

a) Escreva-o por extenso. ______________________

b) Escreva-o com símbolos egípcios: ______________________

c) Represente-o no ábaco abaixo.

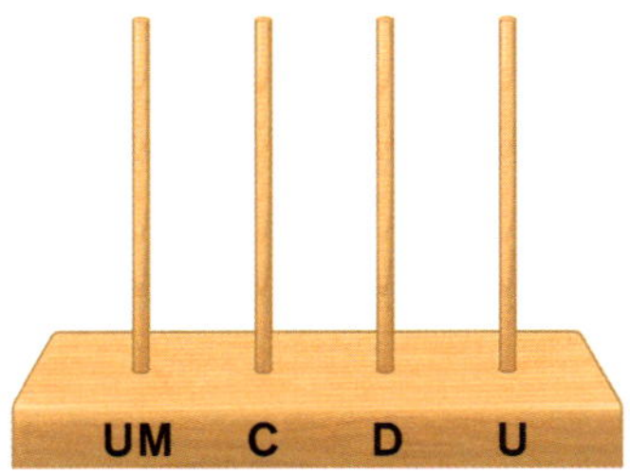

Banco de imagens/Arquivo da editora

3. Complete:

a) 1 cm = ________ mm

b) 5 cm = ________ mm

c) 30 mm = ________ cm

d) 20 mm = ________ cm

4. No Egito há muitas pirâmides de base quadrada. Complete: cada pirâmide de base quadrada tem ________ faces, ________ vértices e ________ arestas.

RESOLVENDO PROBLEMAS

1. Um artista de circo utiliza pernas de pau para suas apresentações. Esse artista tem 176 cm de altura e, com as pernas de pau, fica com 191 cm de altura. Qual é o comprimento de cada perna de pau? ______________________

2. Brenda e Mariana colecionam figurinhas de animais. Brenda tem as figurinhas ao lado para colar nas 2 páginas mostradas. Mariana deu dicas para Brenda descobrir qual é o número de cada figurinha. Leia as dicas abaixo.

André Rocca/Arquivo da editora

- A figurinha do urso tem o maior número dessas páginas.
- O número da figurinha do animal que voa é o número que está no meio da sequência numérica dessas páginas.
- O número da figurinha da tartaruga é o sucessor do número da figurinha do cavalo.

Descubra o número de cada figurinha e registre-o abaixo.

As imagens desta página não estão representadas em proporção.

Figurinha do cavalo: __________

Figurinha do urso: __________

Figurinha do coelho: __________

Figurinha da borboleta: __________

Figurinha da tartaruga: __________

Diogo Cesar/Arquivo da editora

3. Cris foi ao supermercado com o pai. Ajude-os a fazer a melhor compra. O detergente de qual embalagem ao lado está mais barato? ______________________________

TRABALHANDO COM JOGOS

EM BUSCA DE UMA SAÍDA!

Número de jogadores: 2

MATERIAL NECESSÁRIO

- Tabuleiro, cartões de desafio e marcadores do **Material Complementar**
- 1 dado

Como jogar

- Um dos jogadores deve destacar o tabuleiro, os 16 cartões de desafio e os marcadores do **Material Complementar**.
- Um dos jogadores deve embaralhar os cartões com as perguntas viradas para baixo e organizá-los em um monte sobre a mesa. Enquanto isso, o outro jogador deve montar os marcadores e o tabuleiro e posicionar os marcadores na casa **Início**.
- Na sua vez, cada jogador lança o dado e avança no tabuleiro o número de casas correspondente.
- Se um jogador parar em uma casa amarela do tabuleiro, então o outro jogador deve pegar um cartão do monte e ler o desafio. O jogador parado na casa amarela deve resolver o desafio e o adversário confere a resposta.
- Se a resposta estiver correta, então o jogador permanece na casa amarela. Se estiver incorreta, então o jogador retorna para a casa em que estava antes da jogada.
- Vence a partida quem chegar primeiro à casa **1 050**, ou seja, quem sair primeiro da pirâmide.

Felipe Prado/Arquivo da editora

akg-images/Latinstock

Pensando sobre o jogo

1. Sabendo que esse jogo ocorre dentro de uma pirâmide e considerando a forma do tabuleiro, como pode ser a base dessa pirâmide?

____

2. Considere as seguintes situações no jogo **Em busca de uma saída!** e responda.

   a) Suzana estava com seu marcador na casa 1 015. Quantos pontos ela precisa tirar nos dados para chegar à casa 1 019? _______________

   b) Suzana tirou esses pontos no dado! Na próxima rodada dela, em qual casa ela vai parar se tirar 6 pontos no dado? _______________

   c) Arnaldo estava na casa 1 032. Se ele tirar 6 pontos no dado em todas as rodadas, então após quantas rodadas ele chegará à saída, na casa 1 050?

   ____

   d) Sueli também estava na casa 1 032. Se ela tirar 5 pontos no dado nas próximas 3 rodadas, então quantos pontos ela precisará tirar no dado na quarta rodada para chegar à saída? _______________

   e) Sabrina estava na casa 1 041 e Alfredo estava na casa 1 040. Sabrina tirou 5 pontos no dado. Quantos pontos Alfredo precisa tirar no dado para ultrapassar Sabrina?

   ____

   ____

   ____

Atenção!
Guarde seu tabuleiro, pois você vai precisar dele no próximo capítulo.

CAPÍTULO 8

DIFERENTES MANEIRAS DE CONTAR

NOSSO DINHEIRO

1 Júlio foi ao banco trocar dinheiro. Complete os espaços abaixo para que as trocas fiquem corretas.

As imagens destas páginas não estão representadas em proporção.

a) 1 cédula de 10 reais = ________ moedas de 1 real.

b) 1 cédula de 20 reais = ________ cédulas de 2 reais.

c) 2 cédulas de 20 reais = ________ cédulas de 10 reais.

d) 1 cédula de 100 reais = ________ cédulas de 50 reais.

e) 2 cédulas de 5 reais = ________ moedas de 1 real.

2 Ester foi ao caixa eletrônico do banco e retirou as seguintes cédulas:

Reprodução/Casa da Moeda do Brasil/ Ministério da Fazenda

a) Quantos reais Ester retirou? ________________________

b) Se o caixa eletrônico tivesse só cédulas de 10 reais e ela tivesse sacado 80 reais, então quantas cédulas seriam? ____________

c) E se o caixa eletrônico só tivesse cédulas de 20 reais, então quantas cédulas Ester receberia ao sacar 80 reais? ____________

3 Por quais cédulas é possível trocar todas as moedas abaixo?

Reprodução/Casa da Moeda do Brasil/ Ministério da Fazenda

____

4 Veja abaixo as cédulas da 2ª família do Real, que começou a ser produzida em 2010. Meça o comprimento das cédulas com uma régua e escreva na tabela a seguir o valor de cada cédula, sua cor predominante e a medida de seu comprimento.

Atenção! Estas cédulas estão com tamanho real.

Características das cédulas

Valor	Cor predominante	Medida do comprimento

Fonte de consulta: BCB. **Cédulas e moedas**. Disponível em: <www.bcb.gov.br/?MECIRCEDFAMDOIS>. Acesso em: 22 dez. 2015.

O DINHEIRO QUE "VAI PARA O RALO"

Sem que as pessoas percebam, elas podem estar desperdiçando água. Isso é prejudicial para o meio ambiente, pois aumenta o consumo da água dos reservatórios que abastecem as casas e empresas. Mas também é prejudicial para o bolso, pois gastamos dinheiro para consumir essa água.

Como economizar água com atitudes simples

Apenas 15 minutos lavando a calçada com a mangueira aberta gasta quase 300 litros de água. Use uma vassoura para remover a sujeira. E, se precisar lavar a calçada, use um balde com água.

A torneira meio aberta por 15 minutos jorra cerca de 120 litros de água. Se você utilizar uma bacia com água para ensaboar a louça, então gastará só 20 litros de água.

Diogo Cesar/Arquivo da editora

Uma ducha de 15 minutos, com o registro meio aberto, consome cerca de 135 litros de água. Se você fechar o registro enquanto se ensaboa e reduzir o tempo para 5 minutos, então o consumo cairá para 45 litros de água.

Fonte de consulta: COMPANHIA DE SANEAMENTO BÁSICO DO ESTADO DE SÃO PAULO (Sabesp). **Dicas e testes**. Disponível em: <http://site.sabesp.com.br/site/interna/Default.aspx?secaoId=184>. Acesso em: 17 dez. 2015.

1 Que atitudes você e seus colegas têm em casa e na escola para economizar água?

2 Carina anotou abaixo algumas atitudes que sua família tem.

- No tanque, deixam a roupa de molho e usam a mesma água para esfregá-la.
- Eles deixam a torneira aberta enquanto ensaboam a louça e gastam quase 300 litros de água a cada 15 minutos.
- Ligam a máquina para lavar só um pouco de roupa de cada vez.
- Eles regam as plantas do jardim com a mangueira e às vezes não fecham a mangueira direito e deixam ela vazando.

Converse com os colegas e o professor sobre as atitudes da família de Carina. Todas as atitudes que eles tomam economizam água?

3 Releia as informações da página anterior, sobre atitudes simples para economizar água, e tome por base a quantidade de água citada nela para a resolução dos itens a seguir.

a) Leo passa 30 minutos lavando louça todos os dias, com a torneira meio aberta o tempo todo. Aproximadamente quantos litros de água ele gasta por dia nessa atividade?

Resposta: ______________________________

b) Rita também lava louça durante 30 minutos. Ela enche uma bacia de água e abre a torneira apenas para enxaguar a louça. Quantos litros de água ela gasta por dia nessa atividade?

Resposta: ______________________________

c) Se 1 000 litros de água custam R$ 3,00, então quantos reais Leo gasta a mais do que Rita em 30 dias, considerando apenas a água usada para lavar a louça?

Resposta: ______________________________

d) Maurício usa a mangueira para lavar o quintal 2 vezes por mês, deixando a mangueira aberta por 15 minutos em cada vez. Quantos litros de água ele gasta por mês lavando o quintal?

Resposta: ______________________________

Kubais/Shutterstock

ORGANIZANDO PARA MULTIPLICAR

Laura fez um desenho para representar as carteiras de sua sala de aula. Depois ela desafiou seus 2 amigos.

Ilustrações: Matthew Cole/Shutterstock

André Rocca/Arquivo da editora

1 Você sabe qual resposta está correta? Justifique sua resposta.

____

____

____

2 Marcelo começou a desenhar as carteiras de sua sala de aula, mas só desenhou a primeira coluna e a última fileira. Veja abaixo.

a) Sabendo que todas as fileiras têm a mesma quantidade de carteiras, é possível descobrir quantas carteiras Marcelo representaria em seu desenho?

____

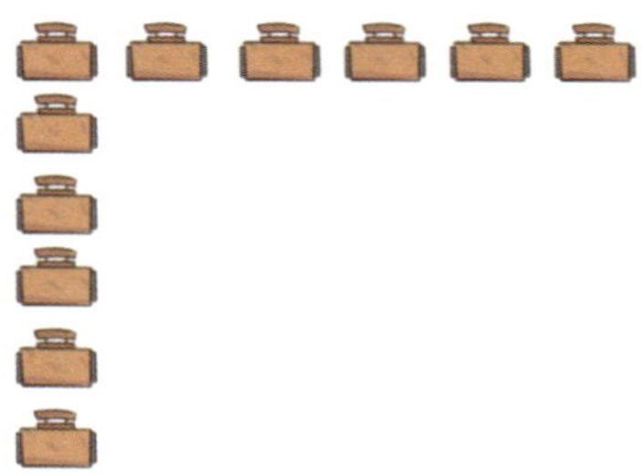

André Rocca/Arquivo da editora

b) A sala de aula de Marcelo tem 1 fileira de carteiras a mais do que na sala de aula de Laura. Quantas carteiras há a mais na sala de Marcelo?

____

3 A sala da secretaria da escola de Laura está em reforma. O pedreiro já começou a colocar as lajotas novas. Veja ao lado o piso da sala.

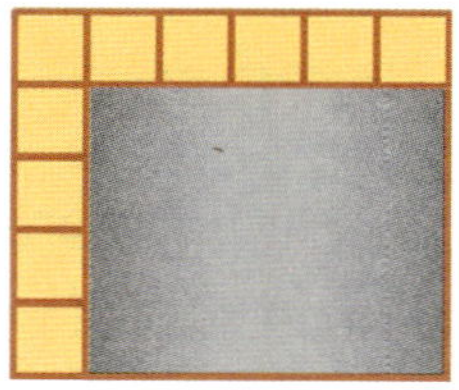

a) Quantas lajotas são necessárias para revestir o chão dessa sala?

Resposta: ______________________________

b) Imagine que o pedreiro fosse colocar outro modelo de lajotas, formando 9 fileiras de lajotas com 5 lajotas em cada uma. Nesse caso, quantas lajotas seriam necessárias para a reforma?

Resposta: ______________________________

c) Com um terceiro modelo de lajotas, o número de fileiras do item anterior seria duplicado e o número de lajotas em cada fileira também seria duplicado. Quantas dessas lajotas seriam necessárias para revestir o piso?

Resposta: ______________________________

4 Se as carteiras de uma sala de aula estivessem arrumadas como no desenho abaixo, então o que poderia ser feito nessa arrumação para podermos calcular o número total de carteiras com uma multiplicação? Desenhe abaixo como ficariam as carteiras e calcule quantas carteiras são ao todo.

André Rocca/Arquivo da editora

Resposta: ______________________________

LENDO GRÁFICOS DE COLUNAS

Plínio mora em um condomínio com 2 prédios, com muitos moradores de outros estados. Ele e alguns amigos resolveram pesquisar os estados onde nasceram os moradores desse condomínio.

1 Observe o gráfico que Plínio e seus amigos fizeram.

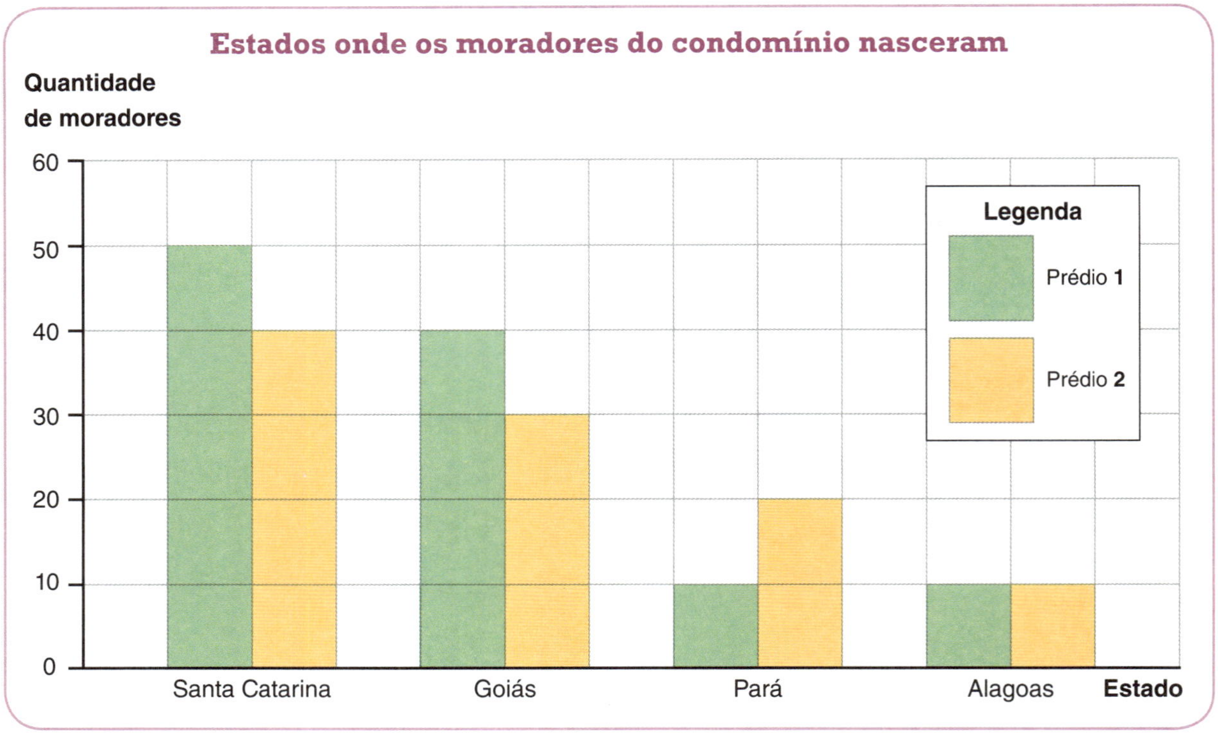

Gráfico elaborado para fins didáticos.

a) Esse gráfico é diferente dos gráficos de coluna que você estudou até agora? Por quê?

b) O que a legenda do gráfico indica?

c) O que o gráfico está representando?

____

d) De qual estado vieram mais moradores do prédio **1**? E de onde vieram mais moradores do prédio **2**? ______________________________

e) Complete: os 2 prédios têm a mesma quantidade de moradores nascidos no estado de ______________________________.

2 Observe novamente o gráfico da página anterior.

a) Ao todo, quantos moradores desse condomínio são catarinenses, ou seja, quantos moradores nasceram no estado de Santa Catarina?

____

b) Há mais catarinenses no prédio **1** ou no prédio **2**? Quantos moradores a mais? ______________________________

c) Sem considerar os catarinenses, a maioria dos moradores dos 2 prédios do condomínio nasceu em qual estado? ______________

d) Quantos moradores do prédio **1** não nasceram em Goiás?

____

3 Plínio e os amigos continuaram a pesquisa com os moradores do condomínio. Veja a tabela que eles montaram com os novos dados.

Quantidade de moradores que sabem ou não nadar por estado

	Santa Catarina	Goiás	Pará	Alagoas
Sabem nadar	60	50	20	10
Não sabem nadar	30	20	10	10

Tabela elaborada para fins didáticos.

Complete o gráfico abaixo com os dados dessa tabela, pintando 1 quadradinho para cada 10 moradores de cada estado.

Quantidade de moradores que sabem ou não nadar por estado

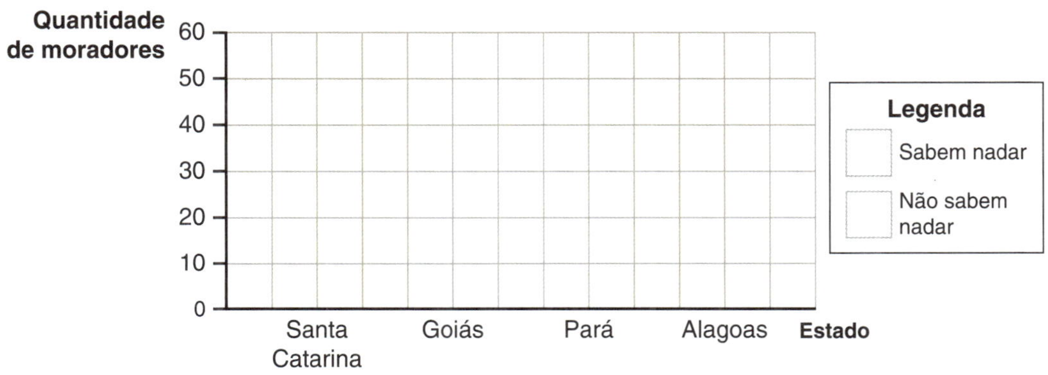

Gráfico elaborado para fins didáticos.

PLANEJANDO DIVISÕES

Miguel e sua irmã Solange têm uma coleção com 32 gibis. Eles resolveram guardá-los em 5 caixas diferentes.

Miguel pegou 5 gibis de cada vez e foi colocando 1 gibi em cada caixa. Veja abaixo a representação dessa situação. A cada 5 gibis que ele pegou, ele subtraiu 5 gibis do total.

Luciano Tasso/Arquivo da editora

32	5
− 5	1
27	
− 5	1
22	
− 5	1
17	
− 5	1
12	
− 5	1
7	
− 5	1
2	

Sua irmã Solange teve a ideia de distribuir os gibis de 2 em 2 nas caixas. Então ela pegou 10 gibis de cada vez e foi colocando 2 gibis em cada caixa. Veja no esquema abaixo que a cada 10 gibis que ela distribui são subtraídos 10 gibis do total.

32	5
− 10	2
22	
− 10	2
12	
− 10	2
2	

1 Observe os esquemas da página anterior.

a) Quantas vezes Miguel colocou 1 gibi em cada caixa? ______

b) Quantas vezes Solange colocou 2 gibis em cada caixa? ______

c) Quantos gibis Miguel colocou ao todo em cada caixa? ______

d) E quantos gibis Solange colocou ao todo em cada caixa? ______

e) Quantos gibis sobraram quando Miguel fez a distribuição? ______

f) E quando Solange fez a distribuição, quantos sobraram? ______

g) Complete abaixo a divisão que os irmãos fizeram:

$32 \div 5 =$ ______ e sobram ______

h) Qual dos irmãos distribuiu os gibis mais rapidamente? ______

2 A cada distribuição dos gibis nas caixas, Miguel distribuía 5 gibis ao todo e Solange distribuía 10 gibis ao todo. Complete o esquema abaixo e descubra quantas vezes os números 5 e 10 cabem em 32.

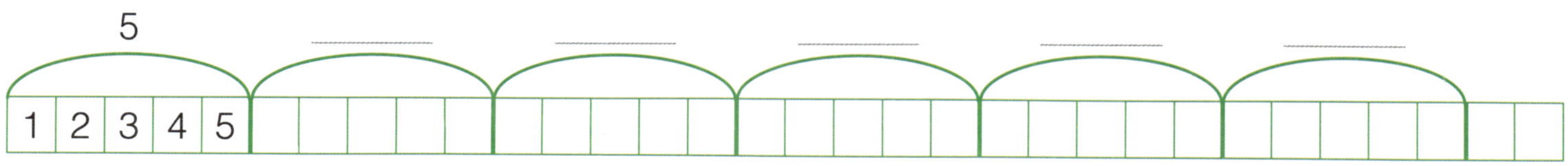

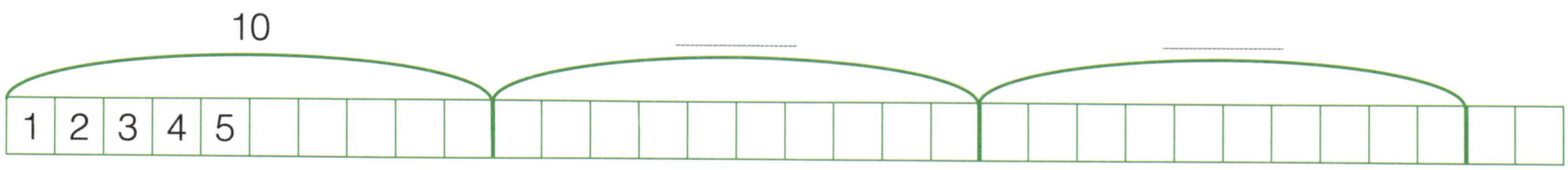

a) Eles poderiam distribuir 15 gibis nas 5 caixas em cada distribuição?

Quantas vezes eles fariam as distribuições? ______

b) Quantos gibis eles teriam que distribuir para fazer 1 única distribuição?

______

c) Complete o esquema abaixo para a distribuição única dos gibis.

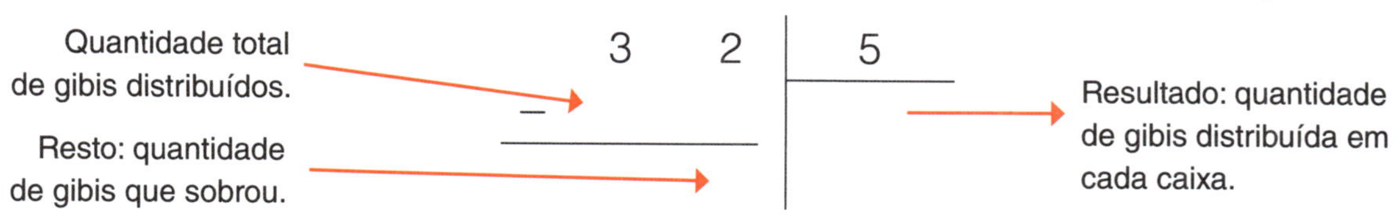

Chamamos essa representação de **divisão na chave**.

3 Micaela quer distribuir os lápis de um pacote entre 3 amigos. Ela elaborou uma estratégia para fazer a distribuição. Veja abaixo.

Luciano Tasso/Arquivo da editora

a) Quantos lápis Micaela vai retirar da caixa em cada distribuição? ______

b) Quantos lápis cada amigo de Micaela vai receber em cada distribuição? ______

c) Quantos lápis cada amigo de Micaela vai receber ao todo? ______

d) Quantos lápis Micaela tinha ao todo para distribuir? ______

e) Registre no espaço abaixo como você chegou à resposta do item anterior.

f) Complete ao lado o esquema que representa a estratégia usada por Micaela.

g) Se Micaela quisesse fazer 1 única distribuição dos lápis entre os 3 amigos, então quantos lápis ela teria que tirar ao todo da caixa?

______

4 7	3
− 1 5	5
____	
____	

h) Represente abaixo como ficaria a divisão se Micaela fizesse a distribuição única dos lápis.

4 7	3
____	

4 Escolha entre as estratégias dos irmãos Miguel e Solange ou a estratégia de Micaela para resolver as divisões abaixo. Depois, complete a divisão na chave.

a) 36 ÷ 7 = ____________

Minha estratégia

Divisão na chave
3 6 | 7

b) 83 ÷ 10 = ____________

Minha estratégia

Divisão na chave
8 3 | 10

c) 61 ÷ 4 = ____________

Minha estratégia

Divisão na chave
6 1 | 4

d) 63 ÷ 9 = ____________

Minha estratégia

Divisão na chave
6 3 | 9

PIRÂMIDES: DIFERENÇAS E SEMELHANÇAS

Para as atividades a seguir, vamos precisar das 4 pirâmides que você montou no capítulo **7**.

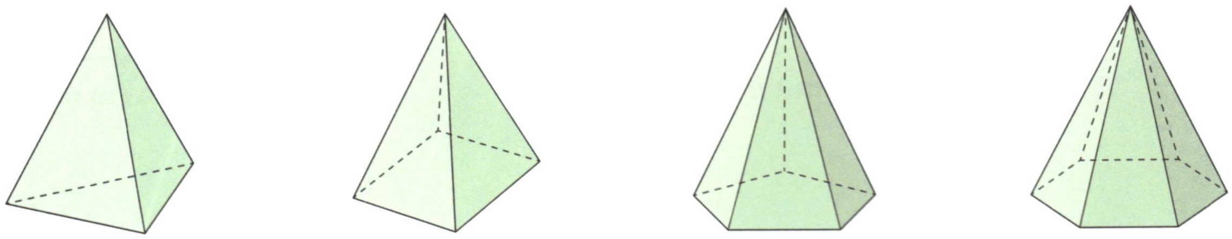

Pirâmide de base triangular | Pirâmide de base quadrada | Pirâmide de base pentagonal | Pirâmide de base hexagonal

1 Observe as pirâmides.

a) Descreva uma diferença que você observa entre essas pirâmides.

____

b) Descreva uma semelhança que você observa entre essas pirâmides.

____

____

2 Cícero pegou uma pirâmide montada e viu que sua base tinha a forma da figura ao lado.

a) Qual das pirâmides acima tem essa base?

____

b) A base 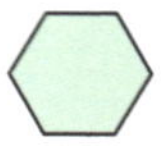 pertence a qual pirâmide?

____

3 Olívia pegou uma das pirâmides e ficou surpresa. Por que ela ficou surpresa ao observar a pirâmide?

____

____

____

4 Ao montar cada molde abaixo, qual pirâmide você vai obter? Ligue cada pirâmide abaixo ao molde correspondente.

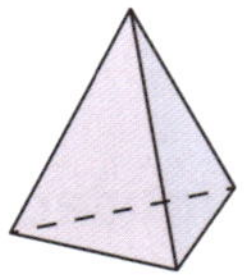

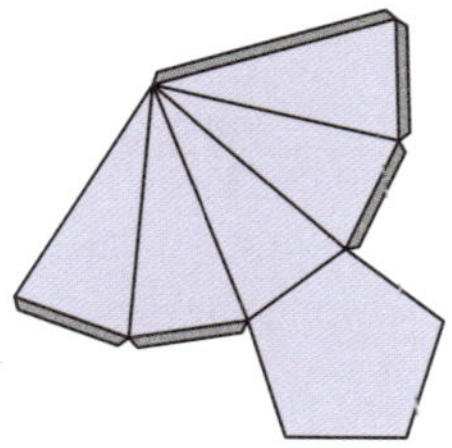

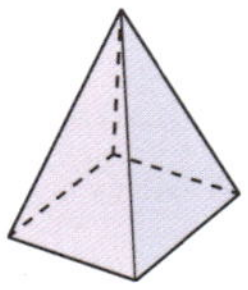

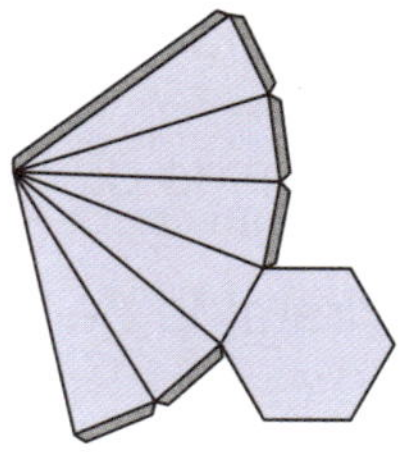

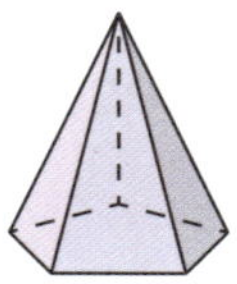

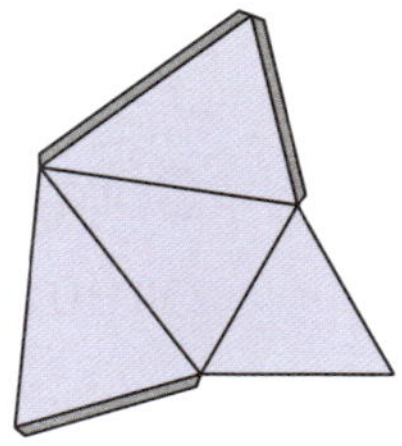

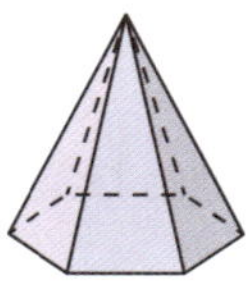

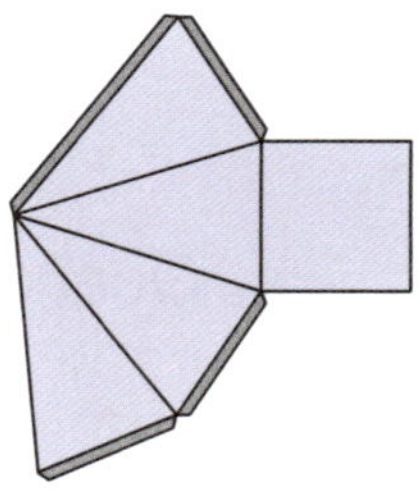

O molde de um sólido geométrico também pode ser chamado de **planificação**.

5 A pirâmide ao lado é formada por palitos. Quais elementos da pirâmide os palitos representam?

____

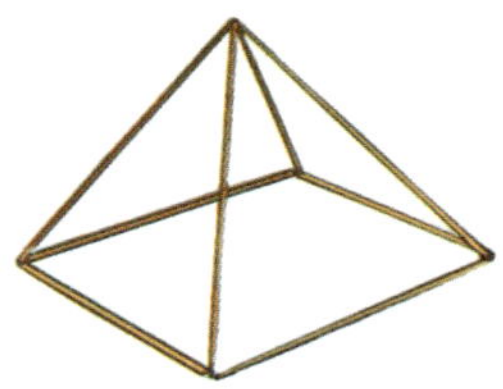

André Rocca/Arquivo da editora

6 Cícero pegou uma pirâmide e observou que suas faces têm as formas abaixo.

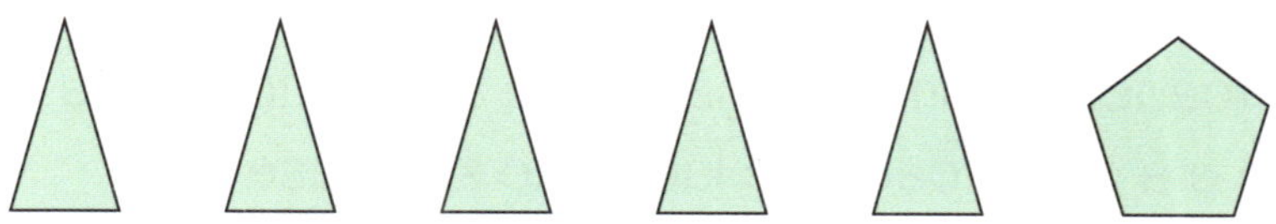

a) Qual das pirâmides ele pegou? ______________________

b) Quantos vértices essa pirâmide tem? ______________________

7 Vamos relembrar os elementos das pirâmides?

a) Pegue novamente as pirâmides que você montou, conte as faces, os vértices e as arestas e complete a tabela abaixo.

Pirâmides que você montou

Tipo de pirâmide	Quantidade de faces	Quantidade de vértices	Quantidade de arestas
Pirâmide de base triangular			
Pirâmide de base quadrada			
Pirâmide de base pentagonal			
Pirâmide de base hexagonal			

Tabela elaborada para fins didáticos.

b) Compare a quantidade de faces e a quantidade de vértices dessas pirâmides. O que você pode perceber?

c) Qual dessas pirâmides tem 7 vértices? Quantos lados tem sua base?

d) Qual dessas pirâmides tem 6 vértices? Quantos lados tem sua base?

e) Qual dessas pirâmides tem 5 vértices? Quantos lados tem sua base?

f) Qual dessas pirâmides tem 4 vértices? Quantos lados tem sua base?

g) Você percebeu alguma relação entre a quantidade de vértices da pirâmide e a quantidade de lados de sua base?

8 Reúna-se com alguns colegas, sob a orientação do professor, para realizar esta atividade.

Observem os pares de sólidos geométricos abaixo procurando semelhanças e diferenças entre eles. Depois, registrem no quadro.

a)

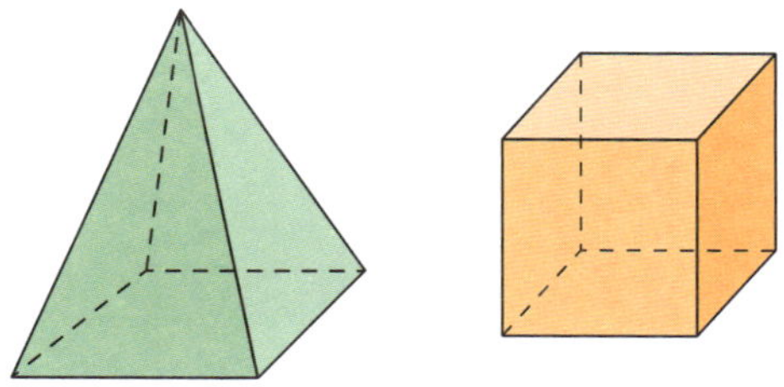

Pirâmide de base quadrada e cubo

Semelhanças	Diferenças

b)

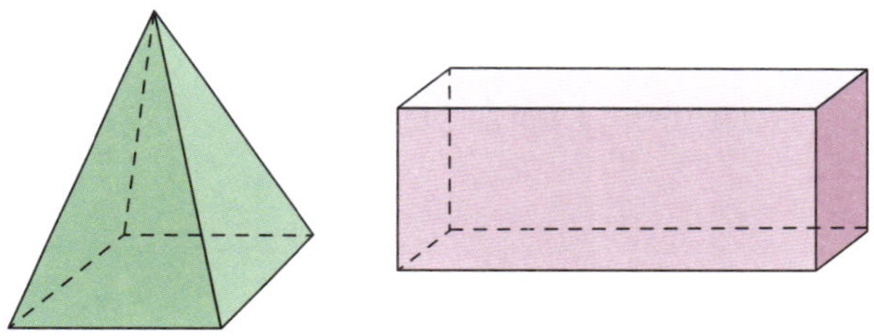

Pirâmide de base quadrada e paralelepípedo

Semelhanças	Diferenças

ATIVIDADES DO CAPÍTULO

1. Desenhe abaixo 4 maneiras diferentes de formar 50 reais com cédulas do Real.

1ª maneira	2ª maneira	3ª maneira	4ª maneira

2. Escreva uma multiplicação para calcular o total de produtos em cada item.

a) 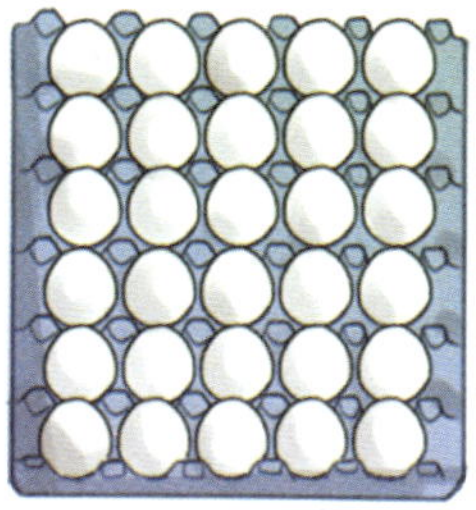

As imagens desta página não estão representadas em proporção.

b) 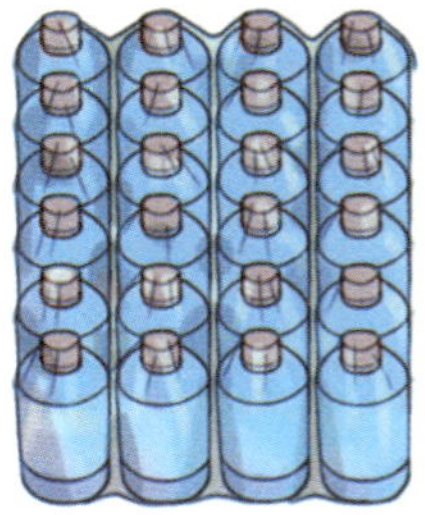

Pablo Mayer/Arquivo da editora

______________________ ______________________

3. Após uma festa na escola, Marcelo e seus 6 amigos terão que arrumar 39 cadeiras em 7 fileiras com a mesma quantidade de cadeiras.

a) Quantas cadeiras cada fileira terá depois que eles arrumarem?

____

b) Represente essa situação com uma divisão.

____

4. Adivinhe qual é a pirâmide!

a) Tenho 6 faces com a forma de triângulos e tenho 12 arestas.

Sou a pirâmide de base ______________________.

b) Tenho 8 arestas e 5 vértices. Minha base tem lados iguais.

Sou a pirâmide de base ______________________.

RESOLVENDO PROBLEMAS

1. O professor de Arte pediu a seus alunos que comprassem um conjunto de réguas para realizar um trabalho. Alguns alunos foram com seus familiares à mesma papelaria comprar o material para vários colegas. Ao sair da loja, Cláudia disse: "Eu comprei 3 conjuntos de réguas e paguei 12 reais ao todo". Cristiano respondeu: "Eu comprei 4 conjuntos de réguas e paguei 16 reais".

a) Ângela comprou 8 conjuntos de réguas. Quanto ela gastou?

Resposta: ______________________________

b) Mara comprou 6 conjuntos de réguas. Quanto ela gastou?

Resposta: ______________________________

c) Cláudia, Cristiano, Ângela e Mara foram com seus familiares comprar material para vários colegas. Por que essa atitute de ajuda é importante para o convívio na escola?

2. Lauro foi comprar um chaveiro que custava R$ 2,00. Ele deu para o atendente uma cédula de R$ 5,00. Porém, como era o início da manhã, o atendente tinha apenas 1 cédula de R$ 10,00. Foi possível efetuar a compra? Por quê?

____

3. Uma escola tem 8 andares numerados de 1 a 8, além do andar térreo. Nos andares ímpares há 20 janelas, e nos andares pares há 10 janelas. Sabendo que no andar térreo há somente 2 janelas, calcule o total de janelas nesse prédio.

Resposta: ______________________________

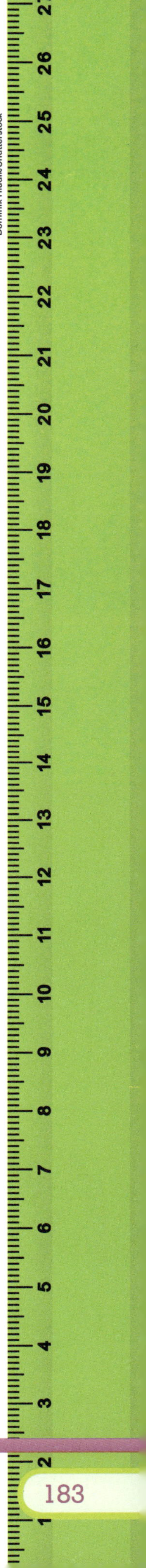

Dominik Hladik/Shutterstock

CÁLCULO MENTAL

1. Vamos preencher uma pirâmide de números?

a) Qual número pode ser colocado ao lado do número 12 para que, adicionando esses números, tenhamos o resultado 20?

b) De acordo com o que você preencheu na pirâmide de números acima, complete as adições e subtrações abaixo.

- 12 + ________ = 20
- ________ + 12 = 20
- 20 − 12 = ________
- 20 − ________ = 12

2. Agora que você já compreendeu como registrar as adições e as subtrações, faça o mesmo com as pirâmides abaixo.

a)

- 25 + ________ = 50
- ________ + 25 = 50
- 50 − 25 = ________
- 50 − ________ = 25

b)

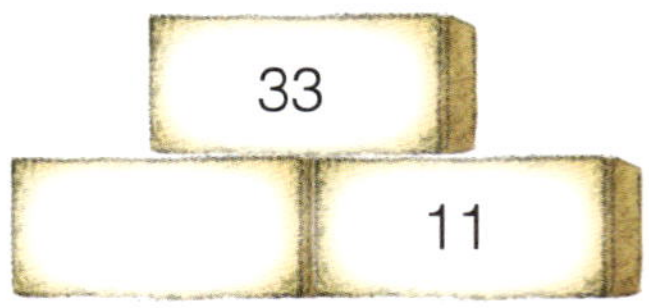

- 11 + ________ = 33
- ________ + 11 = 33
- 33 − 11 = ________
- 33 − ________ = 11

Luciano Tasso/Arquivo da editora

3. Continue a registrar as adições e as subtrações!

a)

- 27 + ________ = 77
- ________ + 27 = 77
- 77 − 27 = ________
- 77 − ________ = 27

c)

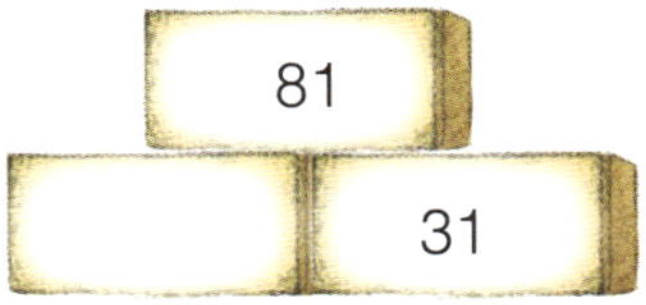

- 31 + ________ = 81
- ________ + 31 = 81
- 81 − 31 = ________
- 81 − ________ = 31

b)

- 6 + ________ = 25
- ________ + 6 = 25
- 25 − 6 = ________
- 25 − ________ = 6

d)

- 40 + ________ = 90
- ________ + 40 = 90
- 90 − 40 = ________
- 90 − ________ = 40

4. Agora complete as pirâmides abaixo fazendo as operações necessárias.

MINHAS DICAS

Anote algo que você aprendeu nestas atividades e que pode ajudar a realizar cálculos mais rapidamente.

____

____

LEITURA DE IMAGEM

AS PIRÂMIDES DO EGITO E O DESERTO

Até hoje não se sabe ao certo como os egípcios conseguiram construir pirâmides tão imensas no meio do deserto sem utilizar equipamentos como os que temos hoje.

OBSERVE

Alberto Loyo/Shutterstock

Cidade do Cairo, capital do Egito, durante a noite. Ao fundo, as 3 pirâmides de Gizé iluminadas artificialmente. Foto de 2015.

1. O que você vê bem nítido à frente, na parte de baixo da fotografia?

2. O que mais você observa na foto?

3. Como você imagina que os egípcios tenham conseguido empilhar blocos de pedra tão pesados e com formas que pudessem formar uma pirâmide?

3. Continue a registrar as adições e as subtrações!

a)

77
27 | ___

- 27 + ________ = 77
- ________ + 27 = 77
- 77 − 27 = ________
- 77 − ________ = 27

c)

81
___ | 31

- 31 + ________ = 81
- ________ + 31 = 81
- 81 − 31 = ________
- 81 − ________ = 31

b)

25
___ | 6

- 6 + ________ = 25
- ________ + 6 = 25
- 25 − 6 = ________
- 25 − ________ = 6

d)

90
40 | ___

- 40 + ________ = 90
- ________ + 40 = 90
- 90 − 40 = ________
- 90 − ________ = 40

4. Agora complete as pirâmides abaixo fazendo as operações necessárias.

90
___ | 45
___ | 27 | ___
1 | ___ | 10 | ___

42
___ | 22
___ | 8 | ___
___ | 4 | ___ | ___

MINHAS DICAS

Anote algo que você aprendeu nestas atividades e que pode ajudar a realizar cálculos mais rapidamente.

____

____

LEITURA DE IMAGEM

AS PIRÂMIDES DO EGITO E O DESERTO

Até hoje não se sabe ao certo como os egípcios conseguiram construir pirâmides tão imensas no meio do deserto sem utilizar equipamentos como os que temos hoje.

OBSERVE

Alberto Loyo/Shutterstock

Cidade do Cairo, capital do Egito, durante a noite. Ao fundo, as 3 pirâmides de Gizé iluminadas artificialmente. Foto de 2015.

1. O que você vê bem nítido à frente, na parte de baixo da fotografia?

____

2. O que mais você observa na foto?

____

3. Como você imagina que os egípcios tenham conseguido empilhar blocos de pedra tão pesados e com formas que pudessem formar uma pirâmide?

4. Na fotografia abaixo é possível ver as pirâmides de Gizé, bem nítidas à frente. E o que você vê atrás das pirâmides?

Albin Hillert/Shutterstock

As 3 pirâmides de Gizé, localizadas perto do Cairo, no Egito. Foto de 2015.

ANALISE

5. Quais são as diferenças e as semelhanças entre as 2 fotografias destas páginas?

RELACIONE

6. Nas 2 fotografias, é possível perceber que os seres humanos modificaram a paisagem. Aponte um motivo que explique as modificações em cada fotografia.

7. Pesquise em *sites*, livros e enciclopédias sobre a cultura dos egípcios antigos. Com os colegas, façam cartazes com as principais informações e exponham oralmente para a turma o que descobriram.

CAPÍTULO 9

QUANTAS COMBINAÇÕES?

TABELA DE MULTIPLICAÇÕES

1 Complete as multiplicações à esquerda da tabela abaixo. Depois, registre na coluna do 2 os resultados das multiplicações correspondentes.

$1 \times 2 = 2$

$2 \times 2 =$ ______

$3 \times 2 =$ ______

______ $\times 2 =$ ______

______ $\times 2 =$ ______

______ $\times 2 =$ ______

______ $\times 2 =$ ______

______ $\times 2 =$ ______

______ $\times 2 =$ ______

______ $\times 2 =$ ______

Tabela de multiplicações

×	1	2	3	4	5	6	7	8	9	10
1		2								
2										
3										
4										
5										
6										
7										
8										
9										
10										

Tabela elaborada para fins didáticos.

2 Complete os itens abaixo.

a) Nas multiplicações acima, o ______ foi multiplicado pelos números de 1 a 10, pois os resultados foram anotados na coluna do ______.

b) Na linha do ______ coloquei o resultado de 4×2.

c) Na linha do ______ coloquei o resultado de 6×2.

3 Agora, complete a linha do 2 com os resultados das multiplicações correspondentes.

4 Complete as multiplicações abaixo.

a) $1 \times 4 =$ ______

$2 \times 4 =$ ______

$3 \times 4 =$ ______

______ $\times 4 =$ ______

______ $\times 4 =$ ______

______ $\times 4 =$ ______

______ $\times 4 =$ ______

______ $\times 4 =$ ______

______ $\times 4 =$ ______

______ $\times 4 =$ ______

b) $1 \times 8 =$ ______

$2 \times 8 =$ ______

$3 \times 8 =$ ______

______ $\times 8 =$ ______

______ $\times 8 =$ ______

______ $\times 8 =$ ______

______ $\times 8 =$ ______

______ $\times 8 =$ ______

______ $\times 8 =$ ______

______ $\times 8 =$ ______

5 Registre nas colunas do 4 e do 8 da tabela da página anterior os resultados das multiplicações acima.

6 Compare os resultados da coluna do 2 com os resultados da coluna do 4. O que você percebeu?

______

______

______

7 Compare os resultados da coluna do 4 com os resultados da coluna do 8. O que você pode dizer sobre eles?

______

______

______

8 Agora, preencha as linhas do 4 e do 8 na tabela da página anterior.

Felipe Prado/Arquivo da editora

OPERAÇÕES COM NÚMEROS

Você já jogou **Em busca de uma saída!**. Pegue novamente o tabuleiro desse jogo.

1 Nesse jogo a numeração do tabuleiro não começa do número 1. Observe novamente o tabuleiro e complete as frases abaixo.

a) O menor número do jogo é ________ e o maior é ________.

b) Os números da trilha aumentam de ______ em ______.

c) Se uma pessoa tirar o número 1 em seu dado, então andará ______ casa; se tirar 3, então andará ______ casas; e, se tirar 5, então andará ______ casas.

d) O máximo de casas que uma pessoa pode andar em uma rodada é ______ casas.

2 Alda e Roberto resolveram jogar.

a) Roberto estava na casa 1 008 e, após jogar, deslocou seu marcador para a casa 1 012. Quantos pontos ele tirou no dado?

____

b) Alda estava na casa 1 015 e tirou 6 pontos no dado. Para qual casa ela deslocará seu marcador?

____

c) Um dos jogadores está na casa 1 035 e quer deslocar seu marcador para a casa 1 042. Explique se esse deslocamento pode acontecer em 1 rodada. Justifique.

____

____

____

3 Alda e Roberto jogaram várias partidas e decoraram as respostas dos cartões de desafio. Eles decidiram, então, inventar outros desafios. Veja abaixo os cartões que eles elaboraram e escreva suas respostas.

a) Pensei em um número, adicionei 200 e o resultado foi 1400. Em que número pensei? ______

b) Pensei em um número, adicionei 400 e o resultado foi 2000. Em que número pensei? ______

c) Pensei em um número, subtraí 300 e o resultado foi 1000. Em que número pensei? ______

d) Pensei em um número, subtraí 400 e o resultado foi 1100. Em que número pensei? ______

e) Pensei em um número, subtraí 500 e o resultado foi 800. Em que número pensei? ______

4 Imagine que Alda resolva fazer outro tabuleiro, só que desta vez a numeração das casas aumentaria de 2 em 2.

a) Complete abaixo a numeração de algumas casas do tabuleiro.

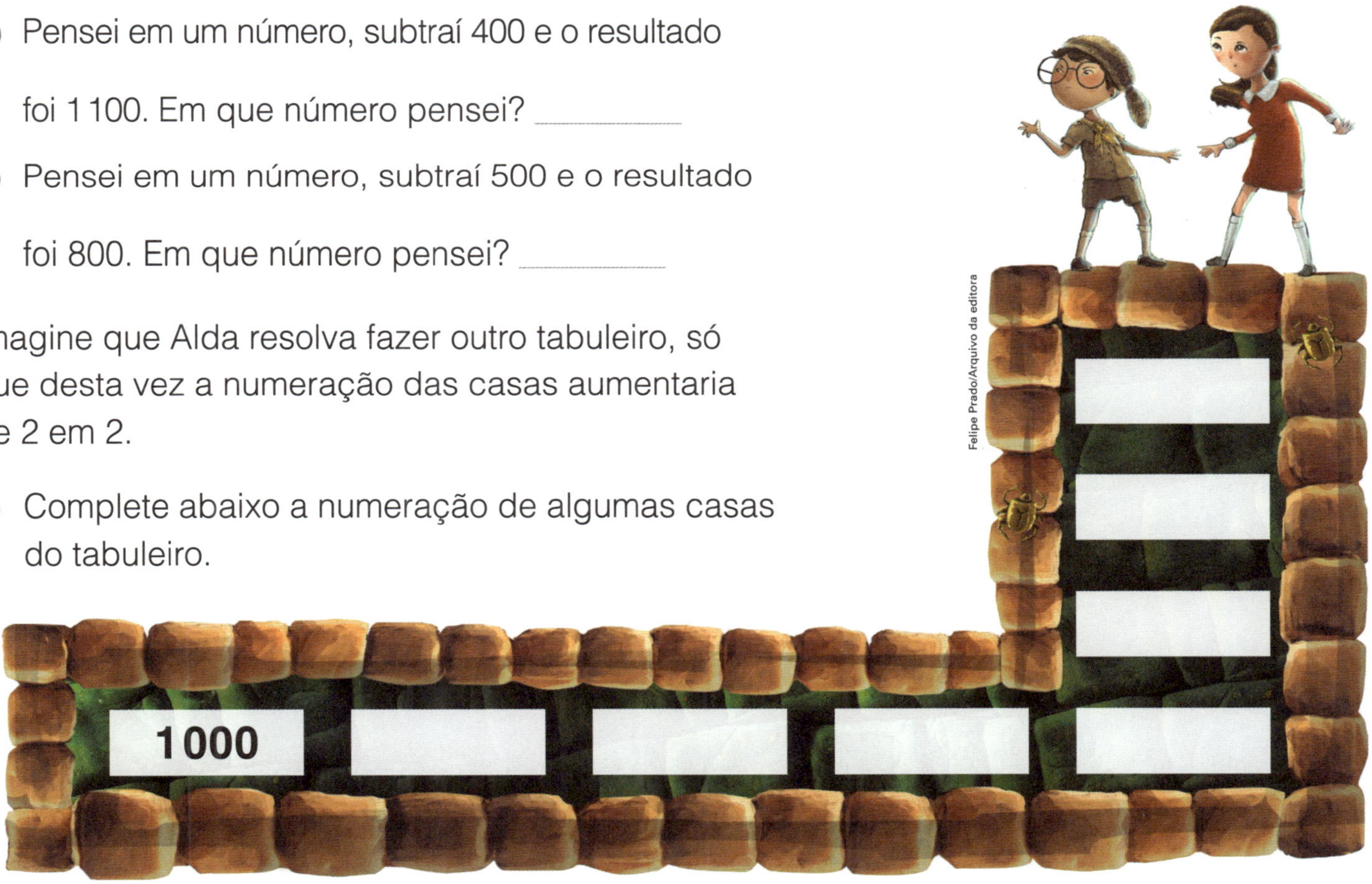

Felipe Prado/Arquivo da editora

b) E se a numeração das casas aumentasse de 3 em 3, então como seria a sequência de números?

1000, ______, ______, ______, ______, ______, ______, ______.

ADIÇÕES E SUBTRAÇÕES

Você sabia que cada número de uma adição e de uma subtração tem um nome? Veja abaixo:

	C	D	U	
	2	3	1	→ 1ª parcela ou 1º termo
+		5	1	→ 2ª parcela ou 2º termo
	2	8	2	→ soma ou total

	C	D	U	
	1	5	7	→ minuendo
−		2	6	→ subtraendo
	1	3	1	→ diferença ou resto

1 Resolva as operações abaixo e escreva por extenso o número pedido.

a)

	C	D	U
	2	9	2
+	1	2	6

1ª parcela: ______________________

____

b)

	C	D	U
	6	5	3
−	3	1	9

Minuendo: ______________________

____

c)

	C	D	U
	3	2	6
+	4	3	3

Soma: ______________________

____

d)

	C	D	U
	9	9	4
−	8	6	8

Subtraendo: ______________________

____

e)

	C	D	U
	3	7	3
+	3	1	8

2º termo: ______________________

____

f)

	C	D	U
	3	3	1
−	2	1	6

Diferença: ______________________

____

2 Complete as pirâmides de adições abaixo.

Ilustrações: Felipe Prado/ Arquivo da editora

3 Agora é a sua vez!

a) Com um colega, inventem uma pirâmide de números para outra dupla resolver.

b) Como foi inventar a pirâmide de números? Foi fácil ou difícil?

c) Como foi completar a pirâmide criada pelos colegas?

4 Observe abaixo a pirâmide de números que Cássia criou.

a) Essa é uma pirâmide de adições? Justifique sua resposta.

____

____

b) Como você faria para corrigir alguns números dessa pirâmide para torná-la uma pirâmide de adições? Registre ao lado.

OPERAÇÕES COM UMA CALCULADORA

1 Sílvio resolveu contar quantas tampinhas tinha em sua coleção. Para isso, ele organizou as tampinhas em 2 montes: tampinhas grandes e tampinhas pequenas. Na contagem, Sílvio descobriu que tinha 600 tampinhas ao todo.

André Rocca/Arquivo da editora

Invente uma operação que resulte na quantidade de tampinhas grandes e pequenas que Sílvio tem.

Resposta: ____

2 Utilize uma calculadora e crie adições e subtrações que resultem em 600. Registre abaixo as operações.

a) ______ [+] ______ = 600
b) ______ [−] ______ = 600
c) ______ [ ] ______ = 600
d) ______ [ ] ______ = 600
e) ______ [ ] ______ = 600
f) ______ [ ] ______ = 600
g) ______ [ ] ______ = 600
h) ______ [ ] ______ = 600

3 Como você pode registrar no visor de uma calculadora o número 37 usando apenas as teclas [1], [0], [+] e [=] e podendo repeti-las?

____

____

4 Ainda usando apenas as teclas [1], [0], [+] e [=], como você pode registrar o número 125?

____

____

____

5 Invente 3 cálculos diferentes que possam ser feitos apenas com números com os algarismos 1, 4, 5, 8 e 9 e teste os cálculos em uma calculadora. Depois, registre abaixo.

a) ______

b) ______

c) ______

6 Resolva as operações abaixo usando uma calculadora e registre os resultados.

a) 1 000 − 150 = ______

1 000 − 200 = ______

1 000 − 250 = ______

b) 900 − 100 = ______

900 − 200 = ______

900 − 250 = ______

c) 800 − 100 = ______

800 − 150 = ______

800 − 250 = ______

d) 700 − 150 = ______

700 − 200 = ______

700 − 250 = ______

e) 600 − 100 = ______

600 − 150 = ______

600 − 200 = ______

f) 500 − 100 = ______

500 − 150 = ______

500 − 200 = ______

7 Observe as subtrações da atividade anterior.

a) Contorne o subtraendo de cada subtração.

b) Complete: resolver uma subtração é o mesmo que calcular a

______.

c) O que você percebeu nos resultados das operações?

POSSIBILIDADES

Em muitas situações do dia a dia, existem diferentes possibilidades para algumas coisas acontecerem.

1 Pense e responda!

a) Há quantos resultados possíveis ao lançar um dado comum?

____

b) Há quantas possibilidades de escolha entre usar um tênis azul com meias brancas ou com meias pretas? _______________

c) Entre escolher sanduíche de frango, de queijo ou de frango e queijo misturados, há quantas possibilidades? _______________

d) Você se lembra de outra situação como essas?

2 Mateus vai viajar da cidade **A** para a cidade **B**.

a) Veja ao lado. Quantos são os caminhos possíveis para essa viagem? _______________

b) Foi aberta mais 1 estrada na região. Agora, quantos são os caminhos possíveis para a viagem da cidade **A** para a **B**?

____

Ilustrações: Fabiana Shizue/Arquivo da editora

3 Você já viajou de uma cidade para outra? Pense e complete abaixo.
Quando viajamos de uma cidade a outra, é possível encontrar na paisagem:

- _______________
- _______________
- _______________

Em uma lanchonete, Ricardo pode escolher entre 3 tipos de suco natural (melancia, abacaxi ou limão) e entre copos de 2 tamanhos diferentes (pequeno ou grande).

4 Pinte abaixo as diferentes maneiras que Ricardo tem para comprar 1 suco nessa lanchonete.

Ilustrações: Anna.zabella/Shutterstock

As imagens destas páginas não estão representadas em proporção.

5 Para descobrir de quantas maneiras diferentes Ricardo pode tomar suco de 1 sabor e 1 tamanho de copo, ele fez a **árvore de possibilidades** abaixo.

a) A quantidade de maneiras que você pintou na atividade anterior é igual à quantidade de maneiras da árvore de possibilidades que Ricardo montou? ____________

b) Represente essa quantidade usando uma multiplicação. Lembre-se da quantidade de sabores e de tamanho dos copos.

_______ × _______ = _______

c) Se fossem 3 tamanhos diferentes de copos, então quantas diferentes maneiras Ricardo teria para comprar um suco? ____________

d) Você achou mais fácil descobrir a quantidade de maneiras que Ricardo tem pintando ou fazendo a árvore de possibilidades?

POSSIBILIDADES E COMBINAÇÕES

Um dos passatempos de Ísis é um jogo *on-line*. Para jogar, ela precisou criar um personagem escolhendo as cores das roupas.

1 Observe ao lado as opções de cores que Ísis tinha quando criou seu personagem.

André Rocca/Arquivo da editora

a) Se Ísis escolher a calça verde, então quantas cores ela vai poder escolher para a blusa do personagem? ______

b) E se Ísis escolher a calça vermelha? ______

c) Preencha o quadro abaixo com quantas cores de blusa Ísis pode combinar cada calça.

Dizemos que Ísis tem 3 **possibilidades** ou que ela pode fazer 3 **combinações** da calça vermelha com as 3 cores de blusas.

Combinação das calças com as blusas

Calça vermelha	Calça amarela	Calça azul	Calça verde

Tabela elaborada para fins didáticos.

d) Preencha o quadro abaixo com quantas cores de calça Ísis pode combinar cada blusa.

Combinação das blusas com as calças

Blusa marrom	Blusa roxa	Blusa branca

Tabela elaborada para fins didáticos.

e) Complete: Ísis tem ______ cores de calça e ______ cores de blusa. Com essas cores ela pode fazer ______ combinações diferentes de roupas.

2 Depois de um tempo jogando, Ísis ganhou novas cores de blusas e de calças para seu personagem. Veja abaixo.

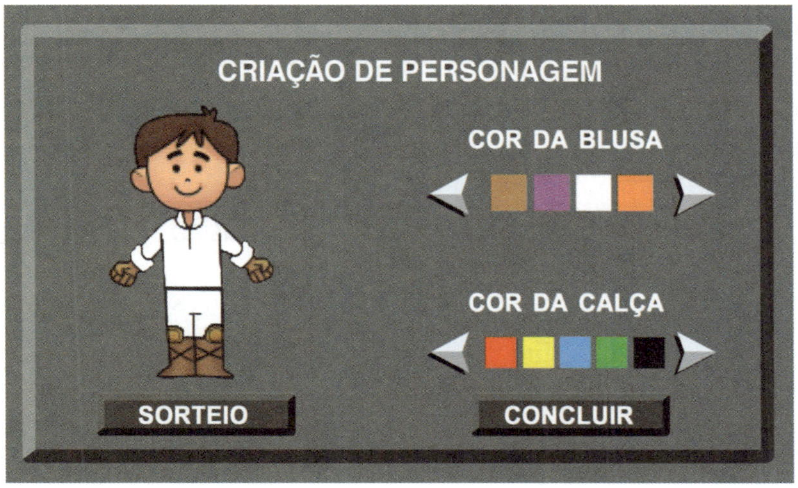

André Rocca/Arquivo da editora

a) Quantas possibilidades Ísis tem para escolher a cor da calça?

____

b) E para escolher a cor da blusa? ______________________

c) Preencha o quadro abaixo com quantas cores de blusa Ísis pode combinar cada calça.

Combinação das calças com as blusas

Calça vermelha	Calça amarela	Calça azul	Calça verde	Calça preta

Tabela elaborada para fins didáticos.

d) Preencha o quadro abaixo com quanta cores de calça Ísis pode combinar cada blusa.

Combinação das blusas com as calças

Blusa marrom	Blusa roxa	Blusa branca	Blusa laranja

Tabela elaborada para fins didáticos.

e) Se Ísis clicar no botão sorteio, então o jogo vai sortear sozinho as cores das roupas de seu personagem. Quantas diferentes combinações de cores o jogo pode fazer? ______________________

BIMESTRE, TRIMESTRE E SEMESTRE

1 Vamos relembrar? Complete com números os espaços abaixo.

a) 1 ano tem _____ meses.

b) 1 mês pode ter de _____ a _____ dias.

c) O mês é dividido em semanas, e cada semana tem _____ dias.

Pablo Mayer/Arquivo da editora

Os meses do ano também podem ser separados em grupos. Veja abaixo como se chama cada agrupamento.

- 2 meses = 1 bimestre
- 3 meses = 1 trimestre
- 6 meses = 1 semestre

2 Observe o calendário acima.

a) Divida os meses em 2 grupos e distribua-os no quadro abaixo. Cada grupo deve conter a mesma quantidade de meses, e a ordem em que eles aparecem no ano deve ser mantida.

1º grupo	2º grupo

b) Complete: em cada grupo há _____ meses; logo, 1 ano tem 2 semestres.

3 Agora, distribua os meses do calendário em 4 grupos com a mesma quantidade de meses e, depois, complete a frase a seguir.

1º grupo	2º grupo
______ ______	______ ______
3º grupo	**4º grupo**
______ ______	______ ______

Em cada grupo há ______ meses; logo, o ano tem ______.

4 Continue distribuindo os meses do calendário, agora em 6 grupos com a mesma quantidade de meses. Depois, complete a frase abaixo.

1º grupo	2º grupo	3º grupo
______ ______	______ ______	______ ______
4º grupo	**5º grupo**	**6º grupo**
______ ______	______ ______	______ ______

Em cada grupo há ______ meses; logo, o ano tem ______.

5 Complete.

a) Em 2 anos há ______ semestres ou ______ trimestres ou ______ bimestres.

b) Em 3 anos há ______ semestres ou ______ trimestres ou ______ bimestres.

PLANIFICAÇÕES DE PIRÂMIDES

Pegue novamente as 4 pirâmides que você montou.

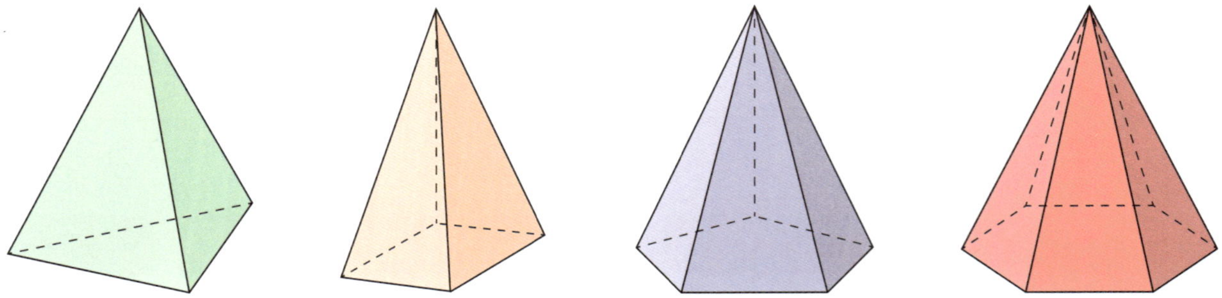

Pirâmide de base triangular | Pirâmide de base quadrada | Pirâmide de base pentagonal | Pirâmide de base hexagonal

Os moldes que você usou para montar essas pirâmides são chamados de **planificações** das pirâmides.

1 Observe as planificações abaixo. Em cada uma delas está faltando um pedaço. Desenhe a face que está faltando e complete a frase.

a) Esta é a planificação de uma pirâmide de base

....

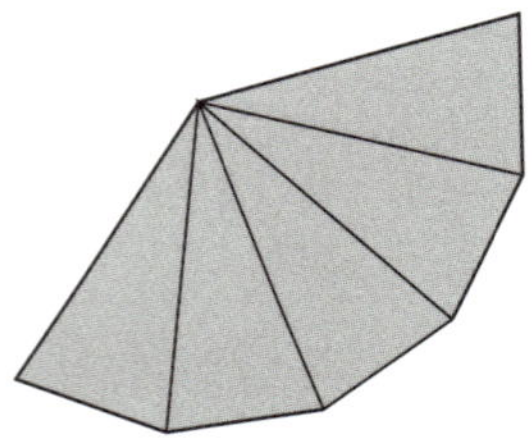

b) Esta é a planificação de uma pirâmide de base

....

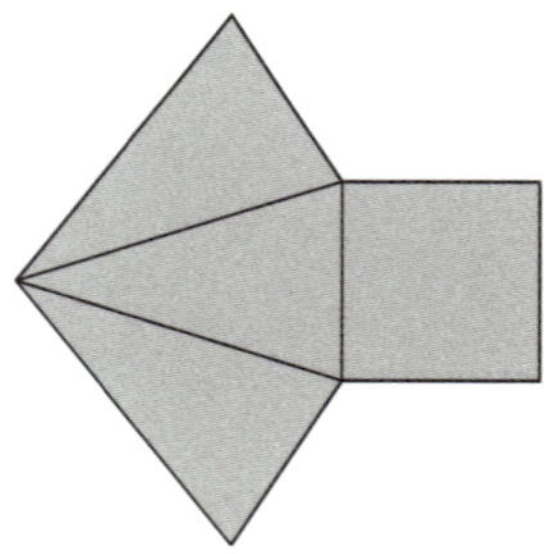

c) Esta é a planificação de uma pirâmide de base

....

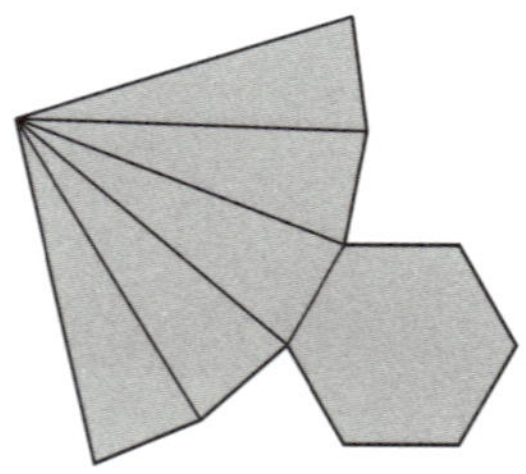

2 Na atividade anterior não havia a planificação de uma das 4 pirâmides que você montou.

a) Qual era essa pirâmide? ______________________

b) Desenhe no caderno ou em uma folha de papel a planificação dessa pirâmide. A régua pode ajudá-lo.

3 Faça esta atividade com um colega. Observem as 2 planificações abaixo.

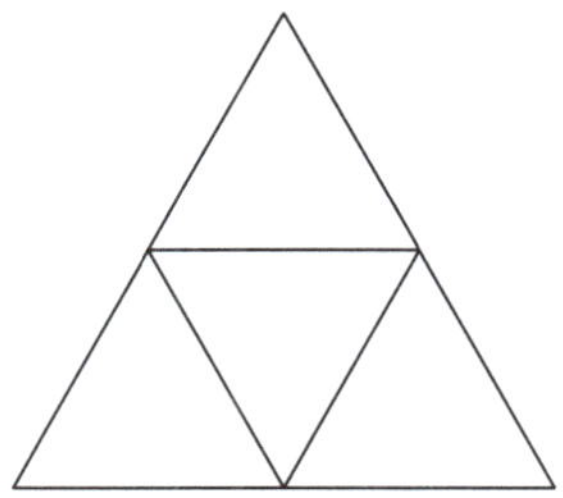

Planificação **A**

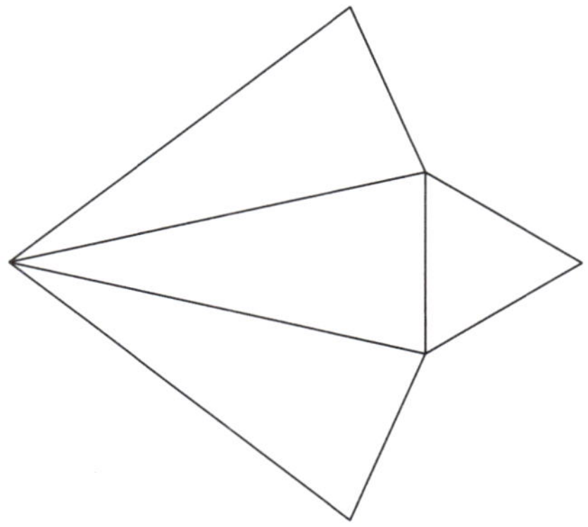

Planificação **B**

a) Comparem as planificações e preencham o quadro abaixo.

Semelhanças	Diferenças

b) Escrevam a qual das planificações acima corresponde cada pirâmide abaixo.

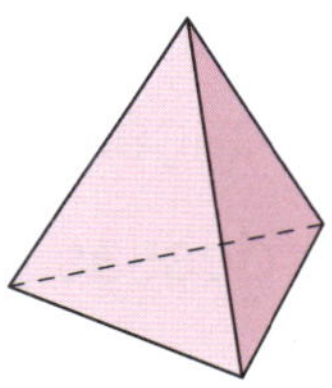

____

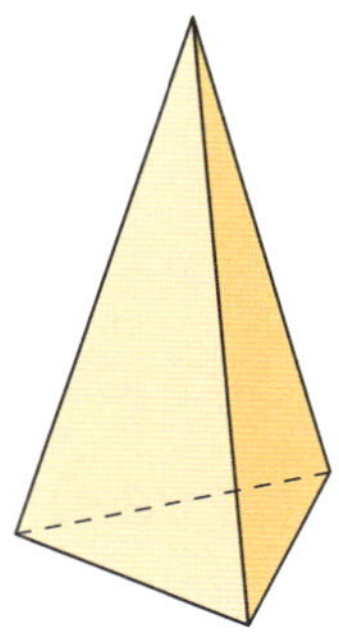

____

Diogo Cesar/Arquivo da editora

ATIVIDADES DO CAPÍTULO

- Você já conhece a tabela de multiplicações.

Tabela de multiplicações

×	1	2	3	4	5	6	7	8	9	10
1	1	2	3	4	5	6	7	8	9	10
2	2	4	6	8	10	12	14	16	18	20
3	3	6	9	12	15	18	21	24	27	30
4	4	8	12	16	20	24	28	32	36	40
5	5	10	15	20	25	30	35	40	45	50
6	6	12	18	24	30	36	42	48	54	60
7	7	14	21	28	35	42	49	56	63	70
8	8	16	24	32	40	48	56	64	72	80
9	9	18	27	36	45	54	63	72	81	90
10	10	20	30	40	50	60	70	80	90	100

Tabela elaborada para fins didáticos.

a) Pinte de **amarelo** todos os números 20 que aparecem na tabela acima.

b) Quais multiplicações têm o número 20 como resultado?

____

c) Agora, pinte de **verde** todos os números 12.

d) Quais multiplicações têm o número 12 como resultado?

____

e) Pinte de **azul** os resultados de: 1 × 1, 2 × 2, 3 × 3, 4 × 4, 5 × 5, 6 × 6, 7 × 7, 8 × 8, 9 × 9 e 10 × 10.

f) Os resultados pintados no item **e** formam uma fila que divide a tabela em 2 partes. O que você pode afirmar sobre as multiplicações de cada parte?

g) Sabendo os resultados das multiplicações de uma dessas partes, é possível saber todas as tabuadas do 2 ao 10?

RESOLVENDO PROBLEMAS

1. Susana participa de um clube do livro e paga mensalmente 30 reais para receber o livro do mês em sua casa. No próximo ano, ela poderá optar por um novo plano e pagar 50 reais por bimestre, 72 reais por trimestre ou 144 reais por semestre. Qual plano é mais vantajoso? Justifique sua resposta.

Resposta: ____

____

2. Catarina está redecorando sua loja e ela pode escolher entre 2 formatos de cadeira e 3 estampas de estofado.

Anna.zabella/Shutterstock

Cadeiras

Banco de imagens/Arquivo da editora

Estampas de estofado

a) De quantas maneiras diferentes Susana pode escolher 2 cadeiras?

____

b) Desenhe ou escreva abaixo a árvore de possibilidades para representar essa situação.

c) E se fossem 4 estampas diferentes, então de quantas maneiras Susana poderia escolher 2 cadeiras? ______________________

CÁLCULO MENTAL

1. Lembra que você usou a reta numerada para resolver adições? Complete os espaços abaixo.

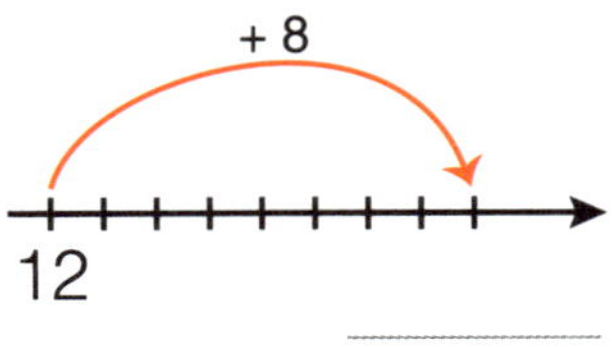

12 + 8 = ______

2. Use novamente a reta numerada para resolver cada adição abaixo, decompondo a segunda parcela em dezenas e unidades.

a)

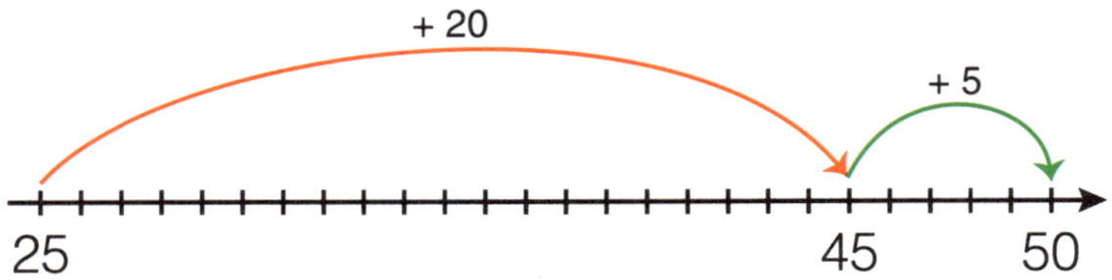

25 + 25

25 + 20 + 5

45 + 5 = 50

b)

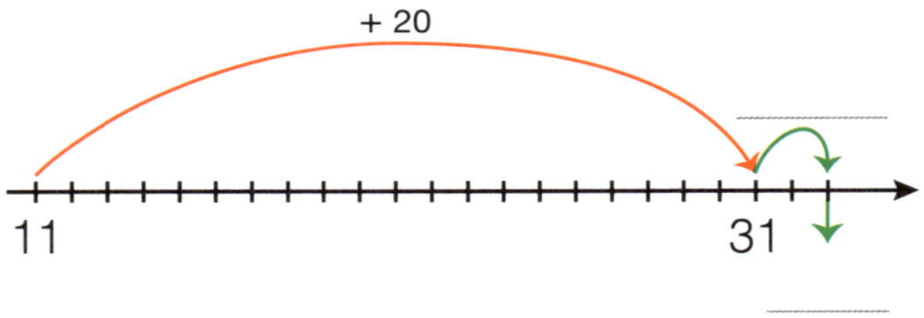

11 + 22

11 + 20 + ______

31 + ______ = ______

c)

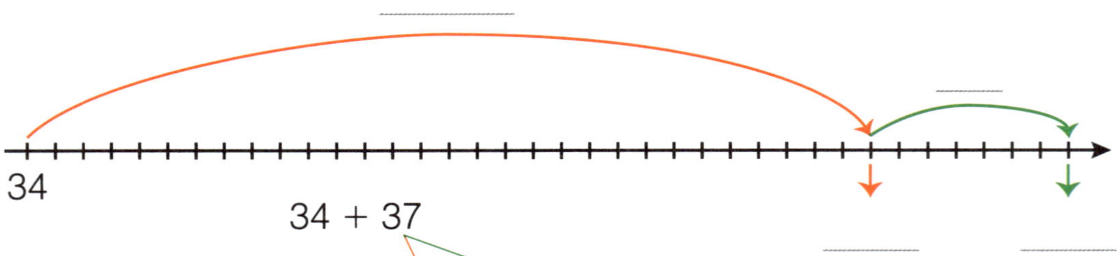

34 + 37

34 + ______ + ______

64 + ______ = ______

Luciano Tasso/Arquivo da editora

3. Continue decompondo a segunda parcela da adição.

a)

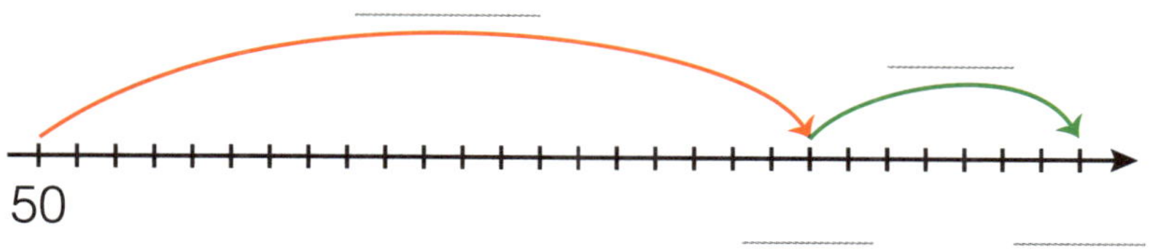

50 + 27

50 + ____ + ____

70 + ____ = ____

b)

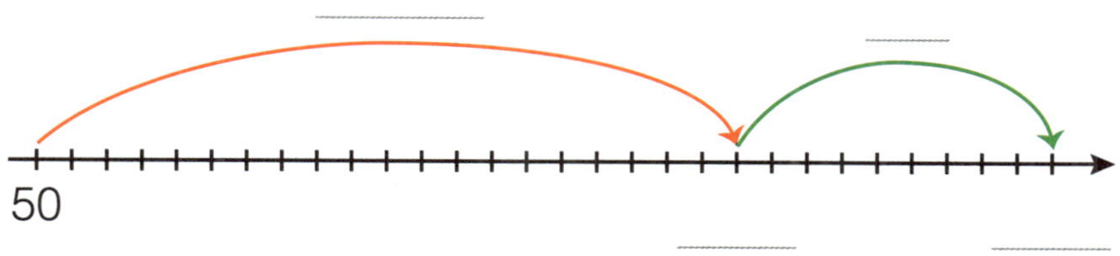

50 + 29

50 + ____ + ____

70 + ____ = ____

c)

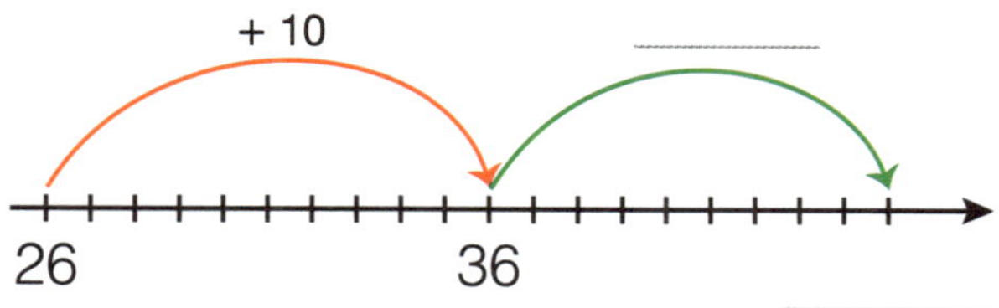

26 + 19

26 + ____ + ____

36 + ____ = ____

4. Usando o que você aprendeu nestas atividades, resolva as adições abaixo sem desenhar na reta numerada.

a) 28 + 16 = ____

b) 47 + 31 = ____

c) 58 + 32 = ____

MINHAS DICAS

Anote algo que você aprendeu nestas atividades e que pode ajudar a realizar cálculos mais rapidamente.

____

____

____

LER E ENTENDER

Neste trecho de narrativa de uma aventura no Egito, os personagens Pilar, Breno e Tut precisam desvendar cálculos matemáticos com números egípcios.

Matemática egípcia

Na areia, à beira do rio, só víamos vários símbolos diferentes.

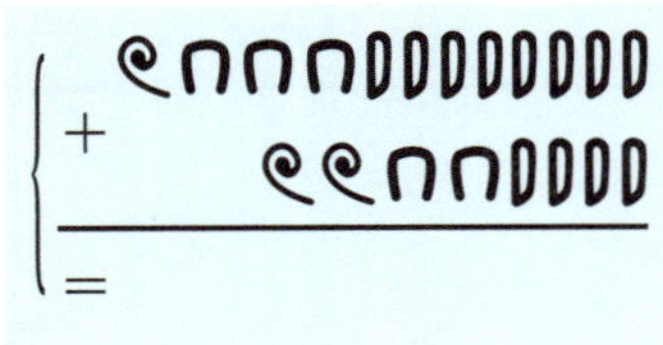

Confesso que demorei a entender que tipo de escrita era aquela.

– Será que ela usa outros hieróglifos que não aprendemos? – perguntei a Tut, sem reconhecer aqueles símbolos.

– Não. Ela estava fazendo contas. Deve ser Sechat [...]. Em cima está escrito 138 – disse o faraó. – Olhem:  simboliza "cem",  significa "dez" e 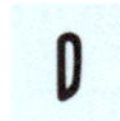 significa "um". Vai ver ela quer que adivinhemos quanto é o número de cima, mais o número de baixo, para que possamos atravessar o rio.

– 138 mais 224 dá 362! – exclamei, entusiasmada.

Achamos que a passagem logo seria liberada, mas vimos outra conta surgir no chão de areia.

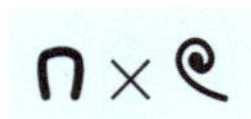

– Agora ela quer saber quanto é dez vezes cem? Moleza! É mil – exclamou Breno, já desenhando na areia:

– É mil, mas... o número mil é simbolizado pela nossa flor de lótus! – disse Tut.

– Que tabuada mais cheia de floreios! – brincou Breno.

Diário de Pilar no Egito, de Flavia Lins da Silva. Rio de Janeiro: Zahar, 2012. p. 130-131.

ANALISE

1. Quais são os personagens que participam ou são citados nesse trecho do livro?

____

2. Qual foi o desafio que os personagens precisaram enfrentar?

____

3. Como os personagens resolveram esse desafio?

____

4. Associe as descrições com o que acontece na história:

(A) Objetivo dos personagens | ☐ Entender a escrita usada.

(B) Problema que eles enfrentam | ☐ Conseguir liberar uma passagem.

(C) 1º passo para resolver o problema | ☐ Resolver as contas com símbolos egípcios.

RELACIONE

5. Escreva os números abaixo usando algarismos do nosso sistema de numeração.

a)  ________ b)  ________ c)  ________

6. Represente os seguintes números com símbolos egípcios.

a) 204 ________ b) 1019 ________ c) 16 ________

7. Que diferença você percebe entre o sistema de numeração egípcio e o nosso?

____

____

O QUE APRENDI?

Kobal/The Picture Desk/Agence France-Presse

A imagem que você viu na abertura desta Unidade mostra um cartaz do filme **As aventuras de Peabody & Sherman**.

Reprodução de parte do cartaz do filme **As aventuras de Peabody & Sherman**, criado por Jay Ward. Produzido nos Estados Unidos, teve seu lançamento em 2014.

1. Observe a imagem.

a) Escreva quantos personagens aparecem nessa imagem utilizando o sistema de numeração egípcio. ____________

b) Assinale com um **X**. Ao fundo da imagem há um elemento que lembra:

☐ uma esfera. ☐ um cone. ☐ uma pirâmide.

2. Quando esse filme foi lançado, Virgílio e Berenice foram ao cinema para vê-lo. O valor do ingresso inteiro era R$ 20,00 e as pessoas com carteira de estudante pagavam metade desse valor.

a) Berenice levou a carteira de estudante e Virgílio esqueceu a dele. Quanto cada um pagou no ingresso ____________________________________

b) Quanto eles gastaram juntos? ____________________________________

c) Berenice e Virgílio pagaram os ingressos com uma cédula de 50 reais e receberam apenas 1 cédula de troco. Contorne abaixo a cédula que eles receberam.

Reprodução/Casa da Moeda do Brasil/ Ministério da Fazenda

d) Se o caixa da bilheteria só tivesse cédulas de 5 reais, então quantas cédulas de 5 reais Berenice e Virgílio receberiam de troco? ____________

3. Por que as pirâmides do Egito foram construídas?

4. Complete: as faces que não são base das pirâmides mostradas nessa imagem têm a forma de ________________.

5. Se uma das pirâmides tem 3 entradas e 2 saídas, então de quantas maneiras diferentes uma pessoa pode entrar e sair dessa pirâmide? ________________

6. Considere uma pirâmide feita de pequenos blocos de madeira. A ilustração ao lado mostra a primeira coluna e a última fileira de blocos da base dessa pirâmide.

a) Quantos blocos compõem a base dessa pirâmide? ________________

b) Quantos blocos da base da pirâmide não estão representados nessa imagem?

____

c) Os blocos estão representados acima em tamanho real. Então, quanto mede cada lado da base dessa pirâmide? Utilize uma régua para medir.

____

d) E quanto mede o contorno da base dessa pirâmide? ________________

MINHA COLEÇÃO DE PALAVRAS

Escreva abaixo algumas palavras que você aprendeu nesta Unidade. Depois, escolha 2 palavras e explique para um colega seu significado.

____

____

____

____

UNIDADE

4 ALÉM DAS COMPRAS

Ilustra Cartoon/Arquivo da editora

- Qual é local retratado nesta imagem?
- O que você observa na organização dos produtos nas prateleiras?
- O que a moça de rosa está fazendo? E as outras pessoas?

CAPÍTULO

10 OPERAÇÕES COM NÚMEROS

POSIÇÃO DOS ALGARISMOS

Beatriz trabalha em uma loja de eletrodomésticos. Todos os dias ela organiza as plaquinhas com os algarismos que formam o preço das mercadorias.

Veja ao lado como ela arrumou as plaquinhas do preço da lavadora de roupas.

Ilustrações: Dam d'Souza/Arquivo da editora.

Beatriz sabe que, usando todos esses algarismos (1, 5, 8 e 9), ela consegue formar 24 números diferentes. Você sabe como ela pode descobrir quais são todos esses números?

Veja ao lado o material necessário e abaixo como fazer.

MATERIAL NECESSÁRIO

- Papel
- Tesoura com ponta arredondada
- Lápis

- Com um colega, façam 1 plaquinha para cada algarismo.
- Em seguida, coloquem as plaquinhas uma ao lado da outra, como mostrado na figura ao lado.

1 Observe o número formado.

a) Qual é esse número? ________

b) Agora, troquem de lugar a plaquinha 8 com a plaquinha 9, como na figura ao lado. Que número foi formado? ________

c) Continuem trocando as plaquinhas de lugar e anotem os números que encontrarem. Vocês devem encontrar 24 números diferentes!

1 589	1 598						

d) Qual é o menor número que vocês formaram? E o maior número?

____

2 Escolha 3 números maiores do que 5000 do quadro da página anterior. Escreva abaixo esses números por extenso.

____

____

____

3 Veja abaixo como Amara decompôs o número 1952 e depois identificou suas ordens.

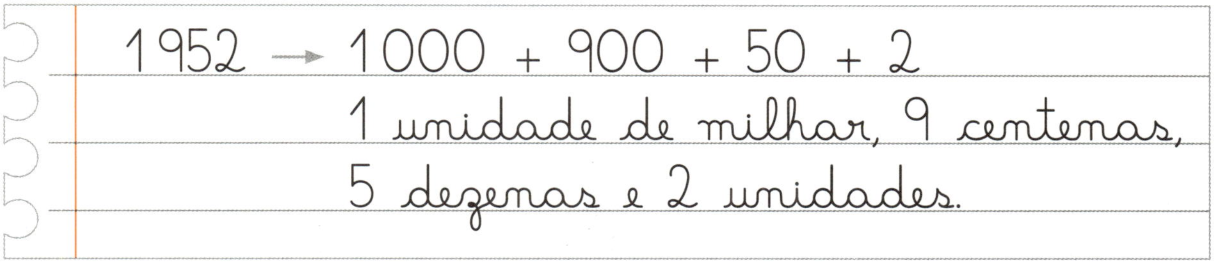

Banco de imagens/Arquivo da editora

Faça como Amara, decomponha os números abaixo e identifique suas ordens.

a) 9536 → ______________________________

____

b) 4264 → ______________________________

____

4 Amara foi a uma loja comprar a lavadora de roupas e o fogão ao lado. Ela decompôs os números para adicioná-los e saber o valor que vai pagar ao todo.

Dam d'Souza/Arquivo da editora

1859 →	1000	+	800	+	50	+	9	
1029 →	1000	+	000	+	20	+	9	
Total:	______	+	______	+	______	+	______	= ______

a) Complete a adição por decomposição acima.

b) Quanto Amara vai pagar ao todo por esses produtos? ______________

DIFERENTES MANEIRAS DE DIVIDIR

Você sabia que a decomposição dos números também é útil para resolver divisões?

Veja abaixo como Judite usou a decomposição para dividir 120 por 2.

Isabela resolveu a mesma divisão de outra maneira. Veja ao lado.

Luciano Tasso/Arquivo da editora

Nelson, porém, fez de outro jeito. Veja ao lado.

1 Qual das 3 maneiras de resolver a divisão de 120 por 2 está correta?

____

2 Qual das 3 maneiras de resolver essa divisão você prefere? ______________

3 Resolva as divisões abaixo da maneira como preferir.

a) $25 \div 6 =$ ______

d) $80 \div 5 =$ ______

g) $234 \div 8 =$ ______

b) $78 \div 9 =$ ______

e) $124 \div 4 =$ ______

h) $450 \div 5 =$ ______

c) $100 \div 10 =$ ______

f) $550 \div 50 =$ ______

i) $310 \div 20 =$ ______

MULTIPLICAÇÃO USANDO O MATERIAL DOURADO

Material dourado

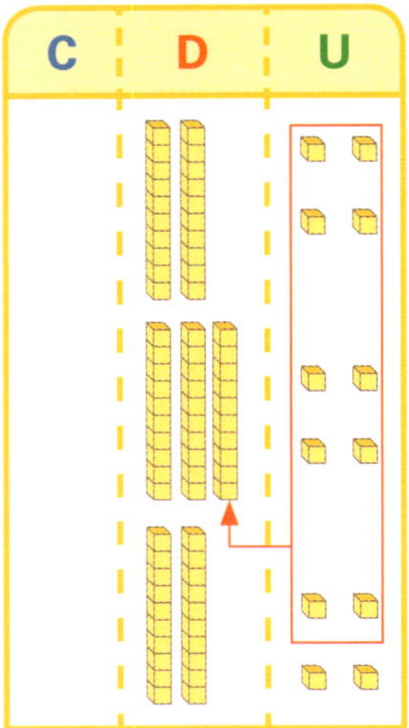

Registro numérico

	C	D	U
		1	
		2	4
×			3
			~~1~~2
+		6	0
		7	2

Você já usou as peças do material dourado para realizar adições e subtrações. Agora vai ver como usar essas peças na multiplicação.

Vamos calcular o valor de 3 × 24.

→ 3 × 4 unidades = 12 unidades

Nesse caso, 10 unidades foram trocadas por 1 dezena e sobraram 2 unidades.

→ 3 × 2 dezenas = 6 dezenas

Adicionamos 6 dezenas com a nova dezena, formando 7 dezenas.

→ Resultado: 72

1 Complete o que falta em cada multiplicação abaixo.

a) 3 × 125 = ________

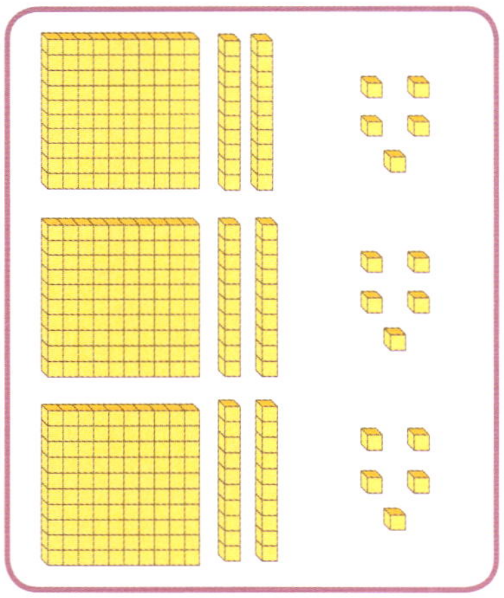

Registro numérico

	C	D	U
	1	2	5
×			

b) 3 × 204 = ________

Registro numérico

	C	D	U
×			3
	6	1	2

c) 7 × 112 = ________

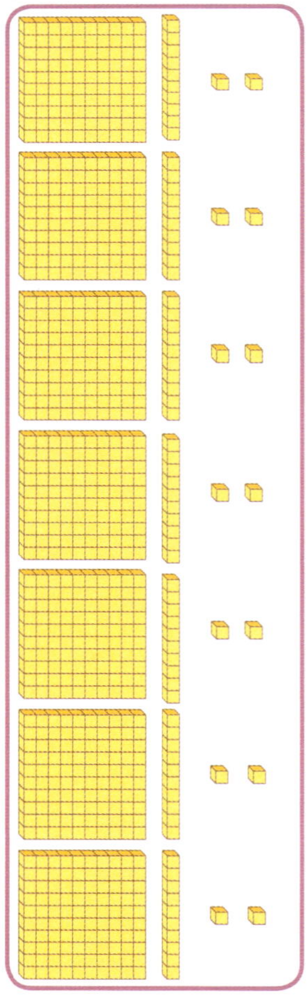

Registro numérico

	C	D	U
×			

2 Represente as multiplicações abaixo com as peças do material dourado. Depois, complete.

a) $2 \times 127 =$ ______

Material dourado

Registro numérico

C	D	U

b) $3 \times 224 =$ ______

Material dourado

Registro numérico

	C	D	U
×			

3 Resolva as multiplicações abaixo.

a) $2 \times 345 =$ ______

C	D	U

b) $3 \times 309 =$ ______

	C	D	U
×			

c) $5 \times 116 =$ ______

	C	D	U
×			

d) $3 \times 228 =$ ______

	C	D	U
×			

METRO, CENTÍMETRO E MILÍMETRO

Você aprendeu a usar a régua na Unidade anterior. Agora ela será útil para resolver algumas atividades.

1 Observe o lápis abaixo.

André Rocca/ Arquivo da editora

a) Sem medir com uma régua, estime o comprimento deste lápis.

____

b) Imagine 10 lápis desse tamanho colocados um na frente do outro. Quanto você acha que essa fila de lápis terá de comprimento?

____

c) Agora, pegue uma régua, meça o lápis e complete: este lápis tem _______ cm de comprimento.

d) Sua estimativa ficou próxima ou distante da medida do lápis?

____

e) Complete: se fossem colocados 10 lápis desse tamanho um na frente do outro, então a fila mediria _______ cm ou _______ m.

Lembre-se:
1 m é igual a 100 cm.
1 cm é igual a 10 mm.

2 Complete cada item abaixo escrevendo a medida em centímetro (cm) ou milímetro (mm).

a) 5 cm = _______

b) 80 mm = _______

c) 3 cm = _______

d) 10 cm = _______

e) 90 mm = _______

f) 100 mm = _______

3 Complete os itens abaixo escrevendo a medida em centímetro ou metro.

a) 5 m = _______

b) 8 m = _______

c) 3 m = _______

d) 100 cm = _______

e) 900 cm = _______

f) 1 000 cm = _______

4 Contorne a medida que mais se aproxima da medida real de cada objeto abaixo.

a) Comprimento da caixa de fósforos.

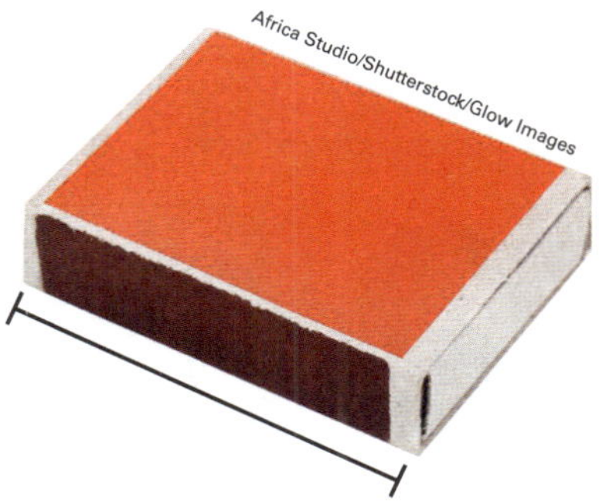

As imagens desta página não estão representadas em proporção.

4 cm   4 m

b) Altura do cabo de vassoura.

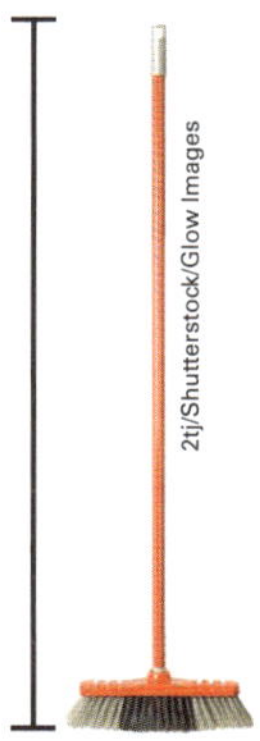

20 cm   1 m

c) Largura do clipe de papel.

9 mm   7 cm

d) Comprimento do caderno aberto.

30 cm   1 m

e) Altura da embalagem do produto de limpeza.

90 cm   30 cm

f) Largura do lápis.

7 mm   2 m

MEDIDA DE MASSA COM BALANÇA DE PRATOS

Ao pesar uma pessoa, um alimento ou um objeto, estamos medindo sua massa. Um dos instrumentos que podemos usar para essas pesagens é a balança de pratos com alguns pesinhos. Essa balança compara as massas colocadas nos 2 pratos.

Quando as massas são iguais, como na foto ao lado com os tomates, dizemos que a balança está em **equilíbrio**. Quando as massas não são iguais, dizemos que a balança está em **desequilíbrio**, como na foto ao lado com as abóboras.

Dimitar Sotirov/Shutterstock

Balança de pratos em **equilíbrio**. Os tomates e o pesinho têm a mesma massa.

Dimitar Sotirov/Shutterstock

Balança de pratos em **desequilíbrio**. As abóboras têm mais massa do que o pesinho.

1 Observe que as balanças abaixo estão em equilíbrio. Descubra quantos quilogramas tem cada objeto.

a) 

Ilustrações: Pablo Mayer/Arquivo da editora

Rádio: ________ kg

c) 

Pote de arroz: ________ kg

b) 

1 livro: ________ kg

d) 

Mochila: ________ kg

A unidade para medida de massa mais comum é o **quilograma (kg)**, que, no dia a dia, é chamado de "quilo".

Outra unidade de medida bastante conhecida é o **grama (g)**.

1 kg = 1 000 g

2 Marque um **X** na unidade de medida que você usaria para medir a massa em cada item abaixo.

As imagens destas páginas não estão representadas em proporção.

a) 1 borracha

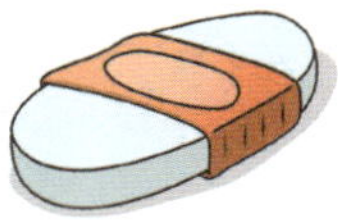

☐ kg ☐ g

b) 1 criança de 1 ano

Ilustrações: Dam d'Souza/Arquivo da editora

☐ kg ☐ g

c) 1 jaca

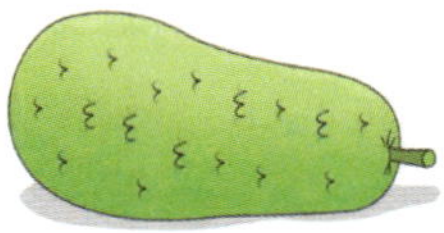

☐ kg ☐ g

d) 1 garrafa PET vazia

☐ kg ☐ g

3 Valentina elaborou uma lista com os alimentos que comprou. Nessa tabela ela anotou a massa em quilogramas, mas alguns valores ficaram faltando. Complete a lista abaixo.

Lista de compras

Quantidade de pacotes	Alimento	Quilogramas por pacote	Quilogramas/Total
2	cebola	1 kg	2 kg
5	maçã	2 kg	
6	batata		6 kg
4	limão	1 kg	
5	laranja		5 kg

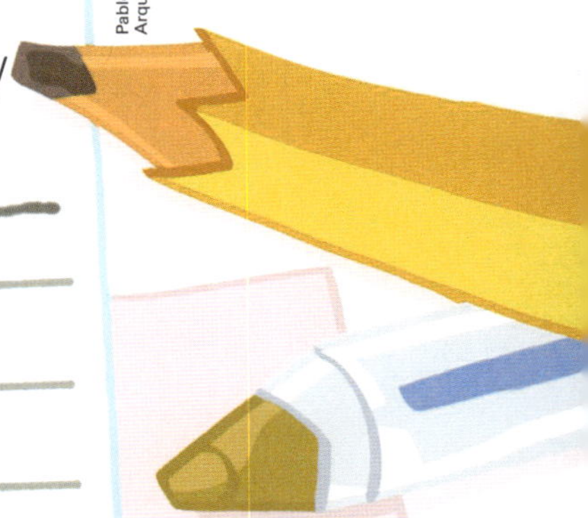

Pablo Mayer/Arquivo da editora

ADIÇÕES E SUBTRAÇÕES COM TROCA NAS CENTENAS

Regiane estudou adições e subtrações com troca nas dezenas. Observando a nota fiscal das compras que seu pai fez no supermercado, Regiane concluiu que podia usar o mesmo raciocínio para fazer adições com troca nas centenas. Veja abaixo a adição que ela fez.

Material dourado

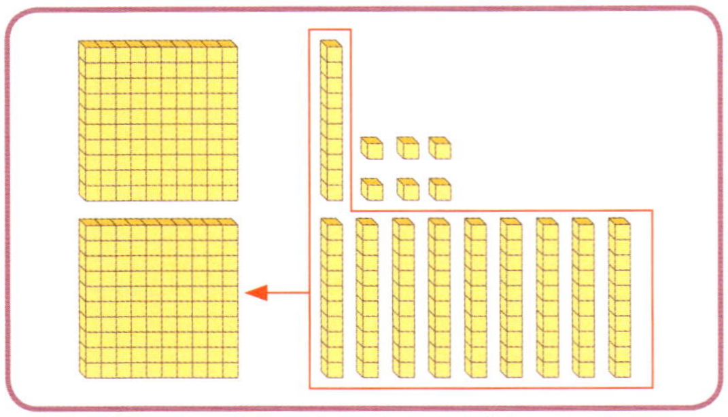

	C	D	U
	$\overset{1}{1}$	1	6
+		9	0
	2	0	6

1 Resolva as adições abaixo como Regiane, realize as trocas com as peças do material dourado e depois complete o quadro de valor posicional.

a) 253 + 76 = ____________

Material dourado

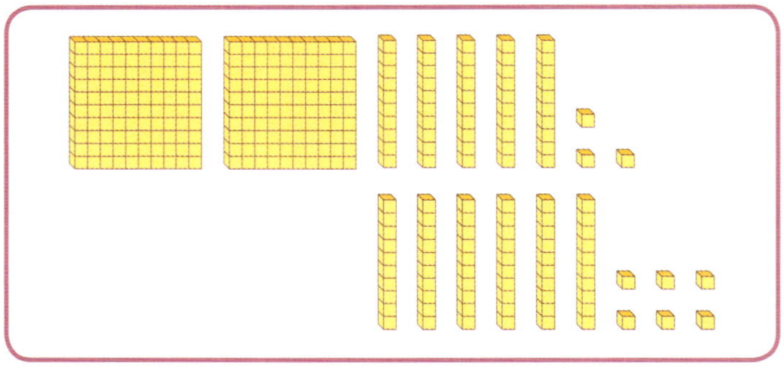

	C	D	U
+			

b) 156 + 52 = ____________

Material dourado

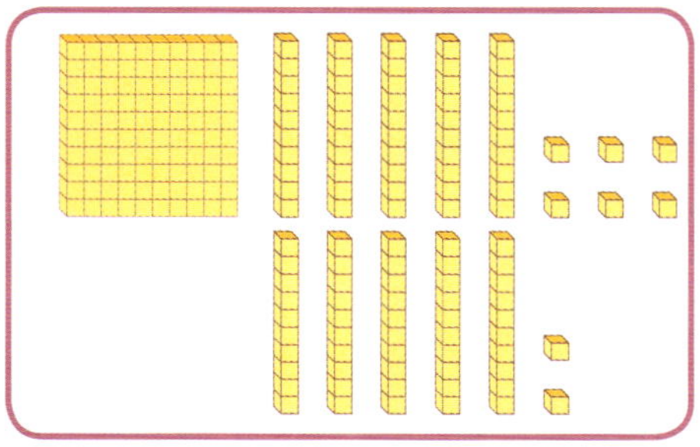

	C	D	U
+			

Regiane resolveu testar se a troca nas centenas também funcionava com a subtração. Veja abaixo a subtração que ela fez.

Material dourado

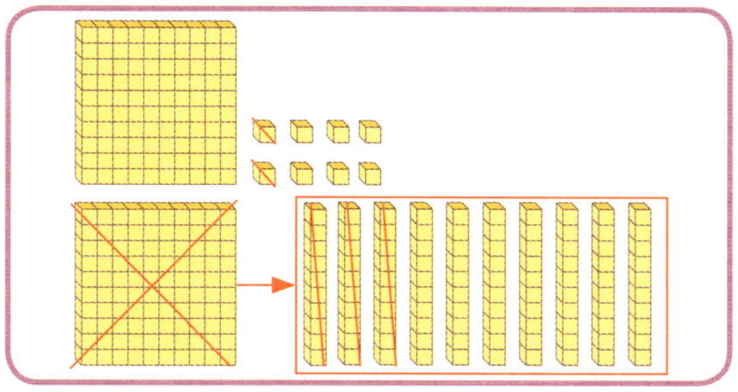

	C	D	U
	[1] ~~2~~	[1] 0	8
−		5	2
	1	7	6

2 Observe a subtração que Regiane fez acima e a adição do item **b** da atividade anterior.

a) O que você pode dizer sobre as 2 operações?

b) Regiane fez a subtração corretamente? ______________

c) Se ela não fez corretamente, então corrija a representação com as peças do material dourado e o quadro de valor posicional.

3 Resolva as subtrações abaixo pensando nas trocas das peças do material dourado.

a) 547 − 183 = __________

	C	D	U
−			

c) 865 − 95 = __________

	C	D	U
−			

b) 709 − 498 = __________

	C	D	U
−			

d) 240 − 99 = __________

	C	D	U
−			

ADIÇÕES E SUBTRAÇÕES COM TROCA NAS UNIDADES DE MILHAR

A família de Regiane economizou R$ 235,00 para comprar um equipamento eletrônico que custa R$ 1 147,00. Ela queria saber quantos reais eles ainda tinham que economizar para conseguir a quantia total.

Para descobrir, ela representou o número 1 147 com desenhos das peças do material dourado, fez a troca das unidades de milhar para centenas e riscou as peças que representam o número 235.

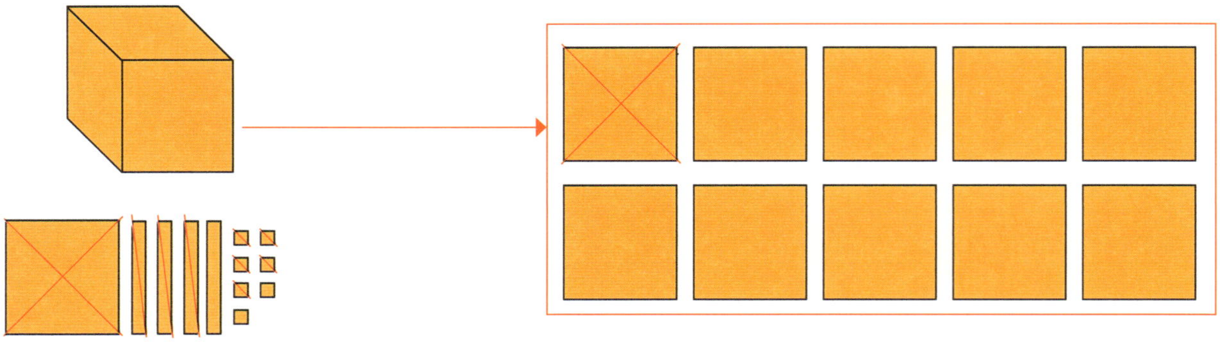

1 Observe acima a representação que Regiane fez.

a) Sabendo como se faz a troca de 1 dezena por 10 unidades e 1 centena por 10 dezenas, você acha que Regiane fez a troca das unidades de milhar para centenas corretamente? ______________________

b) Complete: a diferença entre 1 147 e 235 é __________.

c) Quantos reais a família de Regiane ainda tem que economizar para comprar o equipamento eletrônico? __________

d) Represente no quadro de valor posicional abaixo a subtração que Regiane fez.

	UM	C	D	U
−				

2 Uma tia de Regiane emprestou para a família R$ 850,00 para a compra do equipamento eletrônico. Com desenhos de peças do material dourado, Regiane representou esse valor e o valor da quantia que a família já tinha economizado. Em seguida, ela fez a troca de centenas para unidades de milhar e concluiu a adição. Veja abaixo.

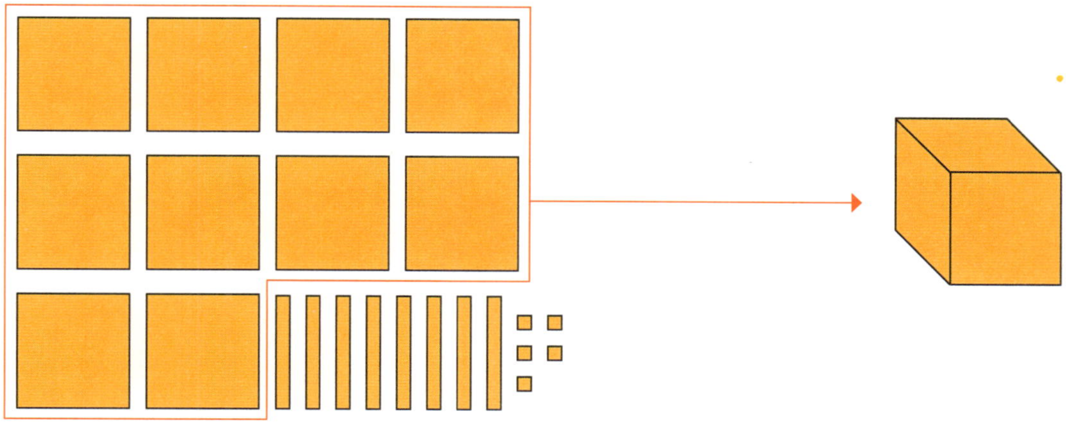

a) Você acha que Regiane fez a troca das centenas para unidades de milhar corretamente? ______

b) Complete: a adição de 850 com 235 é ______.

c) Represente no quadro de valor posicional abaixo a adição que Regiane fez.

	UM	C	D	U
+				

d) A família de Regiane já tem dinheiro suficiente para comprar o equipamento? Se não tem, então quantos reais ainda estão faltando?

______

	UM	C	D	U
−				

CONHECENDO OS PRISMAS

A professora Caroline pediu que os alunos de sua turma levassem varetas de madeira para a sala de aula. Com as varetas e um pouco de massinha, Diego construiu um prisma de base triangular, como este ao lado.

Agora é a sua vez! Represente um prisma igual ao de Diego.

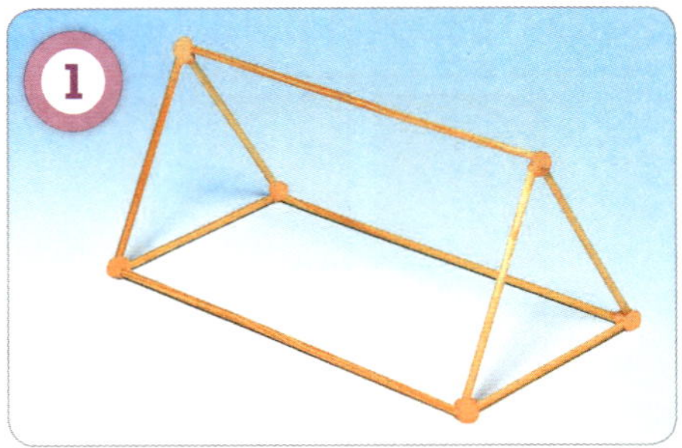

Fotos: Eduardo Santaliestra/Arquivo da editora

MATERIAL NECESSÁRIO

- 3 varetas de madeira longas
- 6 varetas de madeira curtas ou 3 varetas longas cortadas ao meio
- Massinha de modelar

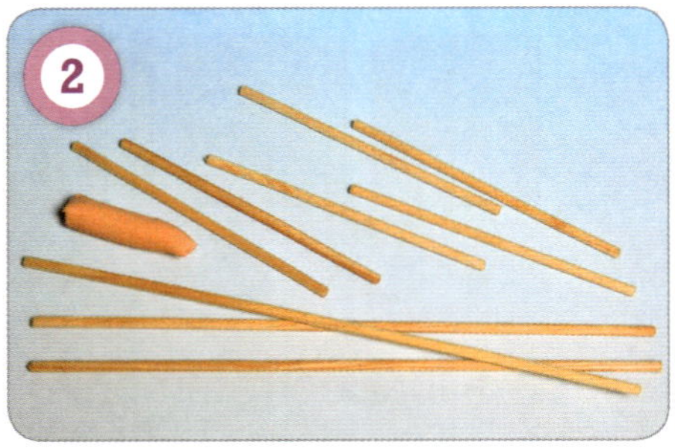

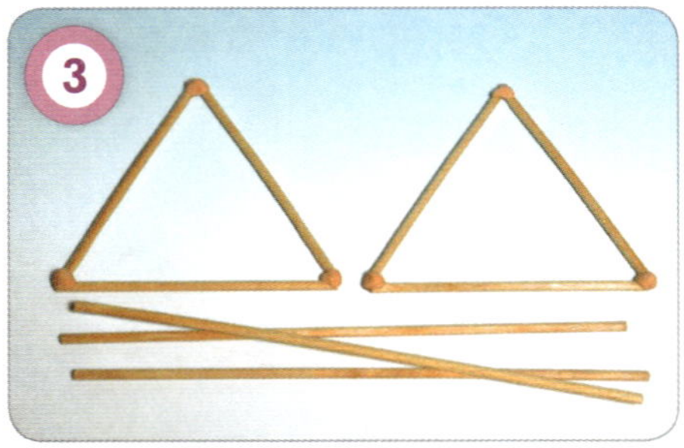

Como montar

- Faça bolinhas pequenas com a massinha de modelar.
- Pegue as 6 varetas curtas. Forme 2 triângulos com essas varetas unindo as pontas delas com as bolinhas de massinha (**3**).
- Pegue um dos triângulos e espete 1 vareta longa em cada bolinha de massinha de modelar (**4**).
- Encaixe o outro triângulo nas extremidades das 3 varetas longas (**5**). Seu prisma está pronto!

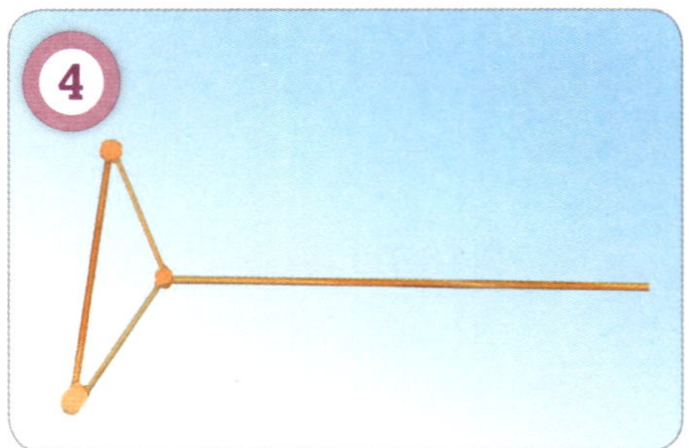

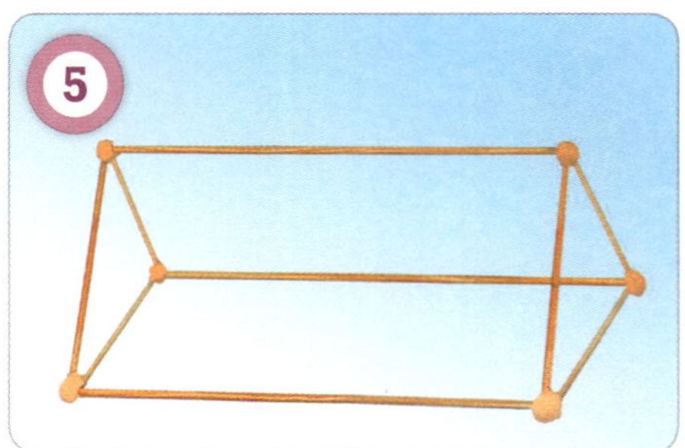

1 Observe a montagem que você fez.

a) De quantas varetas você precisou para construir esse prisma?

____

b) As varetas representam quais elementos do prisma? Assinale com um **X**.

☐ Vértices ☐ Faces ☐ Arestas

c) Quantas bolinhas de massinha de modelar você precisou para construir esse prisma?

____

d) As bolinhas de massinha representam quais elementos do prisma? Assinale com um **X**.

☐ Vértices ☐ Faces ☐ Arestas

e) Se você recortasse pedaços de papel para formar as faces do prisma, então de quantos pedaços precisaria? ______________

f) Quais seriam as formas desses pedaços de papel? Complete: seriam 2 ______________ e 3 ______________ de papel.

Os 2 triângulos que são faces desse prisma são suas **bases**.

2 Observe a montagem abaixo. Ela representa um prisma de base hexagonal.

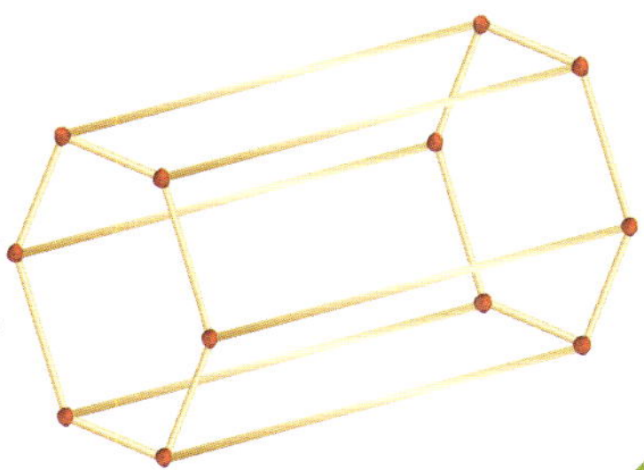

Banco de imagens/Arquivo da editora

a) Quantas arestas há em cada base? __________

b) Quantas arestas ele tem ao todo? __________

c) Quantos vértices? __________

d) E quantas faces? __________

e) Por que esse prisma é chamado "hexagonal"?

ATIVIDADES DO CAPÍTULO

1. Desenhe as peças do material dourado para representar as operações abaixo. Depois, faça o registro numérico e escreva o resultado por extenso.

Para simplificar, use ▭ para a centena, ▯ para a dezena e ▫ para a unidade.

a) $4 \times 123 =$ ______ → ______________________

Material dourado

Registro numérico

	C	D	U
×			

b) $672 - 319 =$ ______ → ______________________

Material dourado

Registro numérico

	C	D	U
−			

2. Complete.

a) 1 m = ______ cm

b) 15 m = ______ cm

c) 100 cm = ______ mm

d) ______ cm = 1 500 mm

3. Escreva nas linhas correspondentes as palavras: **face**, **vértice** e **aresta**.

____

____

____

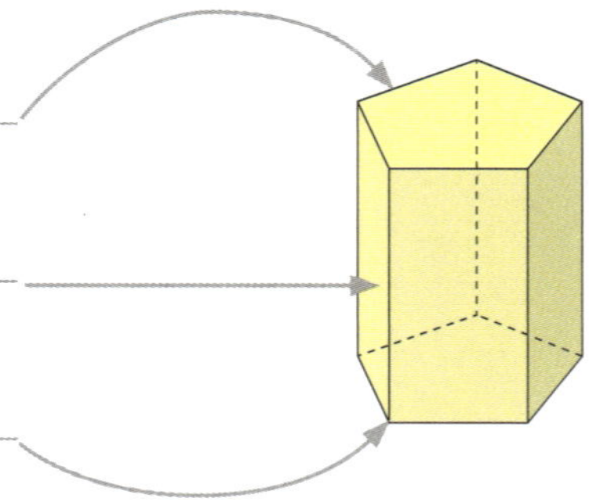

RESOLVENDO PROBLEMAS

1. A família de Manuela está reformando sua casa. O pai de Manuela pagou uma compra de material de construção para essa reforma com 4 cheques de R$ 231,00 cada um.

a) Quanto ele gastou nessa compra? ____________

b) Se o pai de Manuela tivesse R$ 950,00 para gastar nessa compra, então quantos reais teriam sobrado? ____________

2. O pai de Manuela comprou também um ventilador de teto que custou R$ 450,00 em 3 parcelas iguais. Contorne abaixo 3 grupos de cédulas com a mesma quantia para descobrir o valor de cada parcela. Depois, complete a frase.

Reprodução/Casa da Moeda do Brasil/Ministério da Fazenda

Cada parcela será de ____________.

As imagens desta página não estão representadas em proporção.

3. Manuela pediu ao pai que fixasse 3 prateleiras em seu quarto, uma ao lado da outra. A primeira prateleira tem 80 cm, a segunda tem 100 cm e a terceira tem 110 cm.

Pablo Mayer/Arquivo da editora

a) As 3 prateleiras juntas ocupam quantos centímetros?

____

b) Se Manuela usar as prateleiras de 80 cm e de 100 cm para organizar seus livros, então quantos centímetros ela terá ao todo para os livros? ____________

c) Se você tivesse prateleiras como as de Manuela, então como dividiria o espaço entre seus pertences?

TRABALHANDO COM JOGOS

PEGA-VARETAS

MATERIAL NECESSÁRIO

- 21 varetas de madeira com o mesmo comprimento
- Pincel
- Tinta guache nas cores: preta, azul, verde, vermelha e amarela

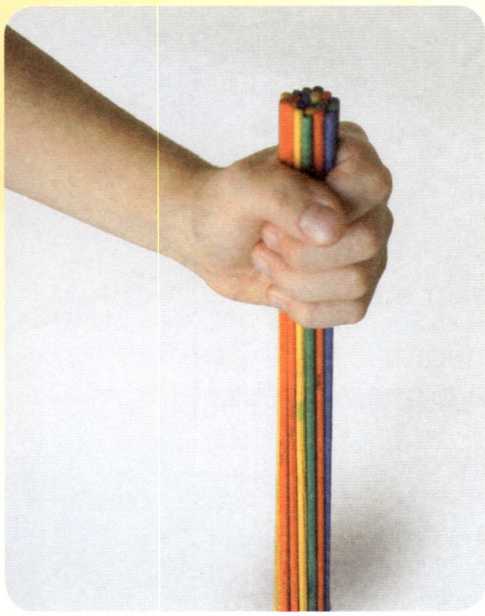

Eduardo Santaliestra/Arquivo da editora

Número de jogadores: 2 ou 3

Como preparar o jogo

- Utilizando o pincel e a tinta guache, pintem as varetas com as seguintes cores: 1 vareta preta, 5 varetas vermelhas, 5 varetas azuis, 5 varetas amarelas e 5 varetas verdes.
- Esperem a tinta secar.

Eduardo Santaliestra/Arquivo da editora

Como jogar

- Para iniciar a partida, o primeiro jogador deve soltar as varetas sobre a mesa. Para isso, deve juntar todas as varetas com a mão, apoiando-as verticalmente sobre a mesa por um de seus extremos, como mostra a foto ao lado. Em seguida, deve soltar as varetas, espalhando-as de uma só vez.
- A cada rodada, o jogador deve retirar 1 única vareta de cada vez, sem mover nenhuma das outras.
- O jogador continua jogando enquanto conseguir retirar varetas sem movimentar nenhuma outra vareta.
- Ao retirar 1 vareta, se outra vareta se mexer, então o jogador deve passar a vez para o próximo jogador.

- O jogador que conseguir pegar a vareta preta tem o direito de utilizá-la para retirar outras varetas.
- Depois que todas as varetas da mesa forem retiradas, contam-se os pontos de cada jogador. Cada cor de vareta vale uma quantidade diferente de pontos, conforme a tabela abaixo.

Felipe Prado/Arquivo da editora

Pontuação das varetas

Vareta	Pontuação
Preta	500 pontos
Azul	200 pontos
Verde	150 pontos
Vermelha	100 pontos
Amarela	50 pontos

Tabela elaborada para fins didáticos.

Atenção:
Guarde suas varetas, pois você vai usá-las novamente no próximo capítulo.

- Vence a partida quem tiver mais pontos.

Pensando sobre o jogo

- Jogue uma partida de **Pega-varetas** com os colegas e registre na tabela abaixo a quantidade de varetas de cada cor que cada jogador conseguiu. Depois, registre a pontuação final de acordo com a pontuação de cada vareta.

Pontuação da partida de Pega-varetas

Jogador	Quantidade de varetas pretas	Quantidade de varetas azuis	Quantidade de varetas verdes	Quantidade de varetas vermelhas	Quantidade de varetas amarelas	Total de pontos

Tabela elaborada para fins didáticos.

CAPÍTULO 11

PLANEJANDO COM A MATEMÁTICA

MEDIDAS DE CAPACIDADE

Gregório vai fazer uma comemoração com os amigos e ficou encarregado de preparar as bebidas. Para isso, ele decidiu verificar quantos copos pode servir com o suco de cada jarra.

Gregório descobriu que cada jarra de suco de 2 litros serve 8 copos.

André Rocca/Arquivo da editora

1 Complete a tabela a seguir de acordo com as informações acima.

Suco de Gregório

Quantidade de jarras de suco	Quantidade de copos
1 jarra	8 copos
2 jarras	
3 jarras	
4 jarras	
5 jarras	

Tabela elaborada para fins didáticos.

2 Complete: como 1 litro é metade de 2 litros, então a quantidade de copos que podem ser servidos com 1 litro de suco é a ________________ de 8 copos, isto é, ________ copos de suco.

3 Durante o preparo do suco, Gregório teve um problema. Leia abaixo e complete a tabela.

Ilustrações: André Rocca/Arquivo da editora

Suco de Gregório

Quantidade de jarras de suco de 1 L	Quantidade de copos
2 jarras	8 copos
4 jarras	
6 jarras	
8 jarras	
10 jarras	
20 jarras	
30 jarras	

Tabela elaborada para fins didáticos.

4 Além de suco, Gregório resolveu servir água também. Veja abaixo as jarras que ele tinha em casa e relacione cada uma delas com a quantidade de copos que ele poderá servir. Cada marca na jarra corresponde a 1 litro.

MOEDAS DO REAL

Você costuma guardar moedas em cofrinhos? Se sim, então quais moedas você tem?

No Brasil, usamos as seguintes moedas do Real.

5 centavos

10 centavos

25 centavos

50 centavos

1 real

Fotos: Reprodução/Casa da Moeda do Brasil/ Ministério da Fazenda

André Rocca/Arquivo da editora

1 Destaque as moedas do **Material Complementar**.

a) Qual moeda tem o maior valor? ____________________

b) Das moedas que você destacou, qual tem o menor valor? ____________________

c) Complete abaixo com a quantidade necessária de moedas para formar 1 real.

- 1 real = ________ moedas de 50 centavos.
- 1 real = ________ moedas de 25 centavos.
- 1 real = ________ moedas de 10 centavos.

2 Pinte da mesma cor os quadrinhos abaixo que têm a mesma quantia em dinheiro.

As imagens destas páginas não estão representadas em proporção.

Os amigos Paulo, Lucas e Marcelo querem comprar 1 álbum de figurinhas para cada um. Para isso, eles decidiram economizar moedas: Paulo juntou moedas de R$ 1,00, Lucas juntou moedas de R$ 0,50 e Marcelo juntou moedas de R$ 0,10. Na última contagem, os meninos anotaram a quantidade de moedas que cada um economizou. Veja ao lado.

Ilustrações: André Rocca/ Arquivo da editora

3 Observe a quantidade de moedas de Paulo, Lucas e Marcelo.

a) Quantos reais cada amigo tem?

Paulo: R$ ______ Lucas: R$ ______ Marcelo: R$ ______

b) Qual dos 3 amigos economizou a maior quantia? ______

c) O álbum de figurinhas que eles querem comprar custa R$ 30,00. Quantos reais Paulo ainda precisa economizar para comprar esse álbum? ______

d) Se Paulo e Lucas juntassem suas moedas, então eles conseguiriam comprar juntos 1 álbum? ______

e) Cada pacote de figurinhas desse álbum custa 5 reais. Quantos pacotes de figurinhas Marcelo conseguirá comprar com o dinheiro que economizou?

______

4 Vera, a avó de Lucas, resolveu ajudar os meninos. Ela repartiu igualmente entre eles 18 moedas de R$ 1,00. Quantos reais cada um recebeu?

Faça um desenho da sua solução. ______

CUPOM FISCAL			
Produto	**Valor unitário**	**Quantidade**	**Valor total**
Litro de leite	R$ 3,00	1	R$ 3,00
Pote de iogurte	R$ 2,00	2	R$ 4,00
Pacote de arroz	R$ 9,00	1	R$ 9,00
Pacote de feijão	R$ 6,00	1	R$ 6,00
Embalagem de orégano	R$ 1,00	3	R$ 3,00
Pacote de lentilha	R$ 3,00	1	R$ 3,00
Garrafa de água	R$ 3,00	2	R$ 6,00
Pacote de sal	R$ 2,00	1	R$ 2,00
			Total: R$ 36,00 **Pagamento:** R$ 40,00 **Troco:** R$ 4,00

CÉDULAS DO REAL

Rosana chegou do supermercado e analisou o cupom fiscal que recebeu da funcionária do caixa. Veja ao lado.

1 Destaque as cédulas do **Material Complementar** e junte com as moedas que você destacou anteriormente. Em seguida, imagine que você foi ao mesmo supermercado que Rosana.

a) De quantas cédulas de 2 reais você precisa para comprar:

- 2 potes de iogurte? __________
- 2 garrafas de água? __________

b) 4 cédulas de 2 reais são suficientes para comprar 1 pacote de arroz?

Por quê? ____________________

2 Observe novamente o cupom fiscal da compra de Rosana.

a) Se Rosana fizesse o pagamento com 1 cédula de R$ 50,00, então quantos reais ela receberia de troco? __________

b) E se ela fizesse o pagamento com 1 cédula de R$ 100,00, então quantos reais ela receberia de troco? __________

c) Quantos reais Rosana gastaria se comprasse apenas o pote de iogurte, o pacote de feijão e o pacote de sal? __________

d) Quanto ela gastaria se comprasse todos os itens do cupom fiscal, menos os pacotes de arroz, feijão e sal? __________

3 Emerson trabalha como atendente no caixa de uma loja. Calcule o valor do troco de seus clientes e anote na tabela abaixo.

Movimento do caixa no sábado

Total da compra	Valor recebido	Troco
25 reais	30 reais	
11 reais	15 reais	
49 reais	60 reais	
77 reais	100 reais	

Tabela elaborada para fins didáticos.

Cartão de crédito

Os cartões de crédito são geralmente utilizados para pagar compras e outros serviços quando a pessoa não quer pagar usando cédulas ou moedas ou quando não quer pagar à vista.

O cartão de crédito permite que a pessoa pague o valor total da compra ou parcele esse valor em prestações.

Os valores gastos se acumulam e, em determinado dia do mês, o responsável pelo cartão recebe a fatura com a descrição dos gastos e o valor total gasto para fazer o pagamento.

Fonte de consulta: BCB. **Cartilha cartão de crédito**. Disponível em: <www.bcb.gov.br/pec/appron/apres/cartilha.pdf>. Acesso em: 6 jan. 2016.

LDprod/Shutterstock/Glow Images

4 Calcule o valor total da fatura abaixo a ser paga por Suelen.

Fatura do cartão de crédito

Data	Estabelecimento	Valor
30/9	Eletrônicos Cabo Azul	R$ 18,00
1º/10	Papelaria Feliz	R$ 91,00
2/10	Supermercado Precinho	R$ 86,00
8/10	Farmácia Saúde	R$ 33,00
17/10	Posto de gasolina Na Estrada	R$ 82,00

Valor total: ____________

Elaborada para fins didáticos.

MULTIPLICAÇÕES COM TROCA USANDO O MATERIAL DOURADO

Você já fez adições e subtrações em que havia trocas de dezenas por centenas e de centenas por unidades de milhar. Agora você verá que também pode fazer multiplicações com essas trocas.

Observe ao lado a representação com peças do material dourado e o registro numérico de 5×130.

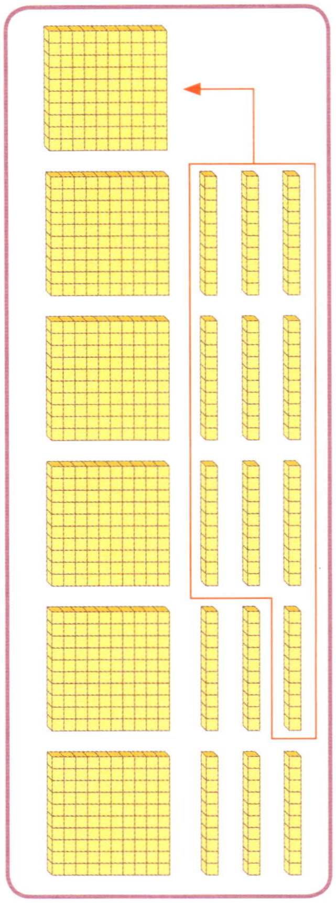

Registro numérico

	C	D	U
	^{1}1	3	0
×			5
	6	5	0

1 Complete abaixo o registro numérico da multiplicação, de acordo com o modelo acima.

$3 \times 506 =$ ______

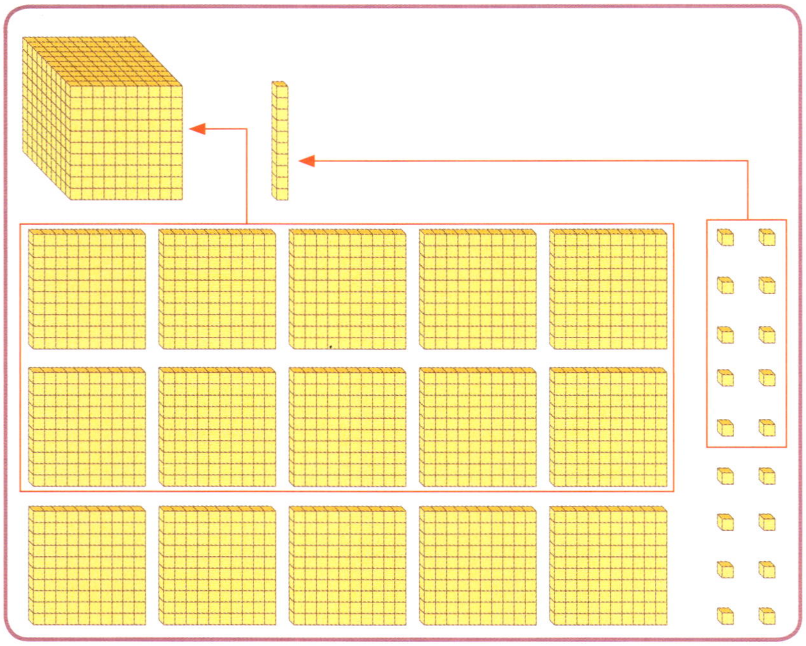

Registro numérico

	UM	C	D	U
		5	0	6
×				3

2 Resolva as multiplicações abaixo pensando nas trocas das peças do material dourado.

a)

	UM	C	D	U
	1	3	5	6
×				4

c)

	UM	C	D	U
		8	1	8
×				3

e)

	UM	C	D	U
	1	3	4	5
×				5

b)

	UM	C	D	U
	1	5	6	8
×				6

d)

	UM	C	D	U
	2	7	1	9
×				2

f)

	UM	C	D	U
		5	4	3
×				7

3 Teresa comprou uma impressora em 4 parcelas iguais. O valor de cada parcela era R$ 156,00.

a) Quanto ela pagou ao todo pela impressora?

Resposta: ______________________________

b) Com uma calculadora, confira o resultado.

	UM	C	D	U
×				

4 Luciana tem a opção de pagar uma compra de 2 maneiras diferentes.

- Opção **1**: em 4 parcelas iguais de R$ 322,00 cada uma.
- Opção **2**: em 3 parcelas iguais de R$ 428,00 cada uma.

a) Que opção é mais vantajosa? Descubra resolvendo as multiplicações nos quadros de valor posicional ao lado.

b) Por que você acha que os valores totais dessas opções de pagamento são diferentes?

Opção **1**

4 × 322 = __________

	UM	C	D	U
		3	2	2
×				4

Opção **2**

3 × 428 = __________

	UM	C	D	U
		4	2	8
×				3

INTERPRETAÇÃO DE GRÁFICOS DE COLUNAS

Você se lembra do jogo **Pega-varetas**?

Caroline, Cauã e Diego também jogaram **Pega-varetas**. Ao terminar a 1ª partida, eles contaram os pontos e construíram um gráfico de colunas para registrar a pontuação final. Veja abaixo como ficou o gráfico.

Pontuação da 1ª partida do jogo Pega-varetas

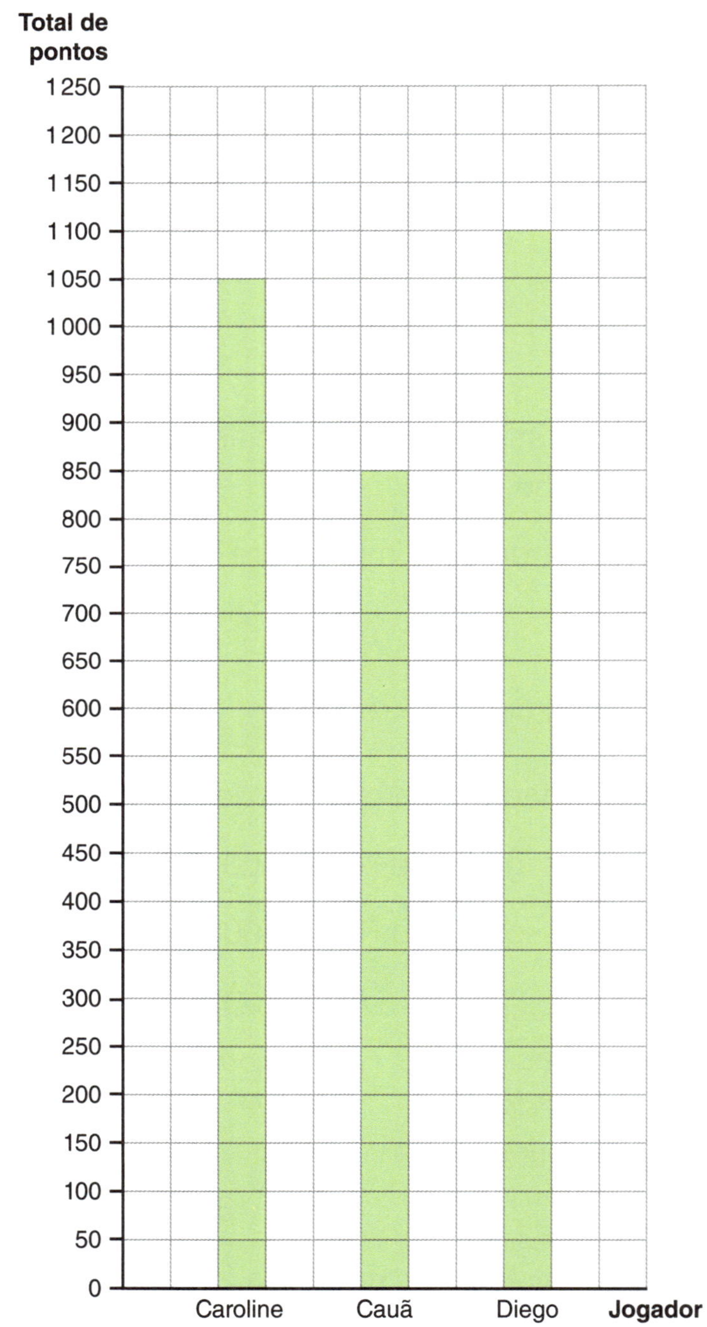

Gráfico elaborado para fins didáticos.

Tikta Alik/Shutterstock

1 Observe o gráfico da página anterior.

a) Olhando o gráfico, é possível descobrir quem foi o ganhador dessa partida? Se sim, então quem foi o ganhador? _______________

b) Qual jogador fez menos pontos nessa partida? Quantos pontos ele fez? _______________

c) Qual foi o maior total de pontos obtidos nessa partida?

____

d) Caroline fez 1 050 pontos. Quais varetas ela pode ter tirado ao longo da partida? Registre abaixo com desenhos 2 possibilidades diferentes de conseguir esse total de pontos.

Atenção
Se você não se lembra, veja na página **233** a pontuação das varetas de acordo com a cor.

e) Observe a pontuação total de Cauã e complete: ele retirou _______ varetas azuis e 1 vareta amarela.

f) Como Cauã conseguiria a mesma pontuação total sem retirar as varetas amarelas e azuis?

____

____

2 Agora, imagine que em uma partida você conseguiu 1 800 pontos ao todo. Quais varetas você pode ter tirado?

____

____

Caroline, Cauã e Diego jogaram outra partida de **Pega-varetas**. Ao terminar a partida, eles contaram os pontos e resolveram construir outro gráfico para registrar a pontuação final das 2 partidas.

Veja como ficou o novo gráfico abaixo.

Pontuação da 1ª e 2ª partidas do jogo Pega-varetas

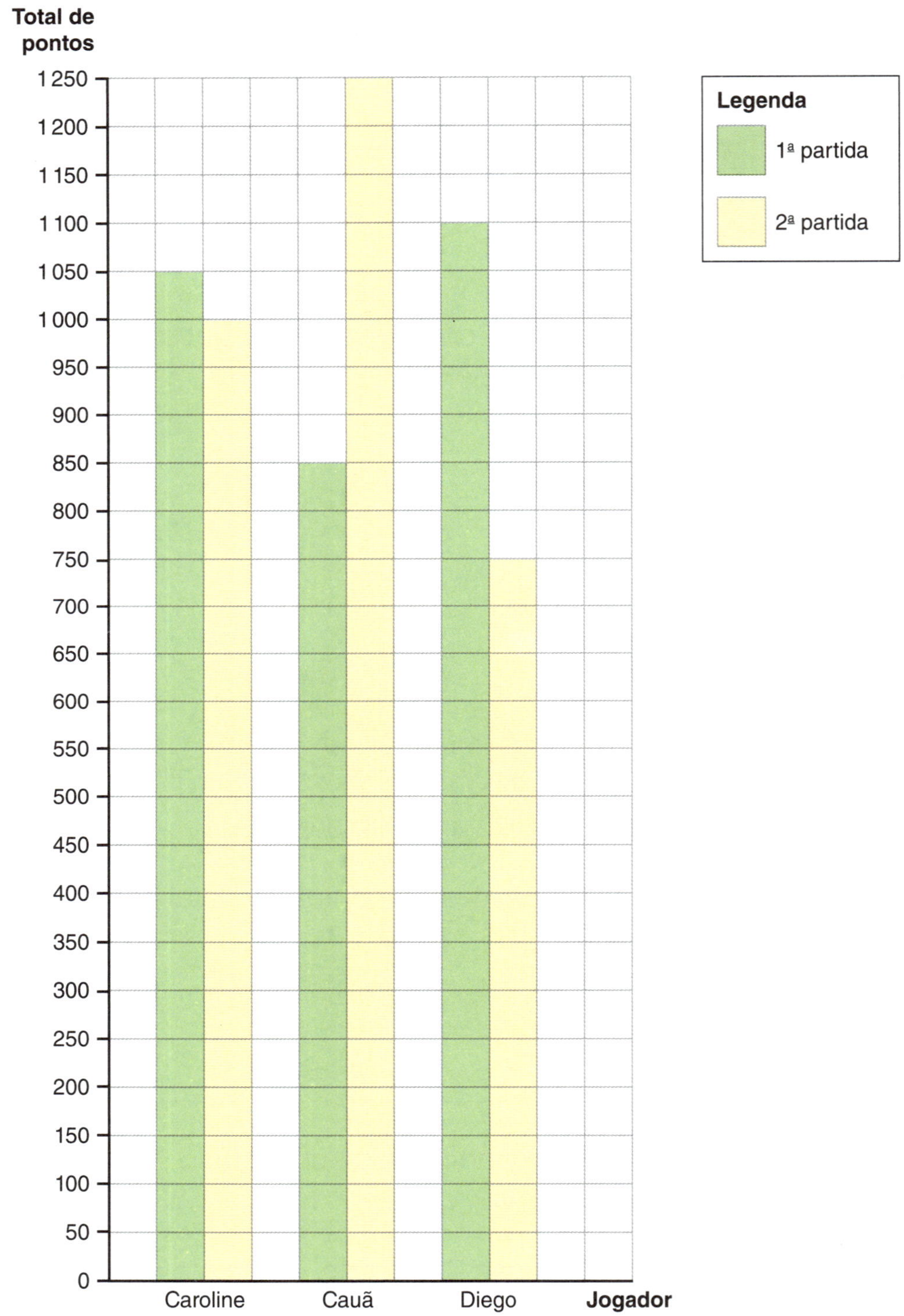

Gráfico elaborado para fins didáticos.

Tikta Alik/Shutterstock

3 Observe o gráfico da página anterior.

a) Por que há 2 colunas acima do nome de cada participante?

b) O que representa a coluna verde?

____

c) E o que representa a coluna amarela?

____

d) Quanto vale cada quadradrinho? ______________

e) Quem foi o vencedor na 2ª partida? Quantos pontos ele fez?

____

f) Quem fez menos de 1 000 pontos na 1ª partida? E na 2ª partida?

____

g) Diego registrou na tabela abaixo o total de seus pontos em cada partida. Complete a tabela com os pontos dos outros jogadores em cada partida e com o total de pontos de cada um nas 2 partidas.

Pontuação total no jogo Pega-varetas

Jogador	Total de pontos na 1ª partida	Total de pontos na 2ª partida	Total de pontos nas 2 partidas
Caroline	1 050	1 000	
Cauã			
Diego			

Tabela elaborada para fins didáticos.

h) Qual é a diferença do total de pontos das 2 partidas entre o primeiro e o último colocado? ______________

4 A numeração do gráfico vai até 1 250. Se você fosse construir um gráfico com o total de pontos deles nas 2 partidas, então até qual número você precisaria escrever para registrar o total de pontos? ______________

MONTANDO PRISMAS

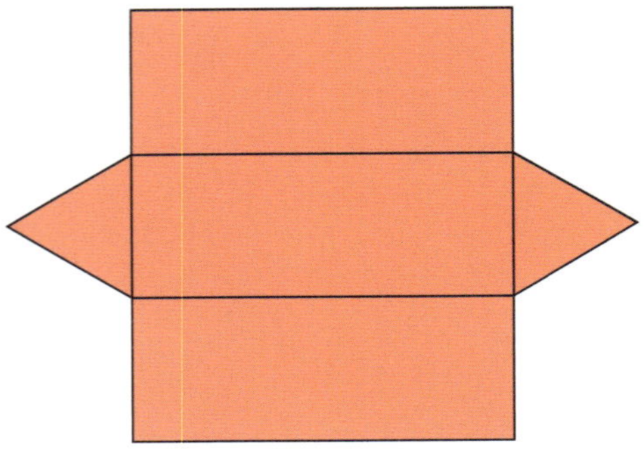

Você se lembra da representação de prisma que montou com varetas no capítulo anterior? Veja ao lado como é a planificação desse prisma.

Agora, você vai montar esse prisma utilizando papel.

Observe que essa planificação é formada por 2 tipos de figuras geométricas planas: retângulos e triângulos.

MATERIAL NECESSÁRIO

- Molde do prisma de base triangular do **Material Complementar**
- Cola

Como montar

- Destaque o molde do prisma do **Material Complementar**.
- Pinte os retângulos de **amarelo** e os triângulos de **vermelho**.
- Depois, dobre o molde.
- Passe cola nas abas de colagem e feche o prisma.

1 Complete as frases abaixo com as quantidades correspondentes.

a) Nesse prisma há ________ retângulos e ________ triângulos.

b) Nesse prisma há ________ faces, ________ vértices e ________ arestas.

2 Você conhece algum objeto que se pareça com esse prisma? Qual?

____

____

____

Veja a planificação de outro prisma.

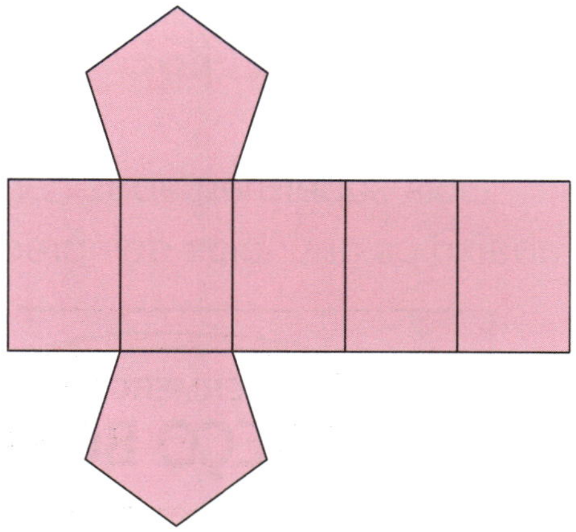

- Destaque o molde do prisma de base pentagonal do **Material Complementar**.
- Pinte os retângulos de **amarelo** e os pentágonos de **vermelho**.
- Depois, dobre e monte esse prisma da mesma maneira que você fez com o prisma anterior.

3 Complete as frases abaixo com as quantidades correspondentes.

a) Nesse prisma há ________ retângulos e ________ pentágonos.

b) Nesse prisma há ________ faces, ________ vértices e ________ arestas.

4 Observe agora os 2 prismas que você montou. O que eles têm de semelhante?

____

____

____

____

5 Contorne as figuras geométricas planas abaixo que fazem parte das planificações dos prismas que você montou.

Atenção: Guarde seus prismas, pois você vai usá-los no próximo capítulo.

COMPRAS, PREÇOS E MEDIDAS

Dois supermercados concorrentes estão fazendo algumas ofertas. Veja abaixo os anúncios dos preços.

Dam d'Souza/Arquivo da editora

1 Em que supermercado você compraria as mercadorias abaixo? Explique sua resposta para um colega.

Tomate: ____________________

Amaciante: ____________________

Sabonete: ____________________

Corda de varal: ____________________

2 Agora, você e os colegas vão brincar de vendedores e consumidores de supermercados! Com a orientação do professor, dividam-se em grupos para fazer esta atividade.

- Tragam de casa embalagens vazias e limpas de alguns produtos. Pesquisem preços dessas mercadorias e façam placas com eles.
- Utilizem as moedas e as cédulas do **Material Complementar** para fazer os pagamentos.
- Lembrem-se de comprar somente o que precisam para não ficarem sem dinheiro.

Boas compras!

3 Antônio vende caldo de cana na feira livre de uma cidade. Veja ao lado os preços.

Ilustrações: Dam d'Souza/Arquivo da editora

a) Qual das opções é mais barata? Justifique.

____

____

____

b) Ivan é um concorrente de Antônio nessa feira livre e vende caldo de cana em copos de 300 mL por R$ 3,00. É mais vantajoso comprar 1 copo de 200 mL na barraca do Antônio ou um copo de 300 mL na barraca do Ivan? Justifique.

____

____

c) Antônio vai reajustar os preços de seus produtos de modo que cada 100 mL de caldo de cana passará a custar R$ 2,00. Então, quanto custará o copo de 200 mL, a garrafa de 500 mL e a garrafa de 1 L?

____

____

4 Em um mercado, cada unidade de um detergente custa R$ 2,00. No final de semana esse detergente entrou em promoção para a compra de mais unidades. Veja ao lado.

a) Em qual das opções cada unidade do detergente tem menor preço? Justifique.

____

____

b) Você acha que toda promoção é vantajosa para o consumidor?

c) Por que os supermercados e as lojas fazem promoções?

ATIVIDADES DO CAPÍTULO

1. Você se lembra do jogo **Pega-varetas**? Complete abaixo com a quantidade e a cor das varetas que podem formar os pontos listados. Se necessário, reveja na página **233** a pontuação das varetas pela cor.

Pontuação no jogo Pega-varetas

Total de pontos	Varetas
450 pontos	
250 pontos	
700 pontos	
2800 pontos	

2. Resolva as multiplicações abaixo.

a)

	UM	C	D	U
		4	5	3
×				6

b)

	UM	C	D	U
		6	8	2
×				2

c)

	UM	C	D	U
		2	2	3
×				3

3. Escreva abaixo de cada conjunto de moedas outras moedas que juntas tenham o mesmo valor. Veja o exemplo.

2 moedas de 50 centavos.

b)

____

a)

____

c)

____

RESOLVENDO PROBLEMAS

As imagens destas páginas não estão representadas em proporção.

1. Felipe e Caio têm um aquário com peixes-beta. Eles foram a uma loja comprar pacotes pequenos de ração para os peixes. Veja ao lado a quantia que eles gastaram juntos.

Reprodução/Casa da Moeda do Brasil/Ministério da Fazenda

a) Felipe pagou pela ração com 1 cédula e 3 moedas e não recebeu troco. Quanto Felipe gastou?

____

b) Se Felipe tivesse gastado R$ 4,00, então quanto Caio teria gastado?

____

2. A turma de Nicole resolveu fazer uma feirinha. Veja abaixo o preço que os alunos escolheram para cada produto.

André Rocca/Arquivo da editora

a) Marcel tinha 15 reais e comprou 1 carrinho. Com quantos reais ele ficou depois da compra? ______________

b) Nicole comprou 1 vaso de flor, 1 bola e 1 jogo de cartas. Quantos reais ela ainda poderia gastar na feirinha? Justifique sua resposta.

____

____

c) Bruno tinha 9 reais. Ele poderia comprar 3 caderninhos? Sobraria troco?

____

CÁLCULO MENTAL

1. Vamos refletir sobre adições!

a) Calcule o resultado de cada adição nas colunas abaixo.

- 35 + 25 = ________
- 36 + 24 = ________
- 37 + 23 = ________
- 38 + 22 = ________
- 39 + 21 = ________

- 19 + 61 = ________
- 18 + 62 = ________
- 17 + 63 = ________
- 16 + 64 = ________
- 15 + 65 = ________

b) O que você observou nos resultados da primeira coluna? E nos da segunda?

____

c) Volte à primeira coluna e contorne a primeira parcela de cada adição. O que você pode observar nesses números que contornou?

____

d) Olhe agora a segunda parcela de cada adição da primeira coluna. O que você observou?

____

e) Converse com os colegas sobre o que vocês podem concluir a respeito dessas observações.

f) Volte agora e observe a segunda coluna de adições. Quais semelhanças você percebe com a primeira coluna?

____

____

____

Alê Matos/Arquivo da editora

2. Observe a regularidade dos resultados nas adições da primeira coluna e complete a segunda coluna.

	49 + 21		= 70			84 + 10		= ______
− 3		+ 3			______		______	
	46 + 24		= 70			79 + 15		= ______
− 3		+ 3			______		______	
	43 + 27		= 70			74 + 20		= ______
− 3		+ 3			______		______	
	40 + 30		= 70			69 + 25		= ______
− 2		+ 2			______		______	
	38 + 32		= 70			65 + 29		= ______
− 5		+ 5			______		______	
	33 + 37		= 70			62 + 32		= ______

3. Resolva as adições em cada coluna abaixo. Depois, complete a última adição de cada coluna para que o resultado fique igual às adições anteriores.

- 66 + 11 = ______
- 59 + 18 = ______
- ______ + ______ = ______

- 39 + 53 = ______
- 47 + 45 = ______
- ______ + ______ = ______

MINHAS DICAS

Anote algo que você aprendeu nestas atividades e que pode ajudar a realizar cálculos mais rapidamente.

____

____

____

____

____

LEITURA DE IMAGEM

OS COMÉRCIOS DA CIDADE

A vida nas cidades grandes exige que as pessoas comprem quase todos os produtos e alimentos que consomem no dia a dia.

OBSERVE

Daniel Cymbalista/Pulsar Imagens

Alimentos expostos em feira de rua em São Paulo (SP). Foto de 2015.

Alexandre Tokitaka/Pulsar Imagens

Alimentos expostos em prateleiras refrigeradas em São Paulo (SP). Foto de 2010.

1. Quais tipos de comércio de alimentos são mostrados nas imagens?

____

2. Desses 2 tipos de comércio, qual é o mais usado por sua família? Por quê?

____

____

ANALISE

3. Em qual dos 2 tipos de comércio é possível comprar quantidades variadas dos alimentos, ou mesmo pechinchar o preço? Por que isso é possível?

4. Em qual dos comércios mostrados nas fotos é possível localizar mais facilmente os alimentos? ______________________________

5. O primeiro supermercado surgiu há pouco mais de 80 anos nos Estados Unidos. Por que você acha que os supermercados foram criados?

RELACIONE

6. Converse com seus familiares sobre as vantagens e as desvantagens das feiras de rua e dos supermercados.

   a) Liste as opiniões abaixo e apresente-as aos colegas.

Vantagens	Desvantagens

   b) Observe se as opiniões dos familiares dos colegas são parecidas com as opiniões dos seus familiares. Depois, formule uma conclusão e apresente aos colegas.

7. Você conhece outros lugares onde podemos comprar verduras, frutas e legumes? Converse com os colegas.

CAPÍTULO

12 PRATICANDO COM A MATEMÁTICA

DIVISÃO USANDO O MATERIAL DOURADO

Você já usou as peças do material dourado para calcular adições, subtrações e multiplicações. Agora, vamos fazer divisões com essas peças.

Vamos calcular o valor de 684 ÷ 2. Para isso, representamos 684 com as peças do material dourado. Depois, separamos as peças em 2 partes iguais ou formamos 2 grupos com a mesma quantidade de peças em cada um.

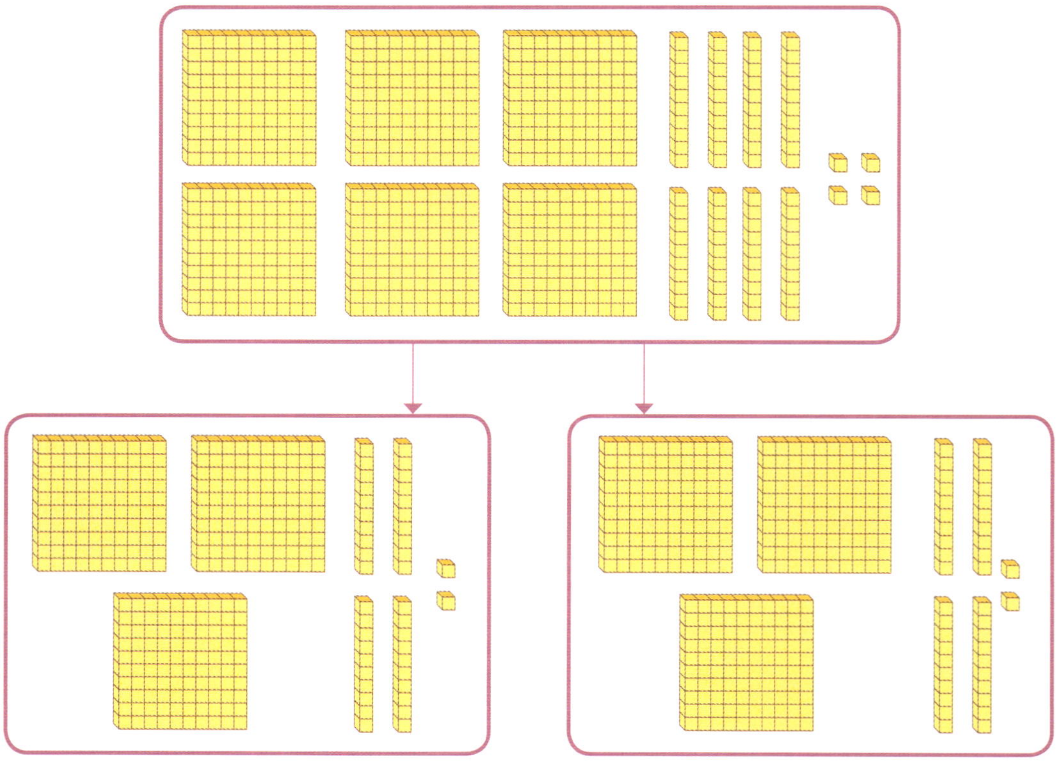

684 ÷ 2 = 342

1 Represente a divisão acima na chave a seguir.

$$\begin{array}{r|l} 684 & 2 \\ \hline - & \end{array}$$

2 Resolva as divisões abaixo separando a quantidade de peças do material dourado em partes iguais. Para facilitar os desenhos, represente as peças do material dourado assim:

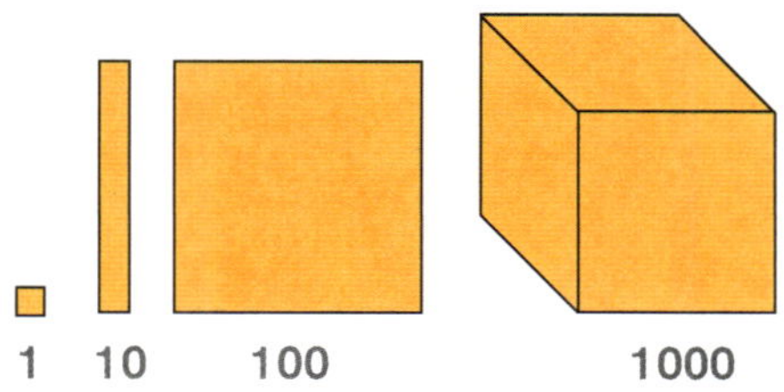

a) 693 ÷ 3 = ______

b) 468 ÷ 2 = ______

c) 3099 ÷ 3 = ______

3 O que você achou de fazer as divisões com os desenhos das peças do material dourado? Foi fácil ou difícil fazer essas divisões?

4 Agora, pense nas peças do material dourado para resolver as divisões abaixo.

a) 440 ÷ 4 = ______ b) 2020 ÷ 2 = ______

5 A professora de Cirilo propôs que ele inventasse uma divisão usando as peças do material dourado. Mas, quando ele terminou, sobrou 1 unidade. Mostre abaixo a divisão que Cirilo fez e contorne o que sobrou.

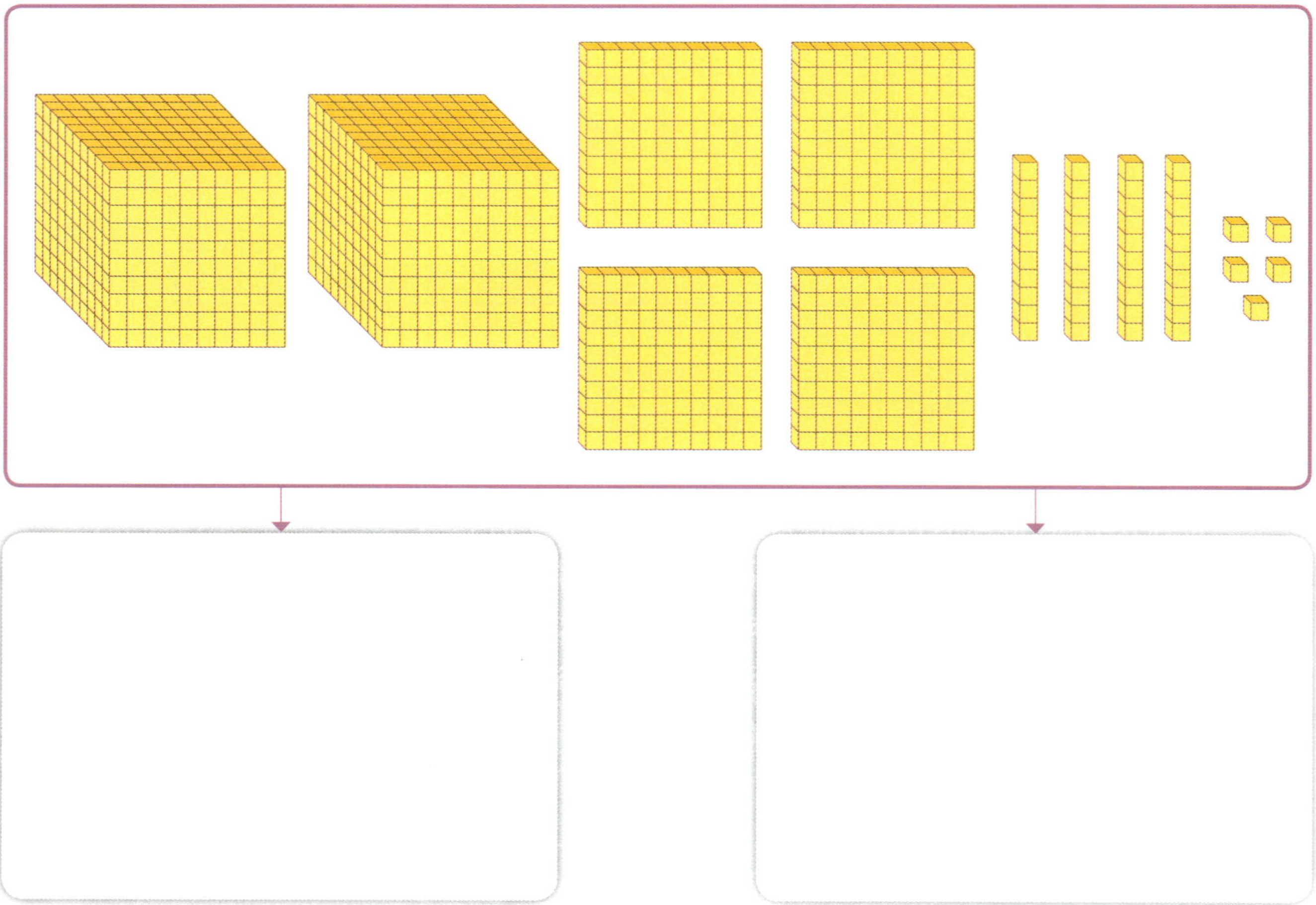

6 Resolva as divisões abaixo pensando nas peças do material dourado. Registre na chave e contorne o resto de vermelho.

a) 887 | 4

b) 968 | 3

7 Agora é a sua vez!

a) Faça como Cirilo e crie uma divisão no espaço abaixo, desenhando as peças do material dourado.

Dividir ________ por ________.

b) Troque seu livro com um colega e peça que ele resolva a divisão que você criou enquanto você resolve a divisão que ele criou.

________ ÷ ________ = ________ e sobra ________

c) Registre a divisão que você criou na chave abaixo.

______	______
______	______

RETA NUMERADA COM NÚMEROS MAIORES DO QUE 1 000

Na Unidade anterior você já viu um quadro numérico parecido com o quadro abaixo. Lembra-se dele?

2001	2002	2003	2004	2005	2006	2007	2008	2009	2010
2011	2012	2013	2014	2015	2016	2017	2018	2019	2020
2021	2022	2023	2024	2025	2026	2027	2028	2029	2030
2031	2032	2033	2034	2035	2036	2037	2038	2039	2040
2041	2042	2043	2044	2045	2046	2047	2048	2049	2050
2051	2052	2053	2054	2055	2056	2057	2058	2059	2060
2061	2062	2063	2064	2065	2066	2067	2068	2069	2070
2071	2072	2073	2074	2075	2076	2077	2078	2079	2080
2081	2082	2083	2084	2085	2086	2087	2088	2089	2090
2091	2092	2093	2094	2095	2096	2097	2098	2099	2100

1 Observe o quadro numérico acima.

a) Qual é o menor número desse quadro? ____________

b) E qual é o maior número? ____________

c) Observe a coluna com os números escritos em **verde**. Como terminam os números dessa coluna? ________________________________

d) Na reta numerada abaixo estão marcados os números dessa coluna. Anote sobre cada setinha quanto cada número aumenta em relação ao número anterior. A primeira setinha já está com o número escrito.

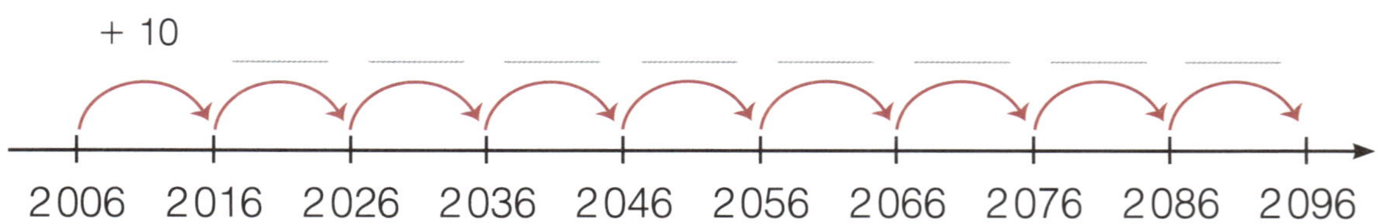

2 Observe novamente o quadro numérico da página anterior.

As imagens destas páginas não estão representadas em proporção.

a) Complete a reta numerada abaixo com os números lá destacados com fundo **laranja**.

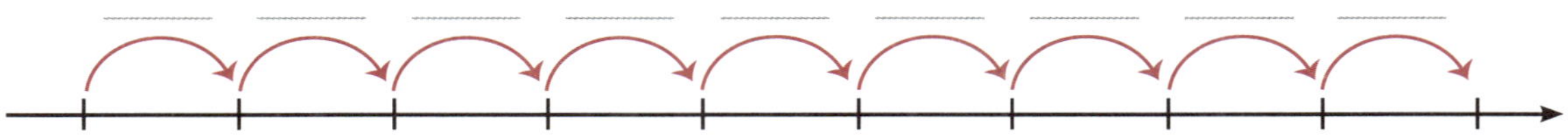

b) Complete: essa reta está numerada de _______ em _______.

3 Complete a reta numerada abaixo de 22 em 22, começando no número 2002. Depois, pinte no quadro numérico da página anterior os números que você registrou nessa reta numerada.

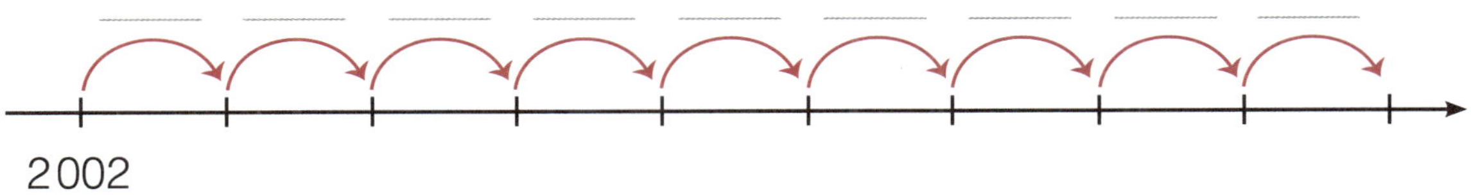

4 Siga as dicas abaixo e complete a reta numerada.

- Meu primeiro número tem 3 dezenas e 13 unidades, é maior do que 2500 e é menor do que 2600.
- Estou numerada de 1 dúzia em 1 dúzia ou de 10 em 10.
- Meu último número tem 9 unidades a menos do que 2 600.

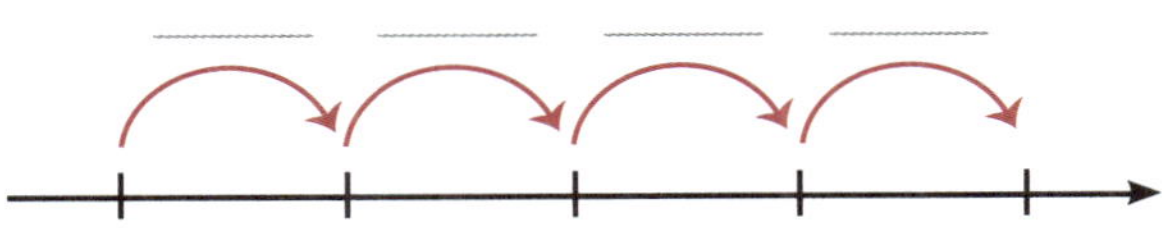

O SINAL DE = NA CALCULADORA

1 Você já percebeu o que acontece quando aperta a tecla [=] da calculadora mais de 1 vez após uma operação?

a) Aperte na sua calculadora as teclas [1] [2] [+] [1] [0] [=].

O que aconteceu? ______________________________

b) Limpe o visor e aperte na sua calculadora as teclas [1] [2] [+] [1] [0] [=] [=]. O que aconteceu? ______________________________

c) O que acontece quando apertamos a tecla [=] várias vezes seguidas após essa operação?

2 Desta vez, primeiro estime o resultado; depois confira-o na calculadora!

a) Aperte as teclas [9] [3] [+] [2]. Quantas vezes você vai ter de apertar a tecla [=] para chegar ao número 105 no visor?

Estimativa: ______________ Conferência: ______________

b) Aperte as teclas [3] [5] [−] [5]. Quantas vezes vai ter de apertar a tecla [=] para chegar ao número 0 no visor?

Estimativa: ______________ Conferência: ______________

c) Aperte as teclas [1] [0] [0] [÷] [2]. Quantas vezes vai ter de apertar a tecla [=] para chegar ao número 25 no visor?

Estimativa: ______________ Conferência: ______________

d) Aperte as teclas [1] [5] [0] [×] [2]. Quantas vezes você vai ter de apertar a tecla [=] para chegar ao número 450 no visor?

Estimativa: ______________

Conferência: ______________

3 Regina fez uma operação e apertou 3 vezes seguidas a tecla =. Observe os resultados ao lado e complete as teclas.

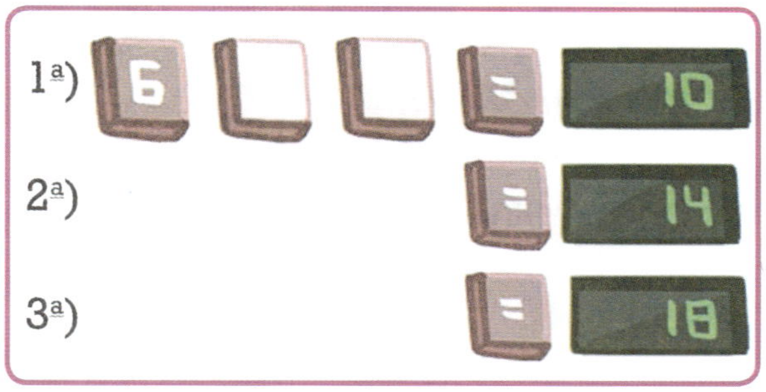

Pablo Mayer/ Arquivo da editora

4 Agora você fará multiplicações da tabuada do 10!

Aperte as teclas 1 × 1 0 e depois 3 vezes seguidas a tecla =.

Quais resultados aparecem no visor da calculadora? ____________________

Você notou que ao apertar 3 vezes seguidas a tecla = apareceram os resultados das multiplicações abaixo?

1ª) $1 \times 10 = 10$

2ª) $10 \times 10 = 100$

3ª) $100 \times 10 = 1\,000$

5 Complete as tabuadas do 10, 100 e 1 000, realizando as multiplicações e apertando 3 vezes a tecla =.

Tabela de multiplicações

Registre na calculadora	Tabuada do 10	Tabuada do 100	Tabuada do 1 000
1 × 10	10	100	1 000
2 × 10			
3 × 10			
4 × 10			
5 × 10			
6 × 10			

Tabela elaborada para fins didáticos.

6 Observe os resultados das multiplicações acima. Você percebeu que os 2 primeiros algarismos são os mesmos nesses resultados? O que muda de uma coluna para a outra?

OPERAÇÕES E PROBLEMAS

1 Uma academia de ginástica comprou 8 colchonetes, 2 jogos de pesos para musculação e 5 cronômetros. Veja abaixo o cartaz da loja com os preços que a academia pagou pelos produtos.

Pablo Mayer/ Arquivo da editora

a) Quantos reais a academia gastou ao todo na compra dos colchonetes?

____

b) Qual foi o valor total gasto na compra dos pesos para musculação?

____

c) Qual foi o valor total da compra?

____

d) Depois dessa compra, a academia ficou com 38 colchonetes, 5 jogos de pesos, 6 esteiras de corrida e 10 cronômetros. Quantos itens de cada equipamento a academia tinha antes da compra?

____

____

e) A esteira de corrida é usada por 1 pessoa em aulas de 1 hora. Quantas aulas essa academia deve dispor para atender 30 alunos ao todo?

____

2 Uma escola tem 2583 alunos e funciona em 3 períodos do dia: manhã, tarde e noite. De manhã estudam 928 alunos e à tarde, 883 alunos.

a) Se cada aluno estuda em 1 único período, então quantos alunos estudam no período noturno?

b) Os alunos que estudam à tarde vão conhecer uma fábrica de instrumentos musicais. A escola alugou alguns ônibus para esse passeio. Quantos ônibus serão necessários para o passeio se em cada ônibus cabem 60 passageiros?

3 Leia o texto abaixo e faça o que se pede.

> Em uma escola há 4068 alunos ao todo. Metade dos alunos estuda de manhã e a outra metade estuda à tarde. Certo dia, 32 alunos da manhã faltaram e 1 turma com 29 alunos saiu para um passeio no zoológico.

a) Invente uma pergunta com os dados desse texto.

b) Agora, troque seu livro com um colega e resolva o problema de acordo com a pergunta que ele inventou. Peça a ele que resolva o problema que você criou.

OPERAÇÕES COM DINHEIRO

Daniela saiu para comprar o almoço. O irmão dela, Fábio, pediu que ela comprasse também 1 suco e 1 sobremesa para cada um deles. Chegando ao restaurante, Daniela viu que havia as opções abaixo.

André Rocca/Arquivo da editora

1 Consulte as informações na imagem acima.

a) Se Daniela quiser o prato feito com frango grelhado, 1 salada de frutas e 1 suco de melancia, então é mais barato comprar os itens separados ou pagar o preço que está no cartaz? Justifique.

b) E se Daniela quiser o prato feito com berinjela recheada, 1 salada de frutas e 1 suco de abacaxi, então é mais barato comprar os itens separados ou pagar o preço que está no cartaz? Justifique.

c) Qual é o menor valor que Daniela pagará se comprar 1 item de cada tipo (1 prato feito, 1 suco e 1 sobremesa)? E o maior valor que ela pagará?

d) Imagine que você vá a esse restaurante para comprar o almoço para 2 pessoas e tenha 70 reais. Quais pratos, sucos e sobremesas você compraria? Conte a um colega 2 opções diferentes.

Daniela pensou em quantas opções ela tem para comprar 1 prato feito, 1 suco e 1 sobremesa. Veja abaixo as combinações que ela fez.

Ilustrações: André Rocca/Arquivo da editora

Observe que o total de opções é dado por:

$$3 \times 2 \times 2 = 12$$

Quantidade de sucos diferentes. (3)

Quantidade de pratos feitos diferentes. (2)

Quantidade de sobremesas diferentes. (2)

2 Complete o diagrama de Daniela escrevendo nos quadrinhos abaixo as possíveis combinações. Veja um exemplo.

Suco de abacaxi, prato feito com frango grelhado e salada de frutas.

MEDIDAS DE TEMPO: HORAS E MINUTOS

Ítalo sabe que 1 hora equivale a 60 minutos.

Olhando para um relógio analógico, ele percebeu que os números do relógio formam 12 intervalos iguais. Então, dividindo 60 minutos por 12, Ítalo descobriu que cada intervalo do relógio equivale a 5 minutos e que ele podia descobrir quantos minutos o ponteiro maior está registrando pensando na tabuada do 5.

Ilustrações: André Rocca/Arquivo da editora

Podemos escrever **9 horas e 5 minutos** ou **9:05**.

Quando o ponteiro dos minutos está no número 1, significa que se passaram 5 minutos, pois $1 \times 5 = 5$. Quando o ponteiro dos minutos está no número 2, significa que se passaram 10 minutos, pois $2 \times 5 = 10$. Quando o ponteiro dos minutos está no número 3, significa que se passaram 15 minutos, pois $3 \times 5 = 15$. E assim por diante.

1 Ítalo desenhou os 12 relógios abaixo e escreveu os horários de alguns deles. Complete com os horários que faltam.

10:00 10:05 10:10 10:15 ______ ______

______ 10:35 ______ 10:45 ______ ______

2 Ítalo anotou os horários de entrada, do recreio e de saída de sua escola.

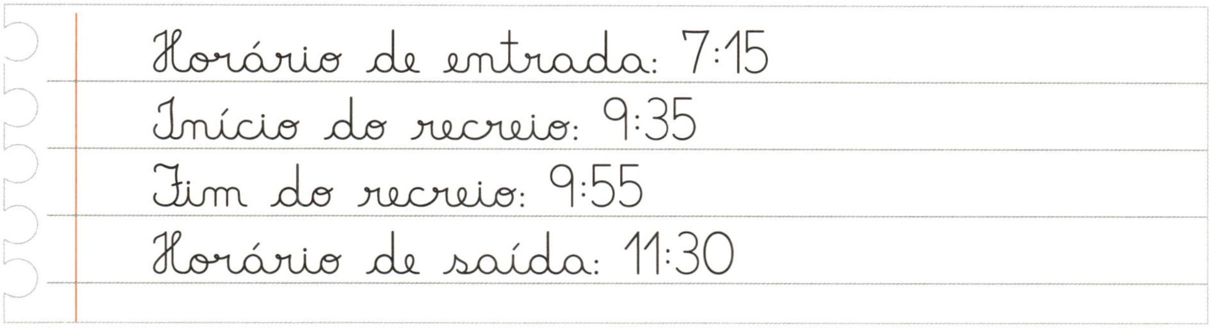

Banco de imagens/Arquivo da editora

a) Desenhe nos relógios abaixo os horários que Ítalo anotou.

Horário de entrada

Início do recreio

Fim do recreio

Horário de saída

Ilustrações: André Rocca/Arquivo da editora

b) Quantos minutos dura o recreio na escola de Ítalo? ____________

3 Anote abaixo os horários de sua escola e represente esses horários nos relógios.

Horário de entrada: ____________ Fim do recreio: ____________

Início do recreio: ____________ Horário de saída: ____________

Horário de entrada

Início do recreio

Fim do recreio

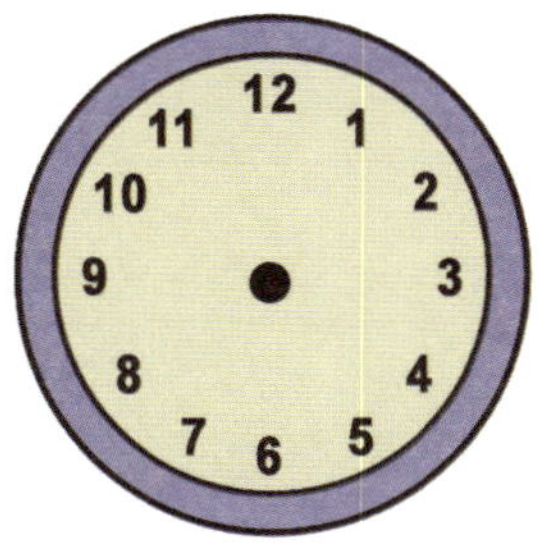
Horário de saída

4 Escreva de 2 maneiras diferentes o horário que cada relógio abaixo está marcando. Veja o exemplo.

Ilustrações: Shutterstock/Glow Images

6 horas e 45 minutos ou 18 horas e 45 minutos

a) 

_______ horas ou _______ horas

b) 

_______ horas e _______ minutos ou

_______ horas e _______ minutos

c) 

_______ horas e _______ minutos ou

_______ horas e _______ minutos

d) 

____

ou _______________________________

e) 

____

ou _______________________________

5 Observe as cenas abaixo e os tempos indicados.

Ilustrações: André Rocca/ Arquivo da editora

Aula de natação

Comer um sanduíche

Escovar os dentes

5 minutos

60 minutos

15 minutos

a) Pense na duração da atividade de cada cena acima. Depois, ligue cada quadrinho dos minutos à cena correspondente.

b) Qual dessas atividades é mais rápida? ______

c) Complete as frases abaixo.

- A aula de natação dura ______ minutos.
- Metade da aula de natação dura ______ minutos.
- A aula de natação dura ______ minutos a mais do que comer um sanduíche.
- Comer o sanduíche e depois escovar os dentes dura ______ minutos ao todo.

ESTUDANDO OS PRISMAS

1 Pegue novamente os 2 prismas que você montou no capítulo anterior e observe suas faces.

a) Complete o quadro abaixo.

Características dos prismas

Sólido	Quantidade de bases	Formato das bases	Formato das outras faces
Prisma de base triangular			
Prisma de base pentagonal			

b) Quantas bases há em cada prisma? ____________

c) Qual é a figura geométrica plana que aparece nas faces dos 2 prismas que você montou?

____

d) Complete as frases abaixo.

- A base do prisma de base triangular tem ________ lados.
- O prisma de base triangular tem ________ faces com a forma de retângulos.
- A base do prisma de base pentagonal tem ________ lados.
- O prisma de base pentagonal tem ________ faces com a forma de retângulos.

e) O que você pode perceber em relação à quantidade de lados da base dos prismas e à quantidade de faces com a forma de retângulos?

____

2 Você também já conheceu o prisma de base hexagonal, montado com bolinhas e varetas. Veja ao lado a planificação e um desenho desse prisma.

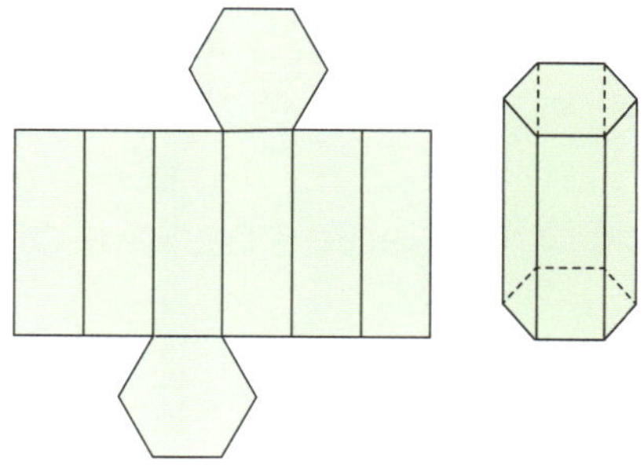

a) Complete a tabela abaixo.

Mais características dos prismas

Sólido	Quantidade de vértices em cada base	Quantidade de vértices em todo o prisma
Prisma de base triangular		
Prisma de base pentagonal		
Prisma de base hexagonal		

Tabela elaborada para fins didáticos.

b) O que você pode perceber em relação à quantidade de vértices de cada base dos prismas e à quantidade de vértices em todo o prisma?

____

____

3 Pesquise o significado dos termos abaixo.

- Tri: ____________
- Triangular: ____________
- Penta: ____________
- Pentagonal: ____________
- Hexa: ____________
- Hexagonal: ____________

4 Pinte da mesma cor os quadrinhos abaixo que se referem ao mesmo prisma.

15 arestas	Prisma de base triangular	9 arestas	Prisma de base hexagonal	18 arestas	Prisma de base pentagonal

OUTROS PRISMAS: CUBO E PARALELEPÍPEDO

1 Observe abaixo a planificação de um paralelepípedo.

Paralelepípedo é outro nome para o **prisma de base retangular**.

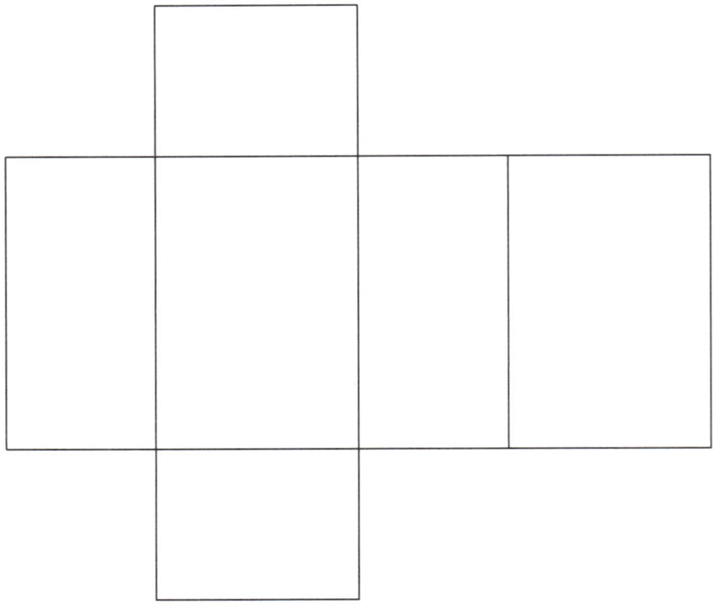

a) Complete: todas as faces desse paralelepípedo têm a forma de um

_______________.

b) Pinte da mesma cor as faces que têm a mesma forma e as mesmas medidas.

c) Imagine que você dobrou e montou o paralelepípedo acima. Como ficaram as faces que têm a mesma cor?

____

d) Destaque o molde do paralelepípedo do **Material Complementar** e pinte-o com as mesmas cores que você pintou a planificação acima. Em seguida, monte o paralelepípedo.

e) Observe as faces que têm a mesma cor. Essas faces ficaram dispostas como você tinha imaginado?

____

2 Destaque o molde do cubo do **Material Complementar**.

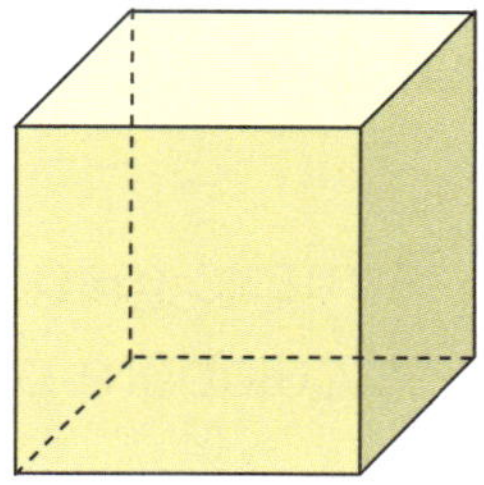

a) As faces do cubo são todas iguais. Elas têm a forma de qual figura geométrica plana? ______

b) Monte o cubo usando o molde que você destacou.

c) Observe o cubo e o paralelepípedo que você montou. Em seguida, complete a tabela abaixo.

Características dos prismas mais comuns

Prisma	Quantidade de faces	Quantidade de vértices	Quantidade de arestas
Cubo			
Paralelepípedo			

Tabela elaborada para fins didáticos.

d) Anote abaixo 2 semelhanças entre o cubo e o paralelepípedo.

______

______

3 O cubo mágico é um quebra-cabeça formado por cubos menores com cada face de uma cor. Ao brincar com um cubo-mágico, o objetivo é deixar o cubo com uma só cor em cada face.
Observe as fotos abaixo.

foto 1 — foto 2 — foto 3

a) Quantos cubos menores formam o cubo mágico? ______

b) Na foto **3**, de quais cores são as faces opostas às faces amarela, vermelha e azul? ______

ATIVIDADES DO CAPÍTULO

1. Primeiro responda aos itens abaixo sem usar a calculadora. Depois, use a calculadora para conferir.

a) Se você apertar as teclas [3] [4] [5] [+] [1] [0] [0] e depois apertar [=] 3 vezes, então qual será o resultado? ________

b) Se você apertar as teclas [5] [0] [0] [−] [5] [0] e depois apertar [=] 4 vezes, então qual será o resultado? ________

c) Se você apertar as teclas [1] [3] [×] [1] [0] e depois apertar [=] 2 vezes, então qual será o resultado? ________

d) Se você apertar as teclas [9] [2] [+] [1] [0] e depois apertar [=] 5 vezes, então qual será o resultado? ________

2. Resolva as divisões abaixo e contorne o resto.

a) 6 9 9 8 | 3

b) 5 0 0 9 | 5

3. Miriam caminha do trabalho para sua casa todos os dias. Um dia, ela decidiu marcar quanto tempo ela demorava no percurso. Ela observou seu relógio de ponteiros quando saiu do trabalho e quando chegou em sua casa.

a) Indique os horários mostrados pelos relógios abaixo.

Dam d'Souza/Arquivo da editora

Horário de saída do trabalho

____

Horário de chegada em casa

____

b) Quanto tempo Miriam demorou para fazer o percurso do trabalho até sua casa? ________________________________

RESOLVENDO PROBLEMAS

André Rocca/ Arquivo da editora

1. Um caminhão de entregas pode transportar 422 engradados por viagem.

a) Quantos engradados ele transportará se fizer 3 viagens com o número máximo de engradados?

____

b) Quantos engradados ele transportará se fizer 6 viagens com o número máximo de engradados?

____

c) E se fizer 1 viagem com metade do número máximo de engradados?

____

2. Durante um dia um motorista transportou 240 pessoas ao todo. A cada viagem ele levou o número máximo de pessoas no carro: 4 pessoas.

a) Quantas viagens ele fez nesse dia?

____

b) Qual é a quantidade mínima de viagens que o motorista deve fazer para transportar 280 pessoas ao todo?

____

c) Se o motorista tivesse feito 30 viagens, transportando metade do número máximo de pessoas em cada viagem, então quantas pessoas ele teria levado ao todo?

____

CÁLCULO MENTAL

1. Vamos subtrair?

a) Complete as subtrações abaixo.

- 98 − 10 = ______
- 97 − 9 = ______
- 96 − 8 = ______
- 95 − 7 = ______
- 71 − 17 = ______
- 72 − 18 = ______
- 73 – 19 = ______
- 74 − 20 = ______

b) O que você observou nos resultados da primeira coluna? E nos resultados da segunda coluna?

____

c) Volte à primeira coluna e contorne o minuendo de cada subtração. O que você pode observar nesses números que contornou?

____

d) Olhe agora o subtraendo de cada subtração da primeira coluna. O que você observou?

____

e) Converse com os colegas sobre o que vocês podem concluir a respeito dessas observações.

f) Volte agora e observe a segunda coluna de subtrações. Quais semelhanças você percebe com a primeira coluna?

____

____

____

Luciano Tasso/Arquivo da editora

2. Mais subtrações!

a) Complete as subtrações abaixo.

- 125 − 75 = ______
- 120 − 70 = ______
- 115 − 65 = ______
- 110 − 60 = ______

- 66 − 4 = ______
- 76 − 14 = ______
- 86 − 24 = ______
- 96 − 34 = ______

b) O que você observou nos resultados da primeira coluna? E nos da segunda?

______

c) Observe novamente as duas colunas e descubra por que o resultado é sempre igual.

______

______

d) Complete as subtrações em cada coluna abaixo. Depois, complete a última subtração para que o resultado fique igual às subtrações anteriores.

- 77 − 16 = ______
- 73 − 12 = ______
- ______ − ______ = ______

- 333 − 20 = ______
- 340 − 27 = ______
- ______ − ______ = ______

MINHAS DICAS

Anote algo que você aprendeu nestas atividades e que pode ajudar a realizar cálculos mais rapidamente.

______

______

LER E ENTENDER

Conheça um conto em que os produtos de uma suposta lista de compras são ilustrados e formam o desenho do personagem. Você já leu algum conto desenhado?

O menino que foi fazer compras

Era uma vez um menino que foi fazer compras para sua mãe.

Primeiro ele comprou duas ameixas,

um pedaço de melancia

e uma banana.

Tudo isso foi embrulhado em um só pacote.

Ele também comprou dois ovos,

alguns palitos de fósforo

e um pedaço de queijo.

Depois ele pediu seis botões que foram

embrulhados juntos.

No fim ele comprou um rastelo e uma vassoura.

E tudo isso custou somente 66 centavos.

Contos desenhados, de Per Gustavsson.
São Paulo: Callis, 2000. p. 38-41.

ANALISE

1. Que expressão própria de contos foi usada na história lida?

____

2. Sobre o que trata esse conto?

____

3. O que representam as imagens que acompanham o conto?

____

____

____

4. Releia o título do conto **O menino que foi fazer compras**.

   a) Por que você acha que esse conto tem esse título?

   ____

   b) Que relação pode ser feita entre o título e as imagens que acompanham o conto?

   ____

   ____

RELACIONE

5. Sabendo que o menino levou 9 palitos de fósforo, quantos itens ele comprou ao todo? ____

6. Imagine que o menino tenha levado uma moeda de 50 centavos e outra de 1 real para pagar essa compra. Qual moeda ele deve usar para pagar a conta?

____

O QUE APRENDI?

1. Observe novamente a imagem que você viu na abertura desta Unidade.

Ilustrações: Ilustra Caartoon/Arquivo da editora

a) Cada embalagem destacada abaixo tem a forma de qual sólido geométrico?

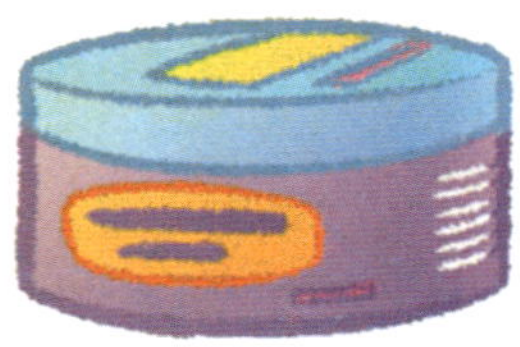

______________ ______________ ______________

b) A moça que está no caixa está em dúvida de como efetuar o pagamento da compra. Qual é a diferença entre pagar com dinheiro e pagar com cartão de crédito?

____

____

____

c) Cite 2 situações em que a Matemática está presente em um supermercado.

d) Cada caixa de leite mostrada nesta cena tem 12 caixinhas de 1 litro de leite. Se Jair comprar 4 caixas de leite, então quantos litros de leite ele estará comprando ao todo? ______________

2. Júlia tem 1 cédula de R$ 50,00 para comprar todos os itens de sua lista de compras. Conforme Júlia foi fazendo a compra, ela foi anotando os preços ao lado dos itens da lista. Veja ao lado.

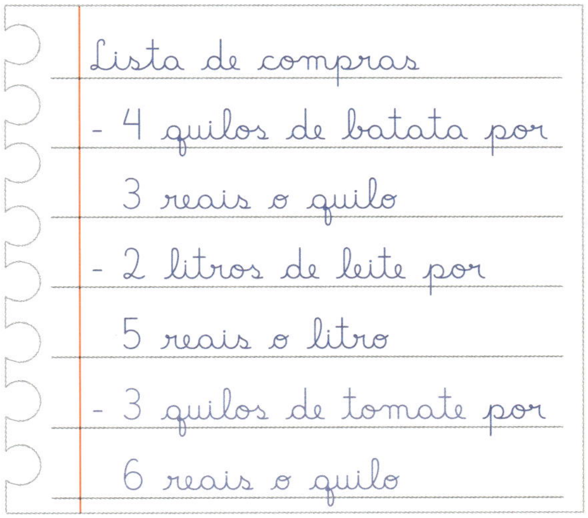

Banco de imagens/Arquivo da editora

a) Quantos reais Júlia gastou ao todo com a compra desses produtos? ______

b) Quantos reais ela recebeu de troco ao pagar esses produtos com a cédula de R$ 50,00? ______

c) É possível receber esse troco com apenas 1 cédula e 1 moeda? ______

d) Indique 3 maneiras de receber esse troco com cédulas e moedas.

______

______

3. Artur vai distribuir 50 produtos igualmente em 3 prateleiras.

a) Faça essa distribuição como preferir no espaço abaixo.

b) Complete: Artur distribuirá ______ produtos em cada prateleira e sobrarão ______ produtos.

MINHA COLEÇÃO DE PALAVRAS

Escreva abaixo algumas palavras que você aprendeu nesta Unidade. Depois, escolha 2 palavras e escreva o significado delas.

______

______

PARA SABER MAIS

LIVROS

Reprodução/Editora Ática

As três partes, de Edson Luiz Kozminski. São Paulo: Ática, 2009.

Três partes cansadas de formar uma casinha resolvem sair pelo mundo procurando novas formas e cores.

Reprodução/Editora Scipione

Bem-me-quer, mal-me-quer! Margarida par ou margarida ímpar?, de Atilio Bari. São Paulo: Scipione, 2011.

Risonho ama Lindinha e está muito triste porque na brincadeira **Bem-me-quer, mal-me-quer** deu "mal-me-quer"! O amigo Bacana ensina
um jeito de dar sempre "bem-me-quer".
Mas será que isso vai funcionar quando ele fazer a brincadeira diante de Lindinha?

Reprodução/Editora Global

Brincando com tangram e *origami*, de Antônio Carlos Gênova. São Paulo: Global, 2002.

Neste livro você vai conhecer o tangram, um jogo criativo formado por 7 peças com formas de figuras geométricas planas que, quando combinadas, podem formar mais de 1 000 figuras diferentes!

Reprodução/Companhia das Letrinhas

Do fundo da caixinha, de Andréa Daher e Zaven Paré. São Paulo: Companhia das Letrinhas, 2013.

Jonas se torna um colecionador de caixas e descobre várias coisas interessantes. Por exemplo: você sabia que o ovo e o nosso coração também podem ser considerados caixinhas?

Juju na cozinha do Carlota: 29 receitas muito fáceis para crianças, de Carla Pernambuco e Pinky Wainer. São Paulo: Caramelo, 2004.

O livro apresenta várias receitas para serem feitas em casa ou na escola. Elas estão separadas por níveis: fácil, médio e difícil.

Reprodução/Editora Caramelo

Reprodução/Editora Moderna

Os problemas da família Gorgonzola, de Eva Furnari. São Paulo: Moderna, 2015.

A família Gorgonzola está cheia de problemas. Será que você consegue ajudá-la resolvendo os desafios que aparecem nesse livro?

Para onde vai a quinta-feira?, de Janeen Brian e Stephen Michael King. São Paulo: Brinque-Book, 2003.

Pingo queria que o dia do seu aniversário, uma quinta-feira, durasse para sempre. Ele e seu amigo Filó saem para descobrir para onde vai a quinta-feira antes de a sexta-feira chegar.

Site

REVISTA RECREIO. Disponível em: <http://recreio.uol.com.br>. Acesso em: 8 abr. 2016.

Esse *site* apresenta jogos educativos para crianças. Divirta-se e aprenda com os jogos de Matemática!

VÍDEO

Mão na forma: os sólidos de Platão. Direção de José Roberto Sadek. Brasil, TV Escola (10 min). Disponível em: <http://tvescola.mec.gov.br/tve/video/mao-na-forma-os-solidos-de-plata>. Acesso em: 8 abr. 2016.

Aprenda sobre o cubo e outros sólidos geométricos no primeiro programa da série **Mão na forma**.

BIBLIOGRAFIA

ASCHENBACH, Lena. *A arte-magia das dobraduras:* histórias e atividades pedagógicas com origami. São Paulo: Scipione, 1990.

BORIN, Júlia. *Jogos e resolução de problemas:* uma estratégia para as aulas de Matemática. São Paulo: CAEM/IME-USP, 2002.

BRASIL. *Elementos conceituais e metodológicos para a definição dos direitos da aprendizagem e desenvolvimento do ciclo de alfabetização (1º, 2º e 3º anos do Ensino Fundamental).* Brasília: DICEI/COEF, 2012.

______. *Lei de diretrizes e bases da educação nacional (LDB):* lei n. 9 394, de 20 de dezembro de 1996, que estabelece as diretrizes e bases da educação nacional. Brasília: Câmara dos deputados, Edições Câmara, 2011.

______. Ministério da Educação. Secretaria de Educação Básica. Fundo Nacional de Desenvolvimento da Educação. *Ensino Fundamental de nove anos:* orientações para a inclusão da criança de seis anos de idade. Brasília, 2006.

______. Ministério da Educação. Secretaria de Educação Básica. Fundo Nacional de Desenvolvimento da Educação. *Pró-letramento:* programa de formação continuada de professores das séries iniciais do Ensino Fundamental: Matemática. Brasília, 2006.

______. Ministério da Educação. Secretaria de Educação Fundamental. *Parâmetros Curriculares Nacionais:* Matemática. Brasília, 1997.

______. Ministério da Educação. Secretaria de Educação Fundamental. *Parâmetros Curriculares Nacionais:* temas transversais – ética, pluralidade cultural, orientação sexual. Brasília, 1997.

______. *Pacto Nacional pela Alfabetização na Idade Certa (PNAIC).* Disponível em: <pacto.mec.gov.br/component/content/article/2-uncategorised/53-entendendo-o-pacto>. Acesso em: 16 set. 2015.

CENTURIÓN, Marília. *Números e operações:* conteúdo e metodologia da matemática. São Paulo: Scipione, 1995.

COLL, César; TEBEROSKY, Ana. *Aprendendo matemática:* conteúdos para o Ensino Fundamental de 1ª a 4ª série. São Paulo: Ática, 2000.

D'AMBROSIO, Ubiratan. *Da realidade à ação:* reflexões sobre educação e Matemática. Campinas: Summus/Ed. da Unicamp, 1986.

DUVAL, Raymond; MACHADO, Sílvia Dias Alcântara (Org.). Registros de representação semiótica e funcionamento cognitivo da compreensão em Matemática. In: *Aprendizagem em matemática.* Campinas: Papirus, 2007.

FRIEDMANN, Adriana. *Brincar:* crescer e aprender. O resgate do jogo infantil. São Paulo: Moderna, 1996.

HAYDT, Regina Célia. *Avaliação do processo ensino-aprendizagem.* São Paulo: Ática, 2000.

ISAACS, Geoff. *Bloom's Taxonomy of Educational Objectives.* Teaching and Educational Development Institute. Australia: University of Queensland, 1996.

KAMII, Constance. *A criança e o número.* Campinas: Papirus, 2003.

______; DEVRIES, Rheta. *Jogos em grupo na educação infantil:* implicações da teoria de Piaget. São Paulo: Trajetória cultural, 1991.

KISHIMOTO, Tizuko Morchida. *O jogo e a educação infantil.* São Paulo: Pioneira, 1994.

LERNER, Delia. *Didática da matemática:* reflexões psicopedagógicas. Porto Alegre: Artmed, 1996.

______. *Ler e escrever na escola:* o real, o possível e o necessário. Porto Alegre: Artmed, 2002.

MACHADO, Nílson José. *Conhecimento e valor.* São Paulo: Moderna, 2004.

______. *Educação:* projetos e valores. São Paulo: Escrituras, 2004.

______. *Educação e autoridade.* Petrópolis: Vozes, 2008.

NUNES, Terezinha et al. *Educação matemática:* números e operações numéricas. São Paulo: Cortez, 2005. v. 1.

PANIZZA, Mabel. *Ensinar matemática na educação infantil e nas séries iniciais.* Porto Alegre: Artmed, 2006.

PERRENOUD, Philippe. *Construir as competências desde a escola.* Porto Alegre: Artmed, 1999.

SACRISTÁN, José Gimeno. *O currículo:* uma reflexão sobre a prática. Porto Alegre: Artmed, 2000.

SMOLE, Kátia Stocco; DINIZ, Maria Ignez; CÂNDIDO, Patrícia. *Brincadeiras infantis nas aulas de Matemática.* Porto Alegre: Artmed, 2000.

______. *Resolução de problemas.* Porto Alegre: Artmed, 2000.

ZABALA, Antoni. *A prática educativa:* como ensinar. Porto Alegre: Artmed, 1998.

TABULEIRO DO JOGO DOS 3 DADOS

Felipe Prado/Arquivo da editora

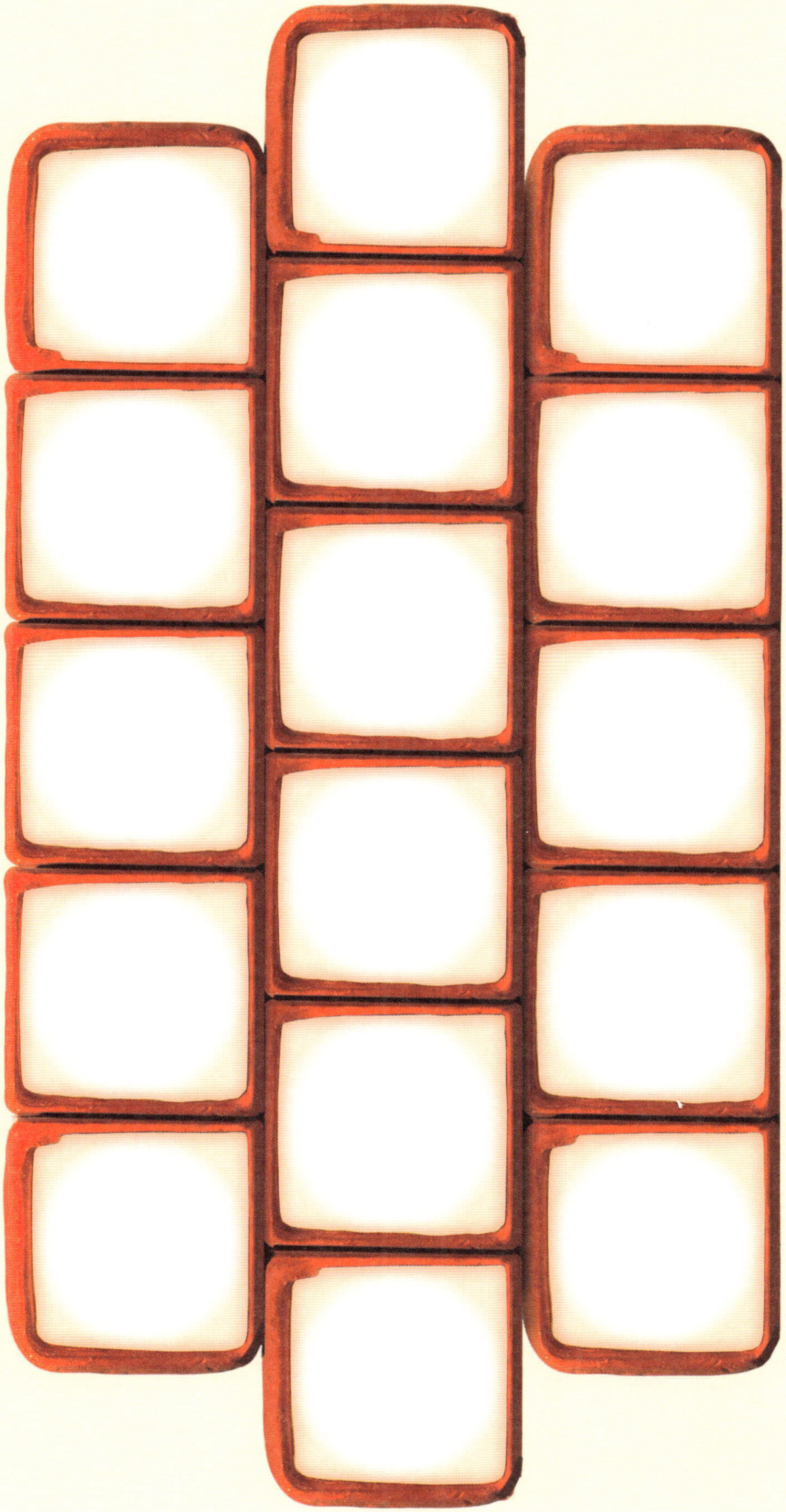

JOGO DOS 3 DADOS

DADOS DO JOGO DOS 3 DADOS

Ilustrações: Felipe Prado/Arquivo da editora

DOBRE

COLE

PÁGINA 52 DO LIVRO

RELÓGIO DE PONTEIROS

Kraska/Shutterstock/Glow Images

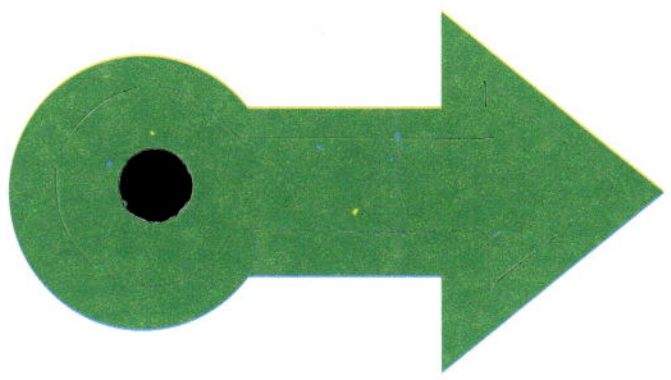

CARTELAS DE NÚMEROS

1	30	60	90
2	20	50	80
3	10	40	70
4			

5	6	7	8	9

PÁGINAS 68 A 73 DO LIVRO

CARTELAS DE NÚMEROS

100

200

300

400

500

600

700

800

900

FITA MÉTRICA

COLE

Ilustrações: Reprodução/Arquivo da editora

D	C	B	A

PEÇAS DO MATERIAL DOURADO

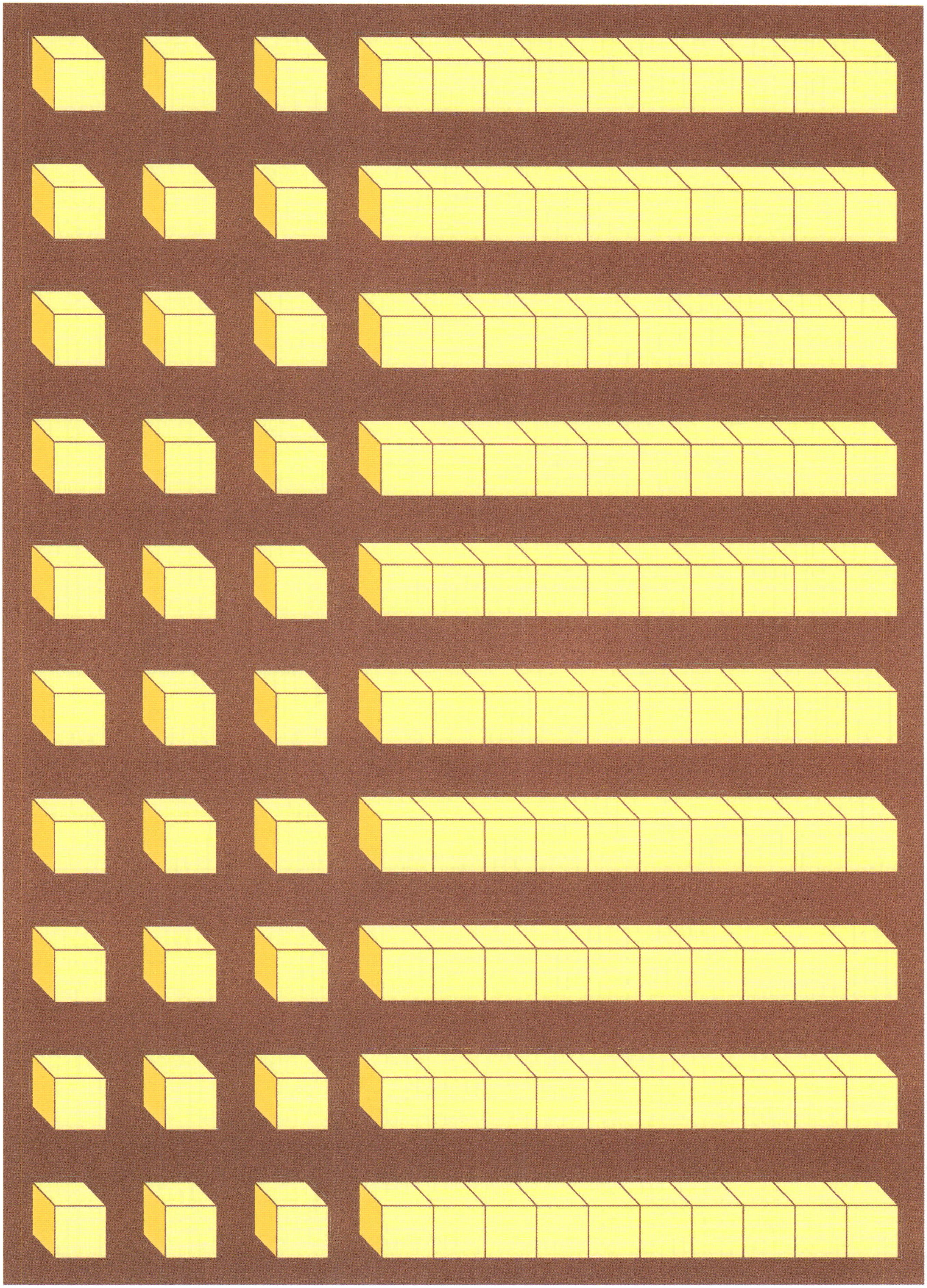

PÁGINA 97 DO LIVRO

PEÇAS DO MATERIAL DOURADO

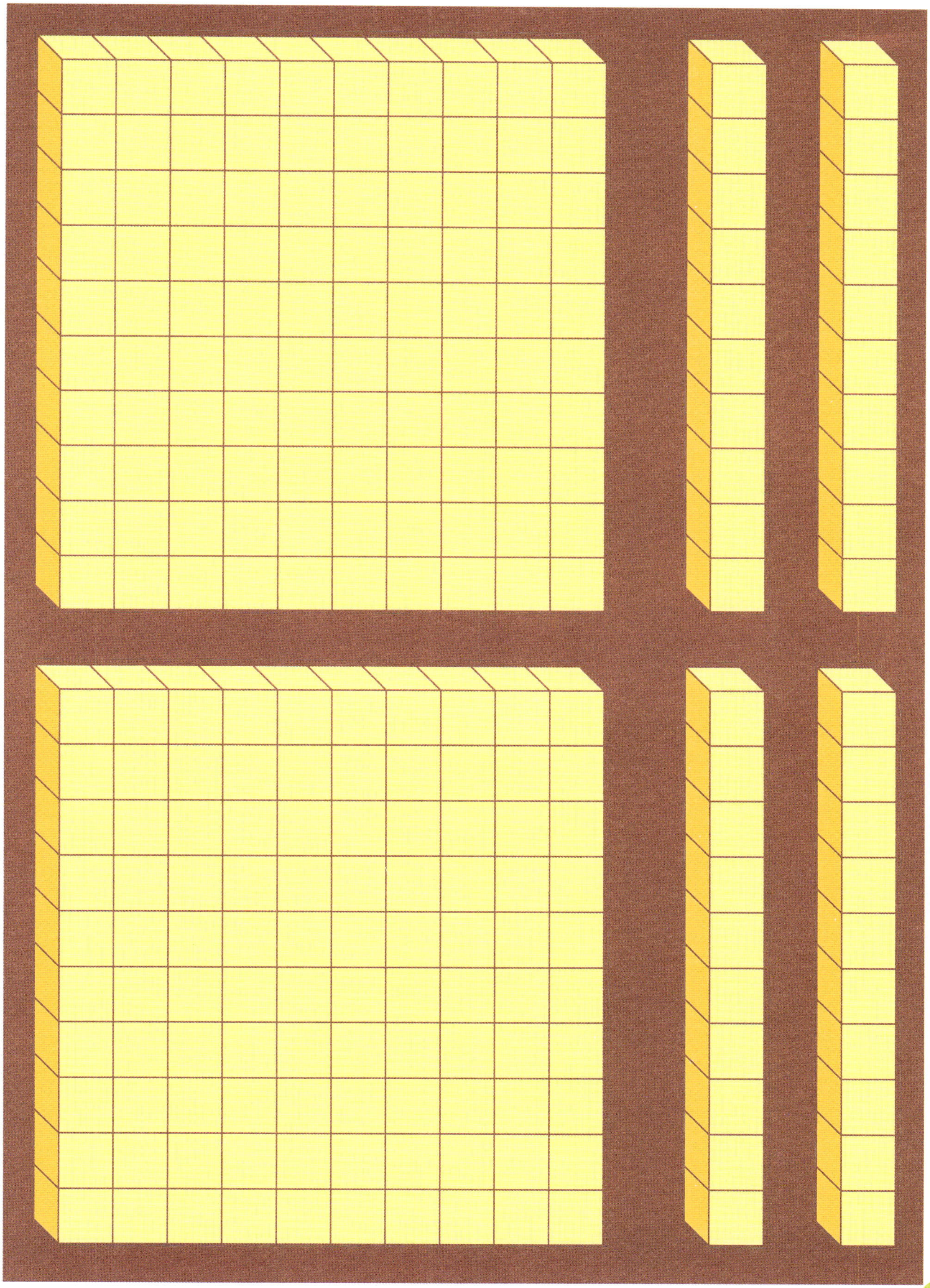

MOLDE DA PIRÂMIDE DE BASE QUADRADA

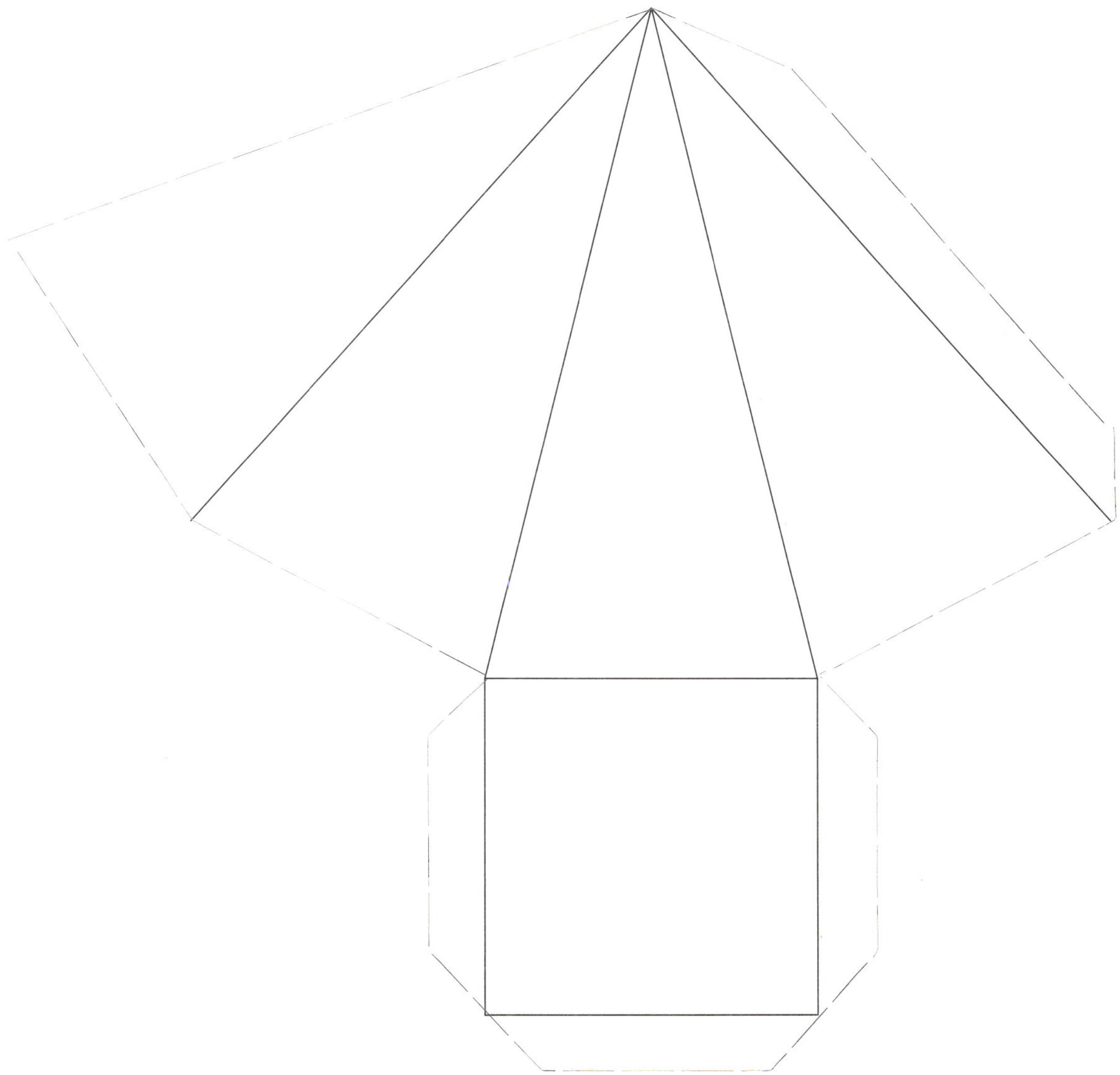

DOBRE

COLE

PÁGINA 159 DO LIVRO

MOLDE DA PIRÂMIDE DE BASE TRIANGULAR

DOBRE

COLE

PÁGINA 159 DO LIVRO

MOLDE DA PIRÂMIDE DE BASE PENTAGONAL

DOBRE

COLE

MOLDE DA PIRÂMIDE DE BASE HEXAGONAL

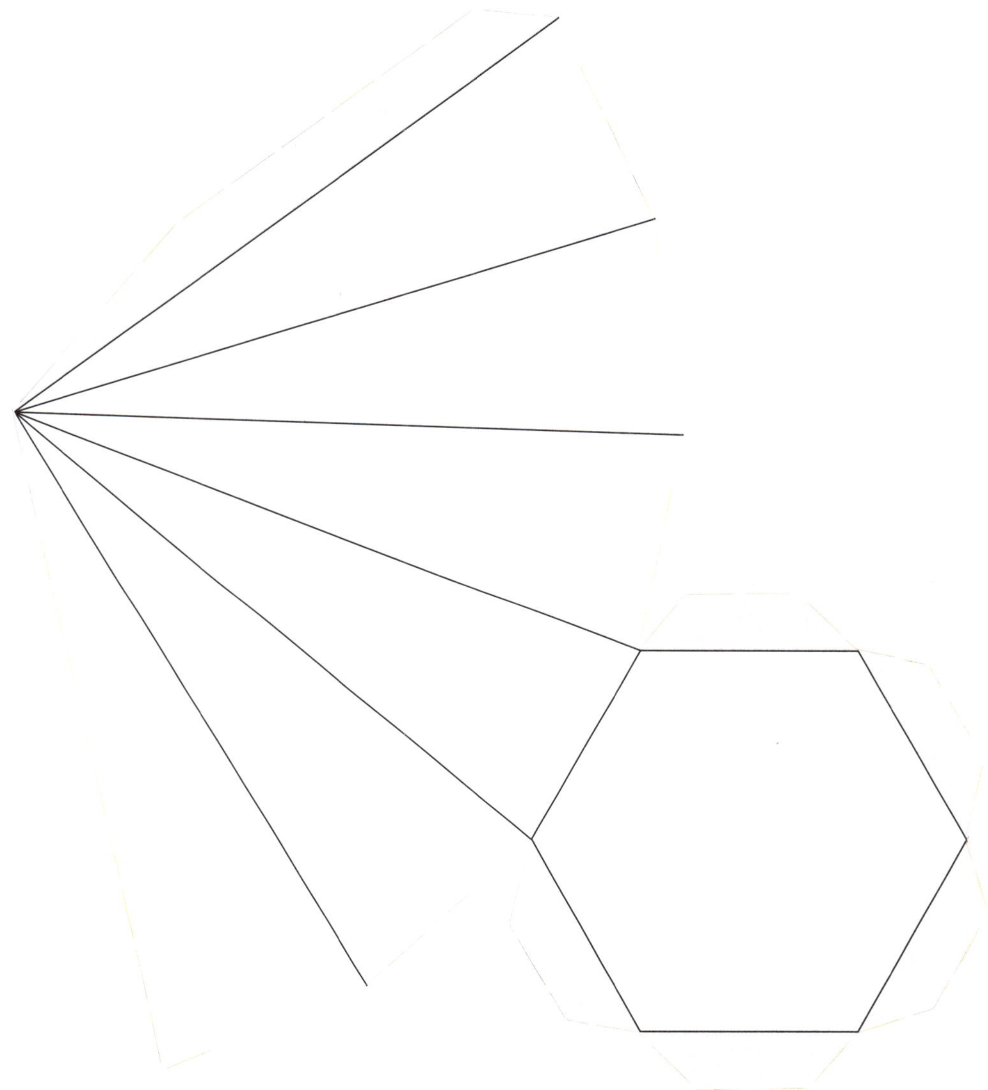

DOBRE

COLE

COLE

TABULEIRO DO JOGO EM BUSCA DE UMA SAÍDA!

Felipe Prado/Arquivo da editora

COLE **A**

PÁGINAS 164 E 165 DO LIVRO

TABULEIRO DO JOGO EM BUSCA DE UMA SAÍDA!

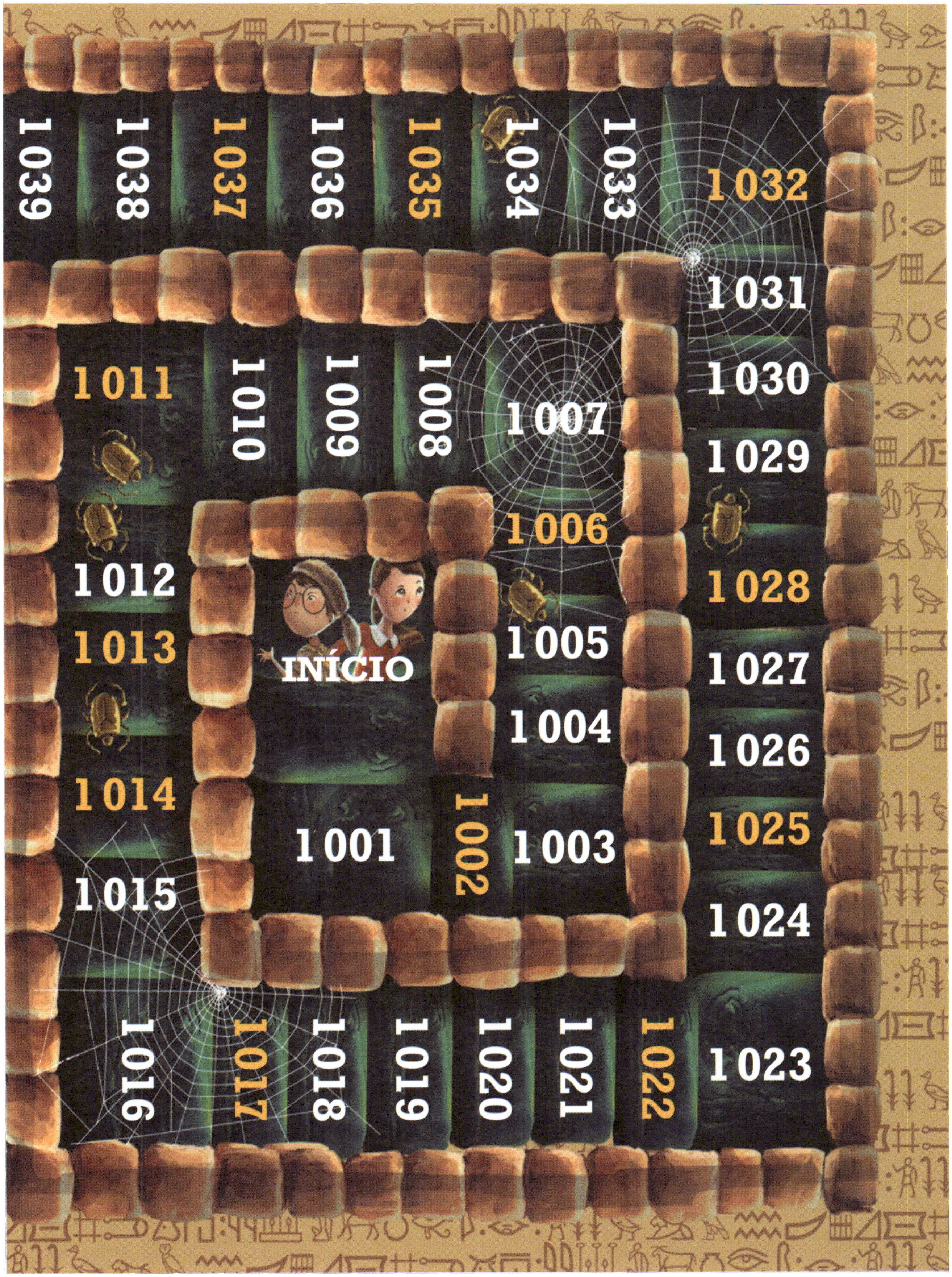

A

CARTÕES DE DESAFIO E MARCADORES DO JOGO **EM BUSCA DE UMA SAÍDA!**

Ilustrações: Felipe Prado/Arquivo da editora

Pensei em um número, adicionei 200 e o resultado foi 500. Em que número pensei? **300**

Pensei em um número, subtraí 300 e o resultado foi 100. Em que número pensei? **400**

Pensei em um número, subtraí 200 e o resultado foi 600. Em que número pensei? **800**

Pensei em um número, subtraí 300 e o resultado foi 0. Em que número pensei? **300**

5 Pensei em um número, adicionei 400 e o resultado foi 1 000. Em que número pensei? **600**

6 Pensei em um número, subtraí 200 e o resultado foi 300. Em que número pensei? **500**

7 Pensei em um número, adicionei 100 e o resultado foi 1 000. Em que número pensei? **900**

8 Pensei em um número, adicionei 600 e o resultado foi 1 200. Em que número pensei? **600**

9 Pensei em um número, adicionei 300 e o resultado foi 700. Em que número pensei? **400**

10 Pensei em um número, adicionei 500 e o resultado foi 1 000. Em que número pensei? **500**

11 Pensei em um número, subtraí 400 e o resultado foi 1 000. Em que número pensei? **1400**

12 Pensei em um número, adicionei 500 e o resultado foi 2 000. Em que número pensei? **1500**

13 Pensei em um número, adicionei 400 e o resultado foi 900. Em que número pensei?

14 Pensei em um número, subtraí 100 e o resultado foi 600. Em que número pensei?

15 Pensei em um número, adicionei 1 000 e o resultado foi 1 600. Em que número pensei?

16 Pensei em um número, subtraí 1 200 e o resultado foi 800. Em que número pensei? **2000**

DOBRE

COLE

Ilustrações: Felipe Prado/Arquivo da editora

PÁGINA 236 DO LIVRO

Fotos: Casa da Moeda do Brasil/Ministério da Fazenda.

Fotos: Casa da Moeda do Brasil/Ministério da Fazenda.

PÁGINA 238 DO LIVRO

CÉDULAS DO REAL

Fotos: Casa da Moeda do Brasil/Ministério da Fazenda.

Fotos: Casa da Moeda do Brasil/Ministério da Fazenda.

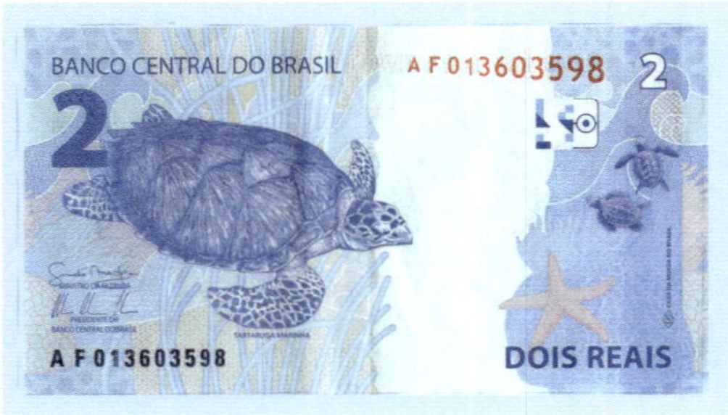

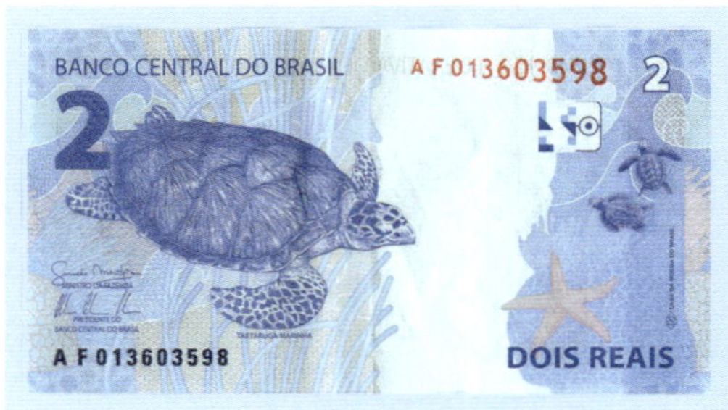

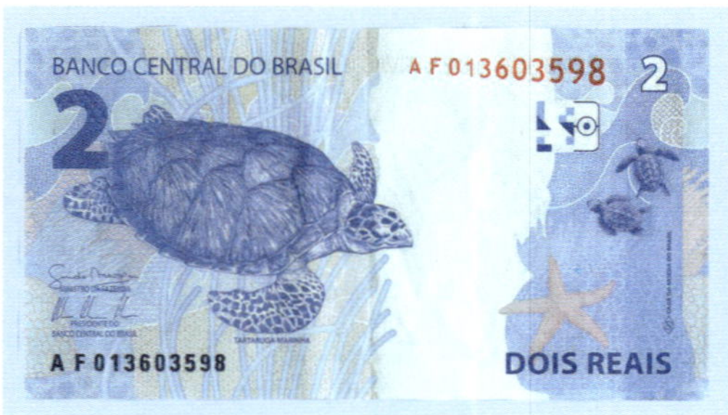

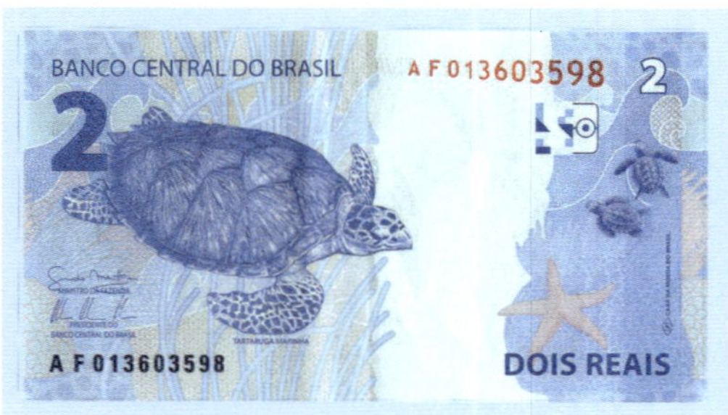

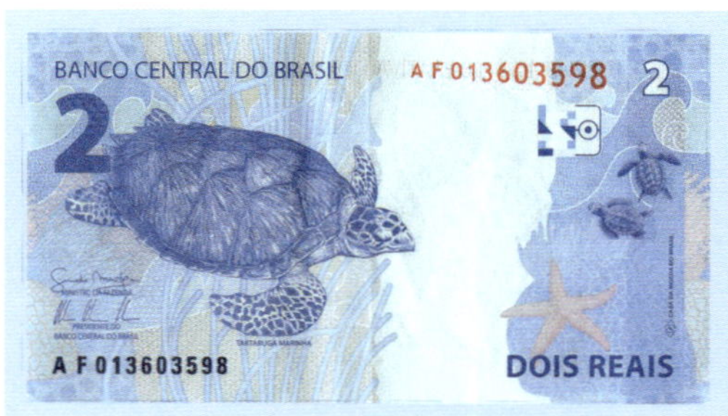

PÁGINA 238 DO LIVRO

CÉDULAS DO REAL

Fotos: Casa da Moeda do Brasil/Ministério da Fazenda.

Fotos: Casa da Moeda do Brasil/Ministério da Fazenda.

PÁGINA 238 DO LIVRO

CÉDULAS DO REAL

Fotos: Casa da Moeda do Brasil/Ministério da Fazenda.

Fotos: Casa da Moeda do Brasil/Ministério da Fazenda.

CÉDULAS DO REAL

PÁGINA 238 DO LIVRO

Fotos: Casa da Moeda do Brasil/Ministério da Fazenda.

Fotos: Casa da Moeda do Brasil/Ministério da Fazenda.

MOLDE DO PRISMA DE BASE TRIANGULAR

DOBRE

COLE

MOLDE DO PRISMA DE BASE PENTAGONAL

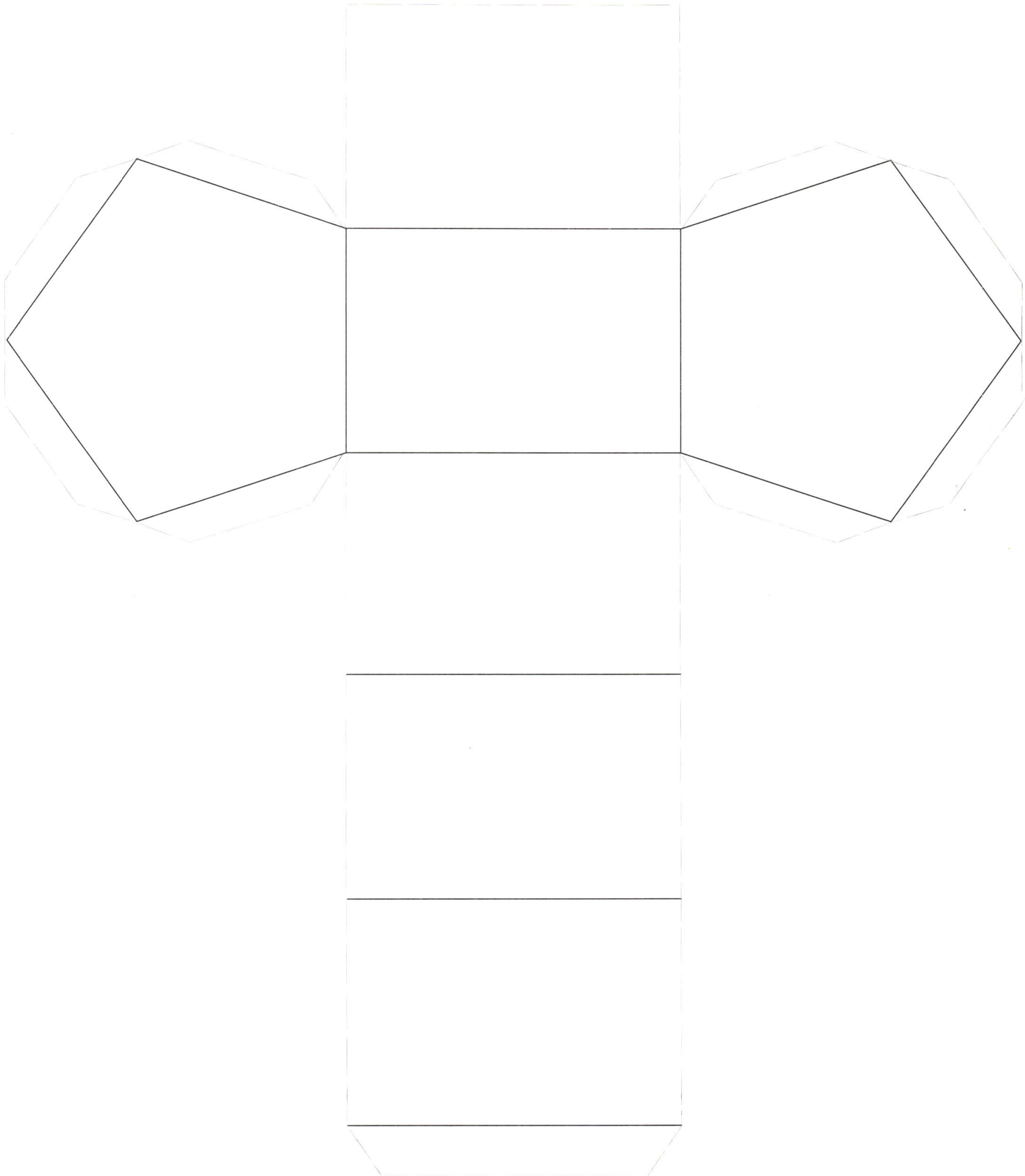

DOBRE

COLE

PÁGINA 274 DO LIVRO

MOLDE DO PRISMA DE BASE RETANGULAR

DOBRE

COLE

PÁGINA 275 DO LIVRO

MOLDE DO CUBO

DOBRE

COLE

Projeto
LUMIRÁ

Matemática 3

Caderno de Atividades

Aluno: ....

Escola: ....

editora ática

SUMÁRIO

PÁGINAS 12 E 13 DO LIVRO

COMO UTILIZAMOS OS NÚMEROS

1 Observe cada situação abaixo e identifique os usos dos números.

a)

____

c)

Ilustrações: Ilustra Cartoon/Arquivo da editora

____

b)

____

d)

____

2 E no seu dia a dia, você se depara com números com diferentes usos? Liste abaixo algumas situações em que você utiliza números e seus usos.

____

____

PÁGINAS 14 E 15 DO LIVRO

ESTIMATIVA E CONTAGEM

1 Estime a quantidade de talheres em cada item abaixo.

a) 

Ilustrações: Matthew Cole/Shutterstock

b) 

2 Agora, conte os elementos de cada item abaixo e registre.

a) 

b) 

3 Em que situações é melhor estimar a quantidade de elementos do que contar todos os elementos? Dê um exemplo.

PÁGINAS 16 E 17 DO LIVRO

ANTECESSOR E SUCESSOR

1 No quadro abaixo, encontre pares de números de modo que um número seja o antecessor do outro. Os números devem estar um ao lado do outro ou um embaixo do outro.

1	4	5	3	7	9	5	3
8	9	1	8	2	3	7	7
4	5	5	8	6	9	5	9
8	2	3	8	6	0	3	1
4	0	0	0	2	3	4	6
2	6	8	3	7	8	0	0
8	8	3	4	0	4	8	6
4	1	8	9	2	5	2	3
0	6	4	0	5	2	9	5
1	7	4	0	6	8	9	1
9	7	7	7	9	1	9	4
5	3	9	0	6	7	1	6

2 Osmar pensou em um número que não tem antecessor. Em que número ele pensou? _______

3 Escreva o antecessor e o sucessor de cada número abaixo.

a) _______ 348 _______

b) _______ 89 _______

c) _______ 200 _______

d) _______ 228 _______

e) _______ 451 _______

f) _______ 390 _______

PÁGINAS 18 E 19 DO LIVRO

LEITURA DE TABELA E MEDIDA DE TEMPO

- A professora Berenice está fazendo uma pesquisa sobre o tempo que seus alunos demoram no trajeto de casa até a escola. Observe abaixo a tabela com os dados de alguns alunos.

Tempo que os alunos demoram no trajeto de casa até a escola

Aluno	Tempo
Vanessa Martins	1 hora e 10 minutos
Emília Borges	1 hora e 15 minutos
Roberta Ribeiro	1 hora e 26 minutos
Heitor Previatto	1 hora e 34 minutos
Samuel Pereira	1 hora e 20 minutos

Tabela elaborada para fins didáticos.

a) Dentre esses alunos, qual demora mais tempo para fazer o trajeto entre sua casa e a escola? ____________________

b) E qual desses alunos demora menos tempo? ____________________

c) Heitor leva quanto tempo a mais do que Samuel para ir de sua casa para a escola? ____________________

d) A família do aluno que demora mais tempo para chegar à escola vai se mudar e ele passará a demorar 1 hora e 20 minutos para fazer o trajeto de sua nova casa até a escola. Ele continuará a ser o aluno dessa lista que demora mais tempo para ir de sua casa até a escola? Por quê?

____

____

e) Complete: a professora Berenice demora 1 hora e 15 minutos para ir de sua casa até a escola. Dentre os 5 alunos, ____________________ é a única que demora menos tempo do que a professora Berenice para chegar à escola. E ____________________ demora o mesmo tempo que a professora.

O TEMPO

1 Mônica tirou uma foto do relógio de ponteiros de sua casa. No dia seguinte, ela mostrou a foto para uma amiga e perguntou qual horário o relógio estava marcando. A amiga de Mônica disse que o relógio mostrava 8:00, mas que ela não sabia dizer se era da manhã ou da noite.

a) Por que a amiga de Mônica não pôde dizer se o relógio mostrava 8:00 da manhã ou da noite?

____

b) E se o relógio de Mônica fosse digital, então a amiga saberia dizer se o horário era de manhã ou de noite?

____

2 Marina ficou responsável pela criação dos convites da festa de final de ano de sua escola. Veja abaixo o que ela escreveu nos convites.

Banco de imagens/Arquivo da editora

a) O texto do convite deixa claro se a festa de final de ano da escola de Marina é de manhã ou de noite? ____________

b) A festa será de noite. Reescreva o texto do convite deixando claro que o horário da festa é de noite.

____

____

____

3 O relógio da sala de aula de Adriana foi fotografado em diferentes momentos, como mostrado ao lado. Passaram quantas horas entre as 2 fotos?

Epsicons/Shutterstock/Glow Images

____

PÁGINAS 22 E 23 DO LIVRO

VISTA SUPERIOR

1 Pinte a vista superior de cada torre colorida abaixo.

a)

c)

b)

d)

2 Desenhe em cada malha quadriculada abaixo a vista superior do objeto.

a)

Ilustrações: Banco de imagens/Arquivo da editora

b)

PÁGINAS 28 E 29 DO LIVRO

GRÁFICO DE COLUNAS

- Gustavo quer comemorar seu aniversário com uma tarde de jogos de tabuleiro com seus amigos. Ele perguntou para cada amigo qual era seu jogo preferido e depois construiu o gráfico abaixo.

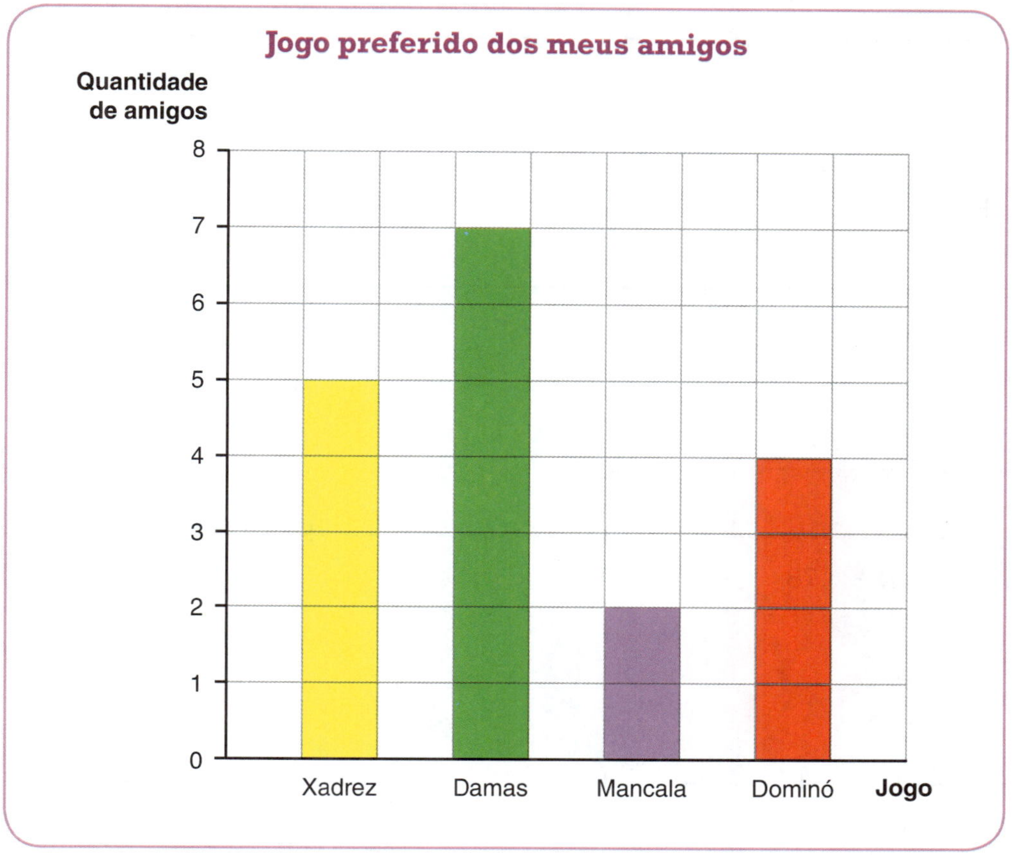

Gráfico elaborado para fins didáticos.

a) Qual é o jogo preferido dos amigos de Gustavo? ______________________

b) E qual é o jogo menos preferido por eles? ______________________

c) Quantos amigos de Gustavo gostam de jogar xadrez? ______________________

d) Complete: Gustavo quer convidar ao todo ________ amigos para a festa.

e) Damas é um jogo que só pode ser jogado em dupla. Se Gustavo tiver 2 tabuleiros e 2 conjuntos de peças para a dama, então todos os amigos de Gustavo que preferem damas poderão jogar ao mesmo tempo? Por quê?

____

____

ADIÇÃO E SUBTRAÇÃO NA RETA NUMERADA

1 Observe as retas numeradas abaixo e complete.

a) ________ + 8 = ________ 56 − 8 = ________

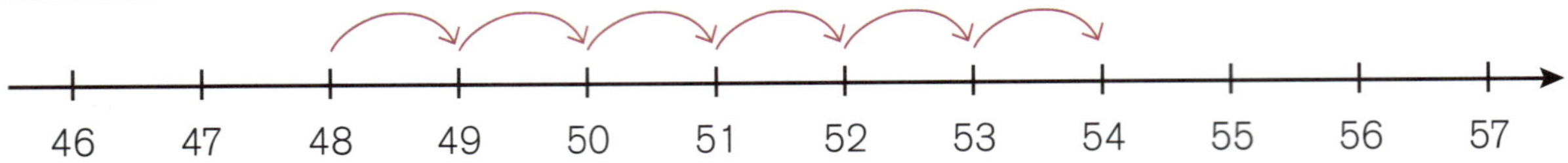

b) 23 + 6 = ________ ________ − 6 = ________

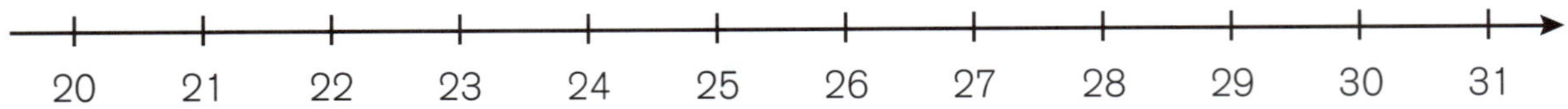

c) 77 + 9 = ________ ________ − 9 = ________

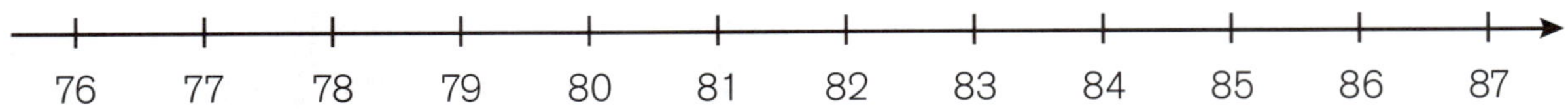

d) 42 + 5 = ________ ________ − 5 = ________

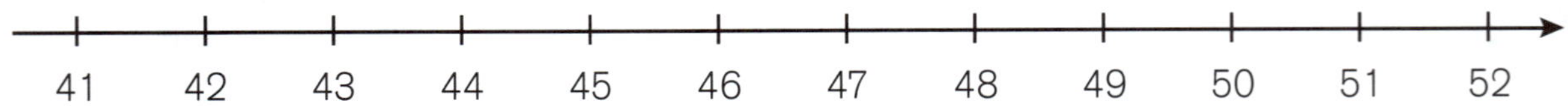

2 Resolva as operações abaixo da maneira que preferir.

a) 181 + 7 = ________

c) 321 + 15 = ________

b) 76 − 21 = ________

d) 119 − 8 = ________

ADIÇÕES, GEOMETRIA E REFLORESTAMENTO

- Depois de brincar com o **Jogo do reflorestamento**, Iolanda e Alberto criaram um jogo parecido. As regras do jogo são as mesmas, mas o tabuleiro que eles criaram é menor e eles devem jogar com apenas 2 dados.
  Observe abaixo o tabuleiro após a segunda rodada de uma partida.

Iolanda

Alberto

a) Quem fez mais pontos até agora? ______________________

b) Na primeira rodada, Iolanda tirou 5 pontos em cada dado e Alberto tirou 4 e 6 pontos. Como cada um deles preencheu o tabuleiro nessa rodada?

____

____

c) Explique a um colega como você chegou à resposta do item anterior.

d) Quais pontos Iolanda pode ter tirado nos dados na segunda rodada?

____

e) Alberto é o próximo a jogar e ele tirou 6 pontos em cada dado. Pinte de cores diferentes os possíveis retângulos que ele pode pintar sem descartar pontos.

f) E se Alberto tivesse tirado 4 e 5 pontos nos dados? Refaça o item anterior considerando essa nova pontuação.

PÁGINAS 36 A 39 DO LIVRO

SÓLIDOS GEOMÉTRICOS

1 Assinale com um **X** os objetos abaixo que têm a forma de um paralelepípedo.

Male Witch/Shutterstock/Glow Images

Adam Radosavljevic/Shutterstock/Glow Images

As imagens destas páginas não estão representadas em proporção.

Dudarev Mikhail/Shutterstock/Glow Images

Martin D. Vonka/Shutterstock/Glow Images

2 Escreva o nome de cada sólido geométrico abaixo.

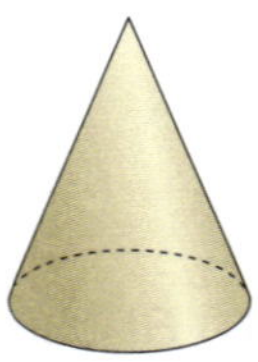

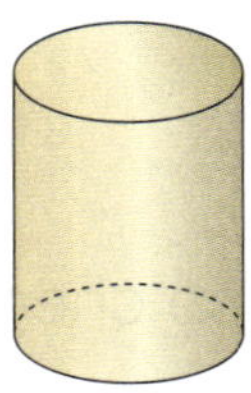

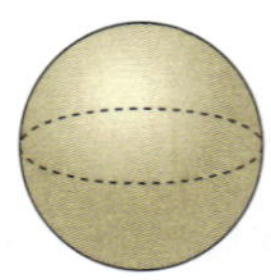

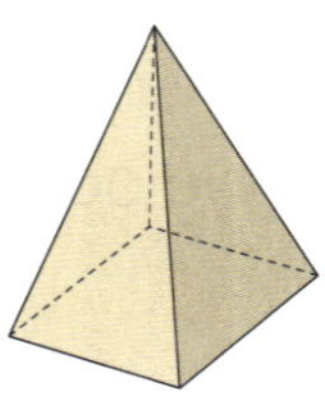

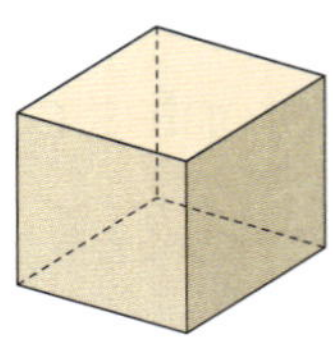

PÁGINAS 44 E 45 DO LIVRO

TABUADA DO 2 E DOBRO

1 Observe a quantidade de patas dos patinhos em cada quadro abaixo e escreva a tabuada do 2. Veja o exemplo.

$1 \times 2 = 2$

Ilustrações: Mattheus Cole/Shutterstock/Glow Images

2 E se fossem 15 patinhos, então quantas patas seriam ao todo? ______

3 Continue a sequência abaixo dos números que são resultados da tabuada do 2.

20, 22, 24, ______, ______, ______, ______, ______, ______, ______, ______.

PÁGINAS 46 E 47 DO LIVRO

TABUADAS DO 4 E DO 8

1 Complete a tabela abaixo com as tabuadas do 2, do 4 e do 8.

Tabela de multiplicações

×	1	2	3	4	5	6	7	8	9	10
1		2		4				8		
2		4		8						
3		6								
4										
5										
6										
7										
8										
9										
10										

Tabela elaborada para fins didáticos.

2 Observe a tabela que você preencheu.

a) Os primeiros resultados da tabuada do 8 são também resultados da tabuada do 4? ______________________

b) Pinte todos os resultados da tabela que pertencem ao mesmo tempo às tabuadas do 2, do 4 e do 8.

c) O primeiro resultado da tabuada do 4 é também resultado da tabuada do 8?

____

O VALOR DO DINHEIRO

1 Escreva o valor em reais que você estima que custe cada produto abaixo.

a) 1 caderno: ______________________

b) 1 borracha: ______________________

c) 1 computador: ______________________

d) 1 aparelho de celular: ______________________

2 Marília comprou 8 mangas por R$ 8,00 e 1 dúzia de laranjas por R$ 4,00. Qual foi o valor total de sua compra?

____

3 Jonas foi ao banco trocar 1 cédula de R$ 100,00. Ele recebeu 2 cédulas de R$ 20,00 e o restante em cédulas de R$ 10,00. Quantas cédulas de R$ 10,00 ele recebeu?

____

4 Caio pagou R$ 132,00 na conta de luz e R$ 47,00 na conta de água. Quanto Caio gastou ao todo nessas 2 contas?

____

5 Adriana tem 1 cédula de 100 reais, 3 cédulas de 50 reais, 5 cédulas de 20 reais, 3 cédulas de 10 reais, 2 cédulas de 5 reais, 1 cédula de 2 reais e 2 moedas de 1 real.
Desenhe ou escreva abaixo como ela pode pagar uma conta de luz no valor de R$ 138,00 sem receber troco.

PÁGINAS 52 A 55 DO LIVRO

O RELÓGIO

1 Escreva os números no relógio abaixo. Depois, desenhe os ponteiros para registrar 8 horas.

Epsicons/Sthutterstock/Glow Images

2 Desenhe os ponteiros ou pinte os números, de modo que os relógios de cada item abaixo marquem o mesmo horário.

a)

CobaH88/Shutterstock/Glow Images

Realvector/Shutterstock/Glow Images

b)

CobaH88/Shutterstock/Glow Images

Realvector/Shutterstock/Glow Images

c)

Realvector/Shutterstock/Glow Images

CobaH88/Shutterstock/Glow Images

PÁGINAS 56 E 57 DO LIVRO

FACES, VÉRTICES E ARESTAS

1 Pinte de **azul** uma das faces do paralelepípedo abaixo. Depois, faça um pontinho **marrom** sobre um dos vértices do paralelepípedo e uma linha **verde** sobre uma de suas arestas.

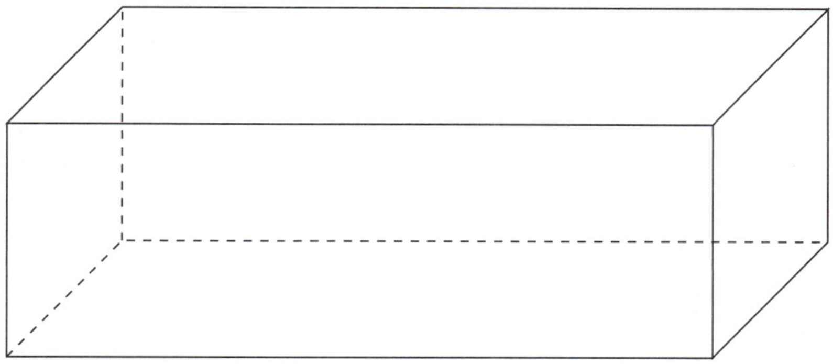

2 Observe os sólidos geométricos abaixo.

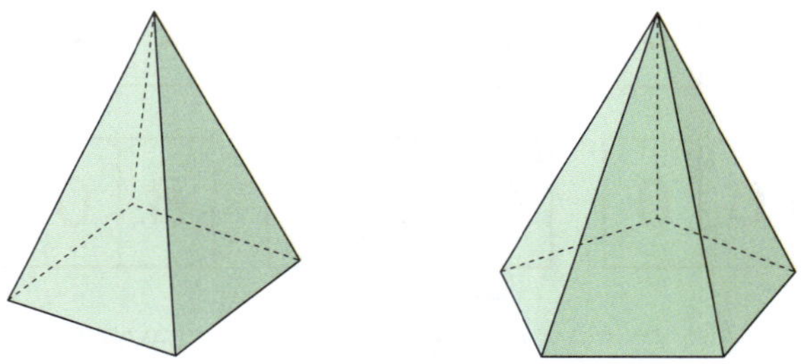

a) Qual desses sólidos geométricos tem mais faces: a pirâmide de base quadrada ou a pirâmide de base pentagonal?

____

b) Quantos vértices a pirâmide de base pentagonal tem a mais do que a pirâmide de base quadrada?

____

3 Explique com as suas palavras o que é uma aresta de um sólido geométrico.

____

____

____

____

PÁGINAS 70 A 73 DO LIVRO

FORMANDO NÚMEROS COM CARTELAS

1 Você trabalhou com cartelas de números como as cartelas abaixo.

Unidades

| 1 | 2 | 3 | 4 | 5 | 6 | 7 | 8 | 9 |

Dezenas

| 10 | 20 | 30 | 40 | 50 | 60 |

| 70 | 80 | 90 |

Centenas

| 100 | 300 | 500 | 700 |

| 200 | 400 | 600 | 800 | 900 |

Forme 2 números usando essas cartelas. Você deve usar 3 cartelas para formar cada número, usando 1 cartela de cada tipo.

____

2 Luciana escolheu o menor número de cada tipo de cartela e formou um número. Que número ela obteve? __________

3 Desenhe abaixo as 3 cartelas necessárias para formar cada número.

a) 258

b) 582

4 Vamos fazer uma cruzadinha? Na cruzadinha abaixo, escreva por extenso o número formado pelas cartelas. Um dos números já está escrito na cruzadinha!

Horizontal

A | 5 |

B | 4 | 1 |

C | 1 | 1 | 0 |

D | 1 | 3 |

Vertical

E | 1 | 1 | 8 |

F | 8 | 3 |

G | 2 | 0 |

H | 9 | 0 |

I | 1 | 7 |

J | 4 |

PAR OU ÍMPAR?

1 Escreva abaixo os números pares de 50 a 60.

---

2 Com uma régua, ligue em ordem crescente os pontos com números pares de 50 a 120. Em seguida, ligue em ordem crescente os pontos com números ímpares de 51 a 121.

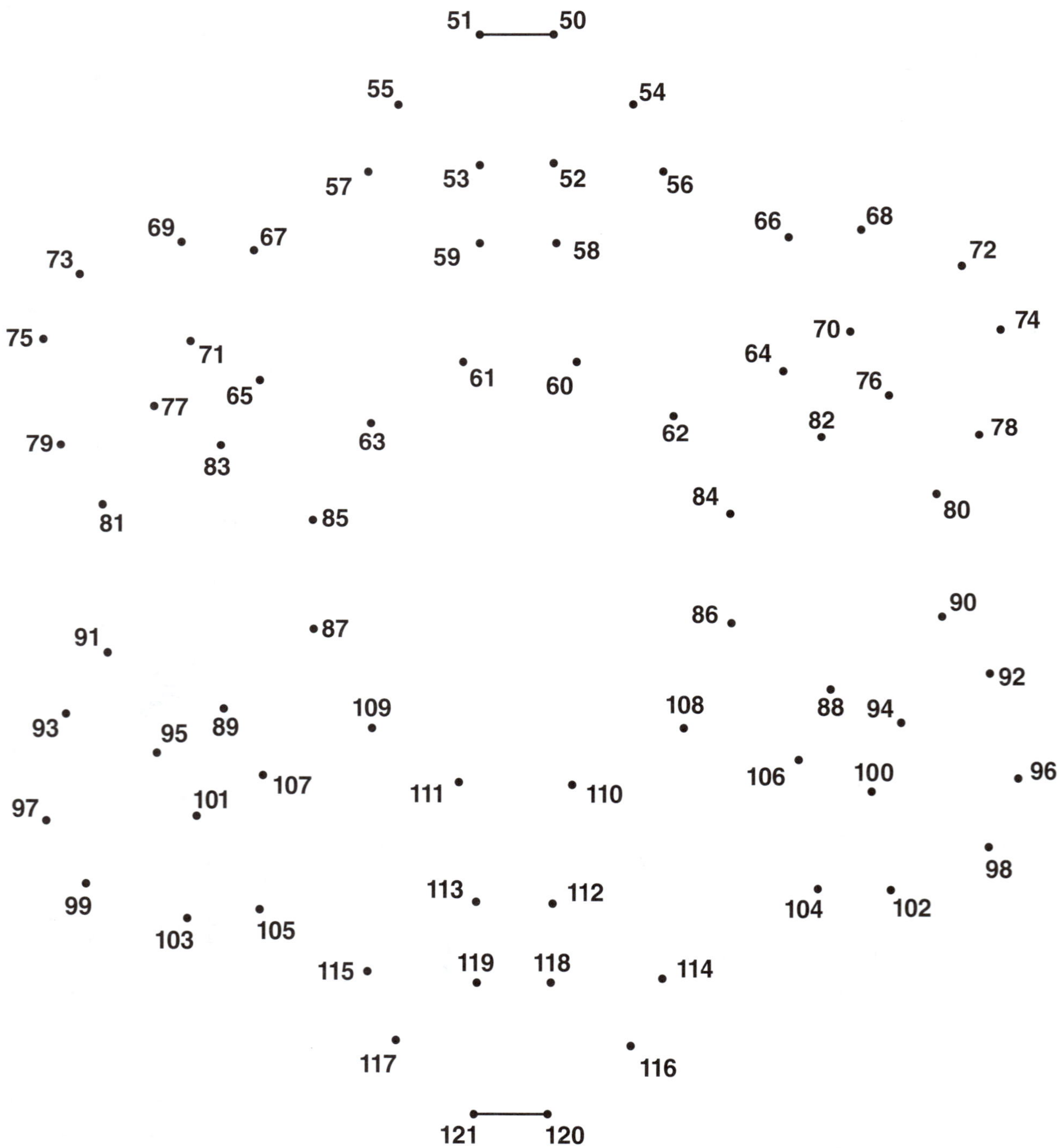

PÁGINAS 76 E 77 DO LIVRO

RELÓGIO DE PONTEIROS

1 Escreva abaixo o nome de um instrumento de medida que existia antes do relógio de ponteiros para medir o tempo.

____

2 Que horário o relógio abaixo está marcando?

Fotos: Dimedro168/Shutterstock/Glow Images

____

3 Os relógios abaixo estão marcando horários entre meio-dia e meia-noite. Escreva esses horários.

a)

____

c)

____

b)

____

d)

____

PÁGINAS 78 A 81 DO LIVRO

TABUADAS DO 5 E DO 10

1 Complete a tabela abaixo com as tabuadas do 5 e do 10.

Tabela de multiplicações

×	1	2	3	4	5	6	7	8	9	10
1					5					10
2					10					20
3					15					
4										
5										
6										
7										
8										
9										
10										

Tabela elaborada para fins didáticos.

2 Observe os números que você escreveu.

a) O que você observa nos resultados da tabuada do 5? E nos resultados da tabuada do 10?

____

b) Por que os resultados da tabuada do 10 são o dobro dos resultados da tabuada do 5?

____

3 Você já estudou as tabuadas do 2, do 4 e do 8. Complete a tabela acima também com os resultados dessas tabuadas.

MEDIDAS DE COMPRIMENTO

1 Ligue as medidas de comprimento da coluna da esquerda com as da coluna da direita.

Comprimento de uma cama.	10 cm
Comprimento de um lápis.	2 m
Altura média de um adulto.	170 cm

2 Faça as conversões abaixo.

a) 3 m = ________ cm

b) 2 m = ________ cm

c) 7 m = ________ cm

d) 8 m = ________ cm

e) 500 cm = ________ m

f) 400 cm = ________ m

g) 300 cm = ________ m

h) 100 cm = ________ m

3 Leia as dicas abaixo e indique o nome e a altura de cada pessoa.

- Roberto é mais alto do que Ana e mais baixo do que Carla.
- Lia é mais baixa do que Davi. Um dos dois tem 163 cm de altura.
- A pessoa mais alta mede 170 cm e a pessoa mais baixa mede 128 cm.
- Uma pessoa tem 155 cm de altura e outra tem 142 cm.

Matthew Cole/Shutterstock

________ ________ ________ ________ ________

________ ________ ________ ________ ________

PÁGINAS 84 E 85 DO LIVRO

DIVIDINDO COM OS AMIGOS

1 Resolva as divisões abaixo da maneira que preferir. Se necessário, represente as quantidades com desenhos.

a) $36 \div 6 =$ ______

c) $32 \div 8 =$ ______

b) $24 \div 3 =$ ______

d) $16 \div 4 =$ ______

2 Regina vai arrumar a mesa para um jantar com muitos convidados. Observe a quantidade de copos que Regina tem.

Matthew Cole/Shutterstock

a) Qual é o número máximo de convidados que Regina pode receber em casa se cada convidado receber 1 copo? ______

b) E qual é o número máximo de convidados que ela pode receber em casa se cada convidado receber 2 copos? ______

PÁGINAS 86 E 87 DO LIVRO

SIMETRIA

1 Contorne as figuras abaixo que têm simetria em relação a 1 eixo.

Ilustrações: Matthew Cole/Shutterstock

2 Veja abaixo como Vilma traçou o eixo de simetria de algumas figuras.

a) Vilma traçou corretamente o eixo de simetria de cada figura? ____________________

b) Liste abaixo quais figuras estão com o eixo de simetria errado e justifique.

____

____

____

____

USANDO AS CÉDULAS DO DINHEIRO

1 Marcos coleciona carrinhos. Veja abaixo a vitrine que ele está olhando.

Pablo Mayer/Arquivo da editora

Marcos quer comprar os 3 carrinhos de menor preço. Quanto ele gastará ao todo?

2 Registre abaixo 3 maneiras diferentes de obter 50 reais com pelo menos 1 cédula de 20 reais e 1 cédula de 2 reais.

1ª maneira	2ª maneira	3ª maneira

3 Faça abaixo um desenho representando a cédula do Real de maior valor.

PÁGINAS 94 E 95 DO LIVRO

TABUADAS DO 3 E DO 6

1 Complete a tabela abaixo com as tabuadas do 3 e do 6.

Tabela de multiplicações

×	1	2	3	4	5	6	7	8	9	10
1			3			6				
2			6			12				
3			9							
4										
5										
6										
7										
8										
9										
10										

Tabela elaborada para fins didáticos.

2 Observe os números que você escreveu.

a) Os primeiros resultados da tabuada do 6 são também resultados da tabuada do 3? ______________________

b) O primeiro resultado da tabuada do 3 é também resultado da tabuada do 6?

____

c) Complete: os resultados da tabuada do 6 são ______________________ dos resultados da tabuada do 3.

3 Você já estudou as tabuadas do 2, do 4, do 5, do 8 e do 10. Complete a tabela acima com os resultados dessas tabuadas.

PÁGINAS 96 E 97 DO LIVRO

MATERIAL DOURADO

1 Represente cada número abaixo no quadro de valor posicional usando peças do material dourado e com algarismos. Faça desenhos simples como  para a placa,  para a barra e  para o cubinho.

a) 2 centenas mais 5 unidades.

C	D	U

b) 1 centena mais 9 dezenas mais 2 unidades.

C	D	U

c) 15 dezenas mais 3 unidades.

C	D	U

d) 127 unidades.

C	D	U

2 Complete os quadros de valor posicional abaixo e escreva como se lê cada número representado com peças do material dourado.

a)

C	D	U
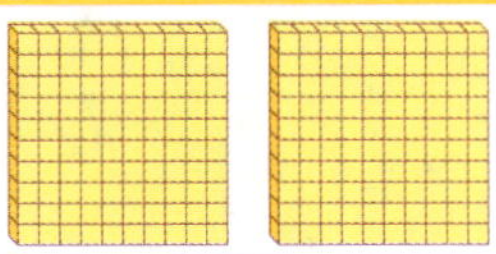	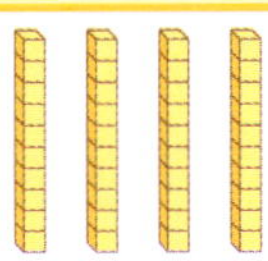	

b)

C	D	U
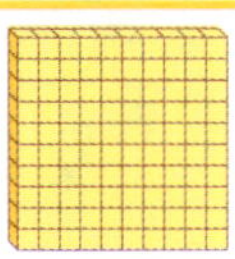	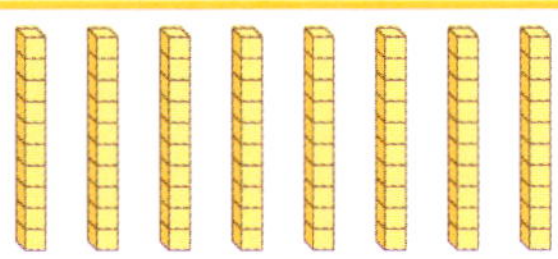	

PÁGINAS 98 E 99 DO LIVRO

ADIÇÃO COM TROCA USANDO O MATERIAL DOURADO

1 Faça as trocas e complete as adições abaixo.

a) 158 + 236 = 394

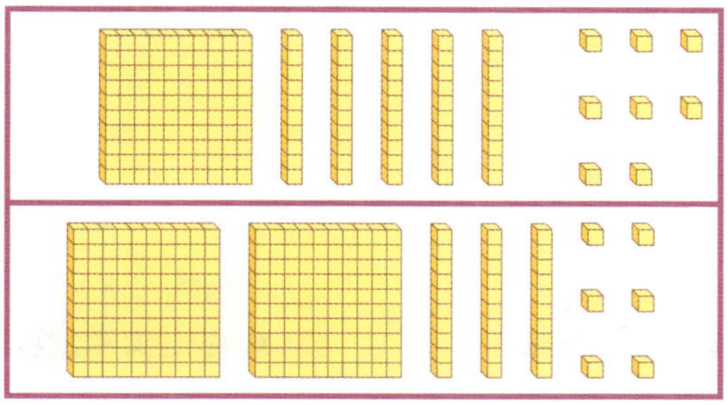

	C	D	U
	1	5	8
+	2	3	6

b) 105 + 207 = ____________

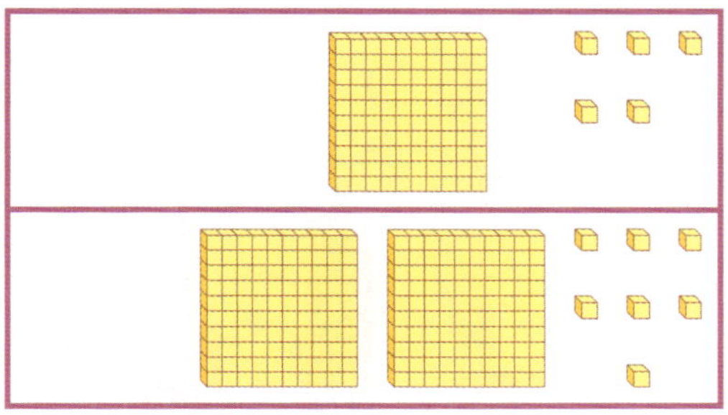

	C	D	U
	1	0	5
+	2	0	7

2 Emiliano fez uma adição com troca. Veja abaixo o registro do que ele fez.

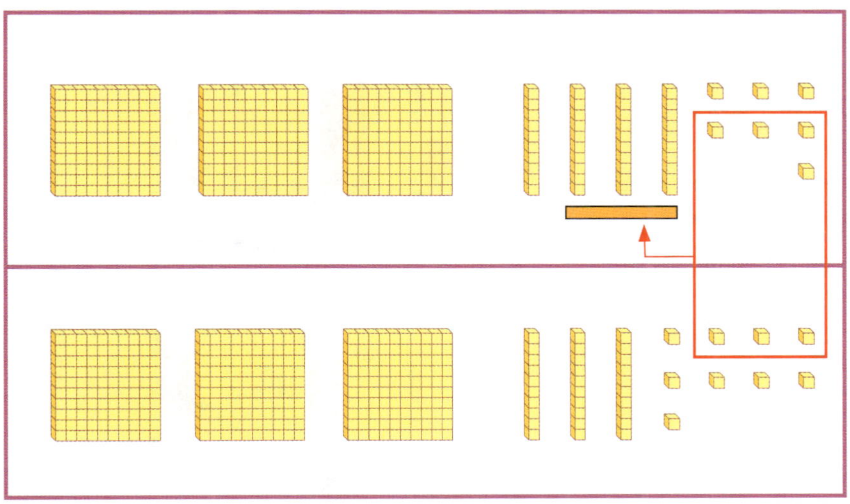

	C	D	U
	3	$^{1}4$	7
+	3	3	9
	6	8	9

a) Emiliano fez a adição com troca corretamente? ______________________

b) Corrija a adição de Emiliano.

PÁGINAS 100 E 101 DO LIVRO

ADIÇÃO COM TROCA USANDO O ÁBACO

1 Registre nos ábacos as adições abaixo e escreva os resultados.

a) 269 + 125 = ______

b) 444 + 338 = ______

c) 555 + 238 = ______

Ilustrações: Banco de imagens/Arquivo da editora

2 Crie uma adição com troca cujo resultado seja o número representado em cada ábaco abaixo.

a) ______ + ______ = ______

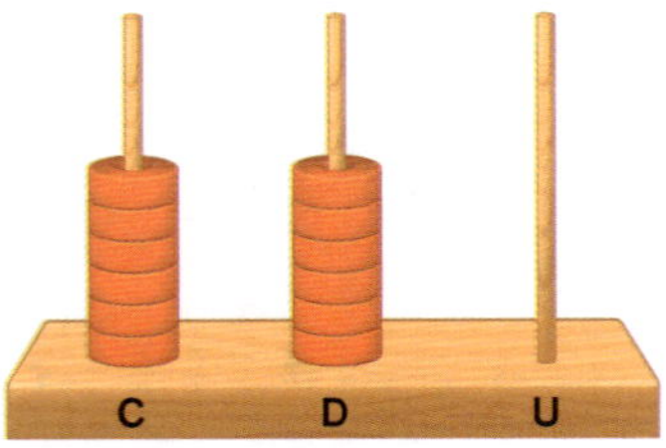

b) ______ + ______ = ______

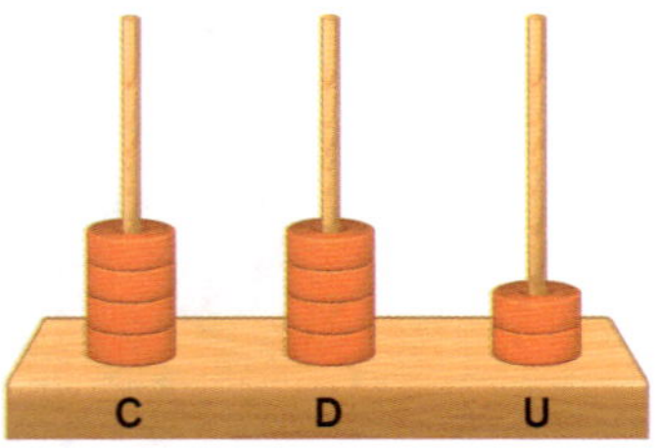

c) ______ + ______ = ______

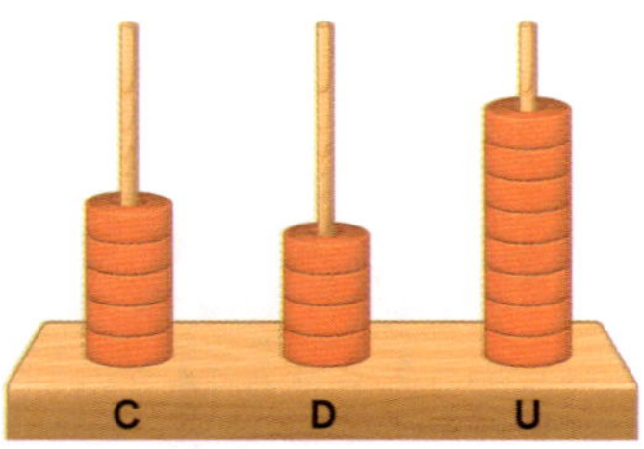

d) ______ + ______ = ______

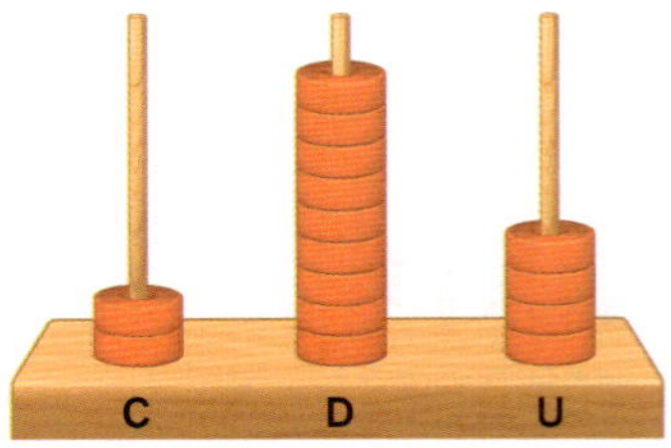

e) ______ + ______ = ______

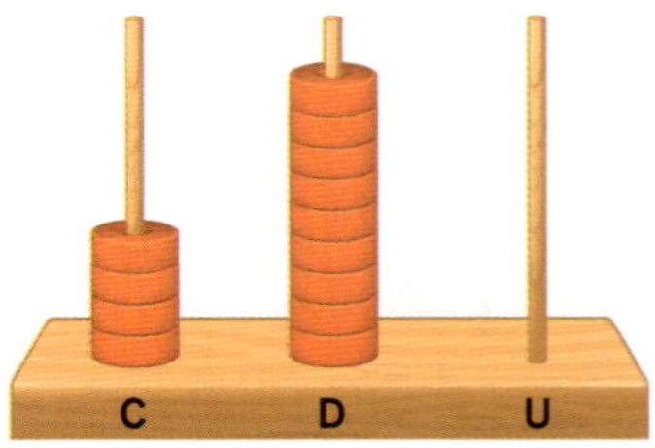

f) ______ + ______ = ______

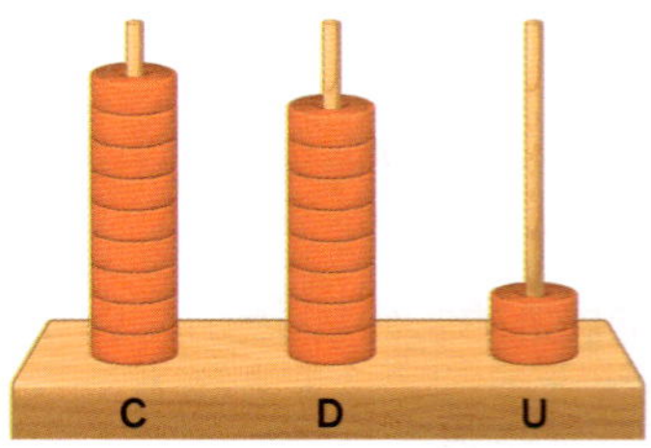

PÁGINAS 102 A 105 DO LIVRO

TABELA E GRÁFICO NO **TOMBA-LATAS**

- O professor de Educação Física fez uma pesquisa para saber o esporte preferido dos alunos da turma. Ele obteve 9 alunos respondendo vôlei, 7 alunos respondendo basquete, 5 alunos respondendo corrida e 10 alunos respondendo futebol.

  a) Registre esses dados na tabela abaixo.

Esporte preferido dos alunos da turma

Esporte	Quantidade de alunos
Vôlei	
Basquete	
Corrida	
Futebol	

Tabela elaborada para fins didáticos.

  b) Agora, represente os dados no gráfico de colunas abaixo.

Título: ____________________

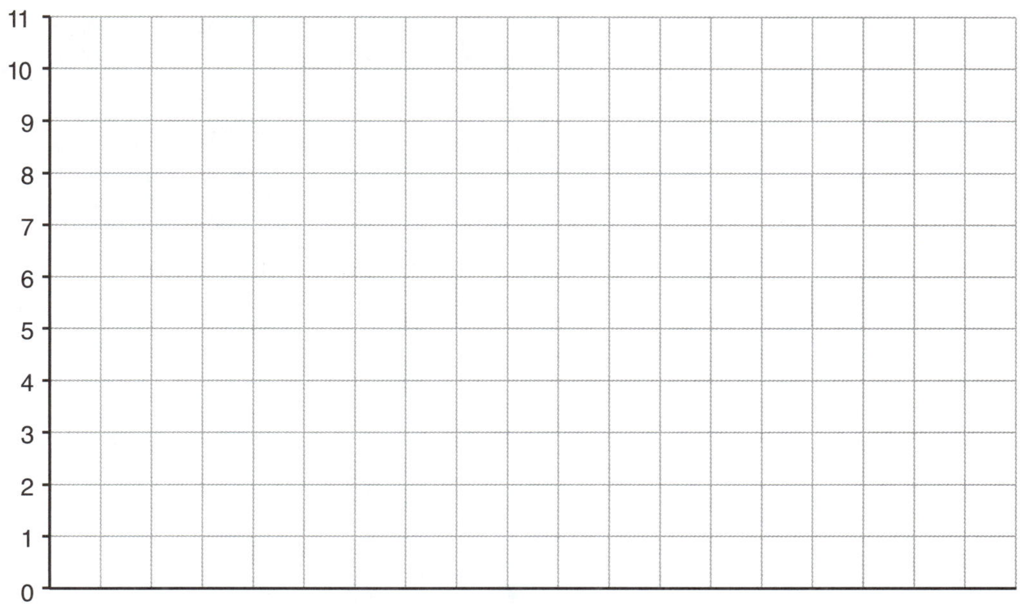

Gráfico elaborado para finos didáticos.

SIMETRIA NAS LETRAS E NAS PALAVRAS

1 Observe as 4 letras abaixo.

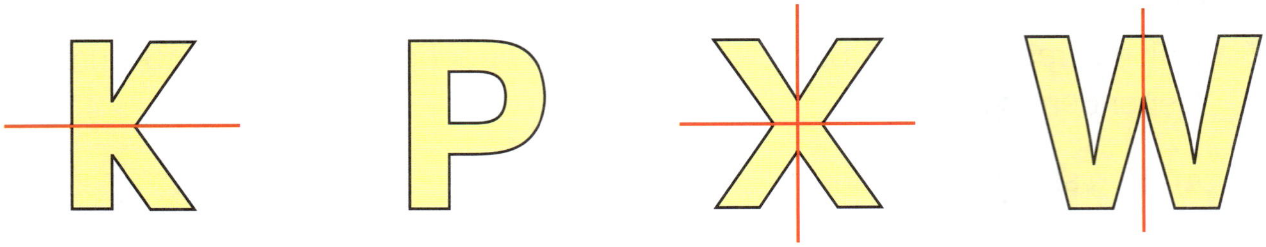

a) Como se chamam as linhas vermelhas traçadas nessas letras?

____

b) Por que a letra **X** apresenta mais de 1 linha vermelha?

____

c) Por que a letra **P** não apresenta uma linha vermelha como as outras?

____

2 Forme uma palavra simétrica em relação a 1 eixo e uma palavra não simétrica em relação a 1 eixo. Use apenas as letras abaixo para formar as palavras.

a) Palavra simétrica.

b) Palavra não simétrica.

SUBTRAÇÃO USANDO O MATERIAL DOURADO

1 Dalila e Isael têm R$ 351,00 e vão gastar R$ 135,00 em uma compra no supermercado. Dalila fez mentalmente o cálculo e chegou à conclusão que restariam R$ 226,00. Isael não concordou com o cálculo de Dalila e mostrou o cálculo para ela usando peças do material dourado. Veja abaixo.

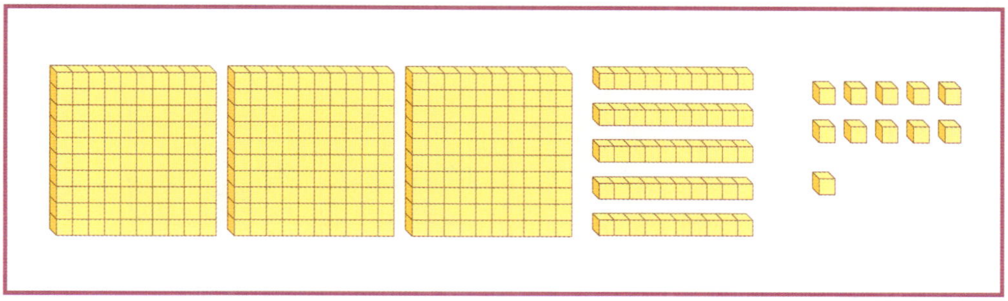

	C	D	U
	3	5	1
−	1	3	5

a) Dalila fez a subtração corretamente? ______________________

b) O que você acha que aconteceu?

____

____

2 Faça as subtrações abaixo como preferir.

a) 56 − 9 = __________

c) 70 − 17 = __________

b) 80 − 55 = __________

d) 93 − 69 = __________

TABUADAS DO 7 E DO 9

1 Complete a tabela abaixo com as tabuadas do 7 e do 9.

Tabela de multiplicações

×	1	2	3	4	5	6	7	8	9	10
1							7		9	
2							14		18	
3							21			
4										
5										
6										
7										
8										
9										
10										

Tabela elaborada para fins didáticos.

2 Observe os números que você escreveu.

a) Pinte os resultados da tabuada do 9 que também aparecem nos resultados da tabuada do 3.

b) Complete: os números da tabuada do 9 são ______________________ dos números da tabuada do 3.

3 Você já estudou as tabuadas do 2, do 3, do 4, do 5, do 6, do 8 e do 10. Complete a tabela acima com os resultados dessas tabuadas.

PÁGINAS 118 E 119 DO LIVRO

PROBLEMAS DE ADIÇÃO E SUBTRAÇÃO

1 Alfredo está colhendo tomates em seu pomar. Em sua cesta há 179 tomates, porém, desses tomates, 42 estão maduros demais e 24 ainda não estão maduros. Os demais estão bons para ser servidos. Quantos tomates da cesta de Alfredo estão bons para ser servidos?

2 A avó de Sandra produz geleias para vender. Sandra contou quantos potes de geleia de cada sabor a avó fez: 60 potes de geleia de gengibre, 52 potes de geleia de morango e 2 dúzias de potes de geleia de laranja. Quantos potes de geleia a avó de Sandra produziu ao todo?

3 Mauro gosta de desenhar. Por isso, ele comprou 1 bloco de desenho por R$ 17,00 e 1 caixa de lápis de cor por R$ 34,00. Ele pagou esses produtos com 1 cédula de R$ 50,00 e 2 cédulas de R$ 20,00.

a) Quantos reais Mauro recebeu de troco?

b) Mauro precisaria ter pago com todas as cédulas que ele usou?

PÁGINAS 120 E 121 DO LIVRO

ORGANIZAÇÃO RETANGULAR

1 A bandeja de ovos ao lado tem 6 fileiras com 5 ovos em cada uma. Quantos ovos há ao todo nessa bandeja?

Smuay/Shutterstock/Glow Images

____

2 Desenhe outra bandeja de ovos com 12 ovos.

3 Escreva uma adição e uma multiplicação para representar as frutas de cada item abaixo.

a)

Baibaz/Shutterstock/Glow Images

As imagens desta página não estão representadas em proporção.

Adição: ____ + ____ + ____ + ____ + ____ = ____

Multiplicação: ____ × ____ = ____

b)

Tatiana Popova/Shutterstock/Glow Images

Adição: ____ + ____ + ____ + ____ + ____ + ____ = ____

Multiplicação: ____ × ____ = ____

DIVISÃO

1 Marcos, Melissa e Jonas participaram de um concurso de Matemática e receberam como prêmio 20 moedas de 1 real.

a) Eles decidiram dividir as moedas igualmente entre eles usando 3 saquinhos. Registre abaixo com um desenho como ficou esta divisão.

b) Registre abaixo essa divisão.

20 | 3 ______

resto → ______ ______ ← resultado

c) Quantas moedas precisam ser acrescentadas às 20 moedas iniciais para que a divisão seja **exata**? ______

d) Se o prêmio fosse de 24 moedas, então quantas moedas cada um deles receberia?

______

2 Agora resolva as divisões abaixo.

a) 18 ÷ 3 = ______ e sobra ______

b) 19 ÷ 3 = ______ e sobra ______

c) 20 ÷ 3 = ______ e sobram ______

d) 21 ÷ 3 = ______ e sobra ______

e) 22 ÷ 3 = ______ e sobra ______

f) 23 ÷ 3 = ______ e sobram ______

PÁGINAS 130 E 131 DO LIVRO

FIGURAS PLANAS SIMÉTRICAS

- Em cada malha quadriculada abaixo, desenhe a figura simétrica em relação ao eixo de simetria em vermelho.

a)

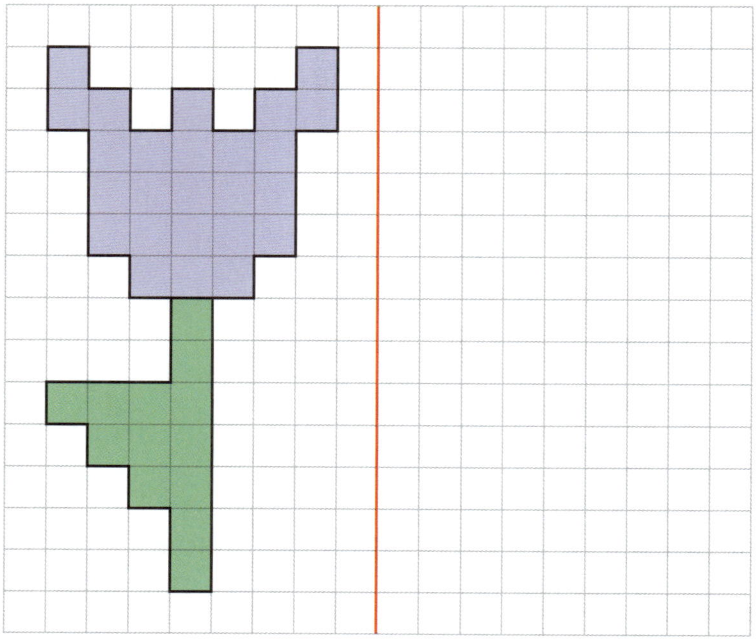

b)

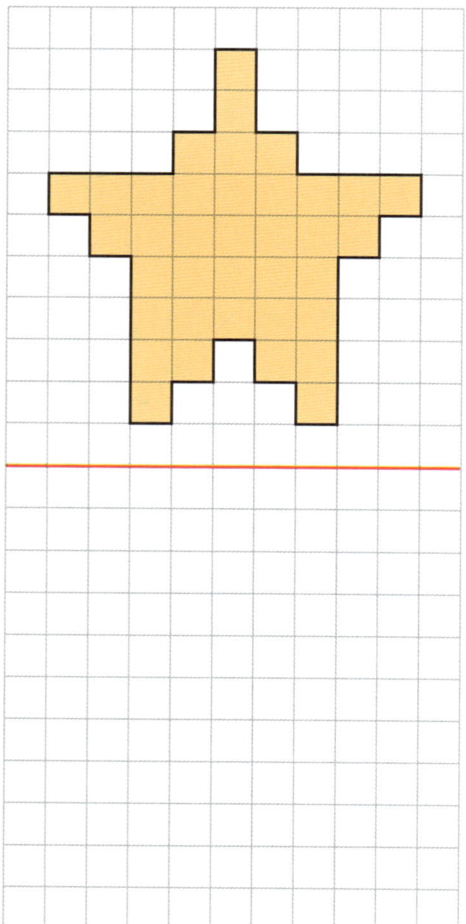

c)

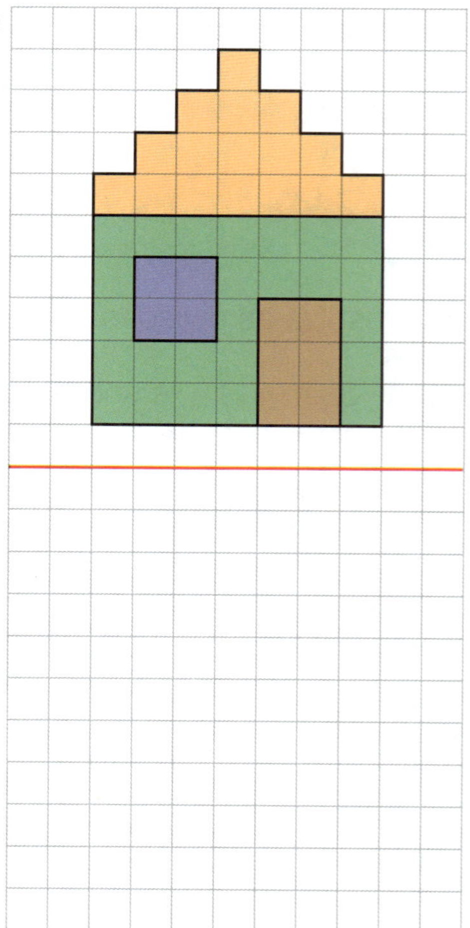

SISTEMA DE NUMERAÇÃO EGÍPCIO

1 Consulte o quadro e represente os números abaixo com símbolos egípcios.

Nosso sistema de numeração	Símbolo egípcio	Descrição do símbolo egípcio
1	𓏺	traço vertical
10	𓎆	asa
100	𓍢	espiral
1 000	𓆼	flor de lótus

a) 347 ____________________

b) 21 ____________________

c) 1 201 ____________________

d) 420 ____________________

2 Escreva com algarismos do nosso sistema de numeração os números abaixo, ordenando-os do menor para o maior.

𓎆𓎆𓎆𓎆𓎆𓎆𓎆𓎆𓎆	𓏺𓏺𓏺𓏺𓏺𓏺𓏺𓏺𓏺	𓏺𓏺𓏺𓏺𓏺𓏺𓏺	𓎆𓏺𓏺𓏺𓏺𓏺𓏺𓏺
𓍢𓍢𓍢𓍢𓍢𓍢𓍢𓍢𓎆𓎆𓏺𓏺𓏺𓏺𓏺	𓎆𓎆𓎆𓎆𓎆𓏺𓏺𓏺𓏺	𓍢𓍢𓍢𓍢𓍢𓍢𓍢𓍢𓍢	

____

3 Observe os números abaixo.

𓍢𓎆𓎆𓎆𓎆𓎆𓎆𓏺𓏺   𓍢𓎆𓎆𓍢𓍢𓍢𓏺𓍢𓍢   𓎆𓎆𓏺𓍢𓏺𓏺𓏺𓏺𓏺𓏺

𓎆𓎆𓏺𓍢𓎆𓎆𓏺𓎆𓎆   𓍢𓎆𓎆𓍢𓎆𓎆𓏺𓎆𓎆   𓍢𓎆𓎆𓏺𓎆𓎆𓏺𓎆𓎆

a) Contorne as representações com símbolos egípcios do número 162.

b) Quais outros números estão representados acima com símbolos egípcios? Escreva-os usando algarismos do nosso sistema de numeração.

____

O ÁBACO E OS NÚMEROS MAIORES DO QUE 1 000

1 Desenhe argolas nos pinos de cada ábaco abaixo para representar cada número.

a) 1 254

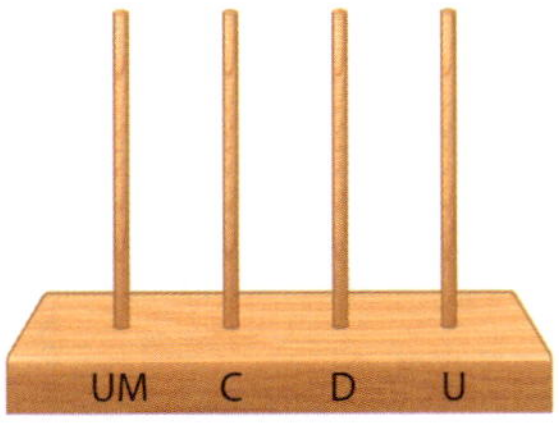

c) 2 810

Ilustrações: Banco de imagens/Arquivo da editora

b) 5 652

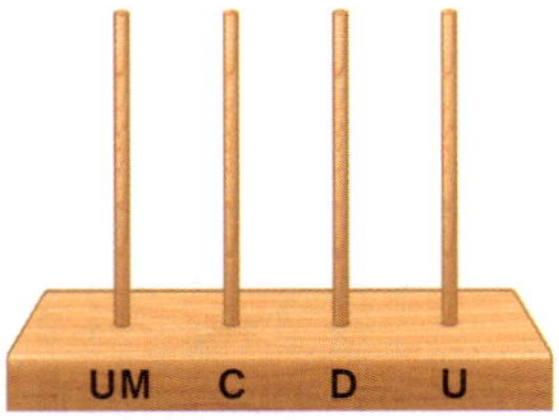

d) 3 371

2 Escreva abaixo de cada ábaco qual número está representado nele.

a)

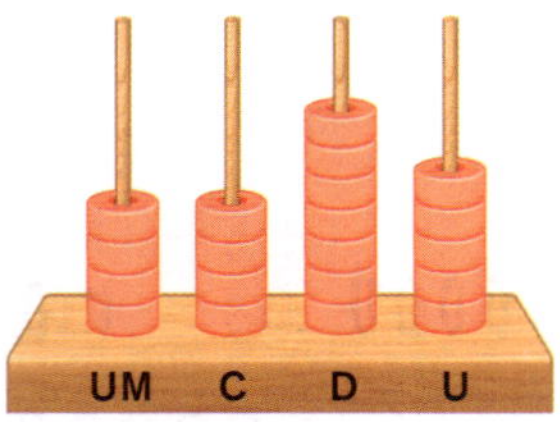

____

d)

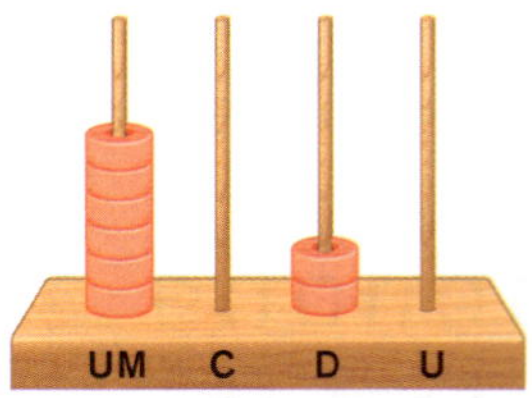

____

b)

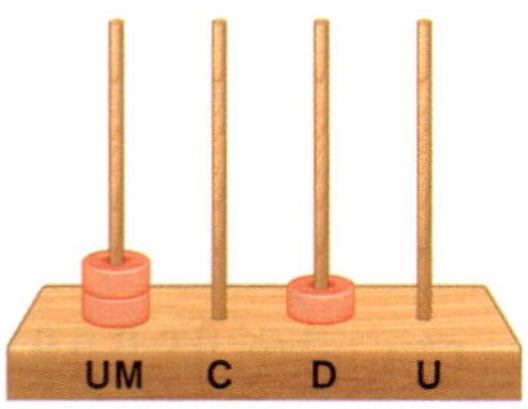

____

e)

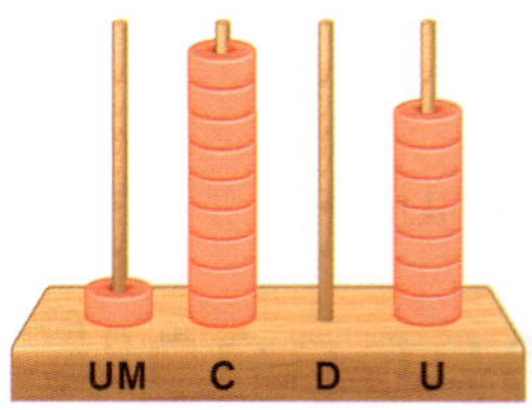

____

c)

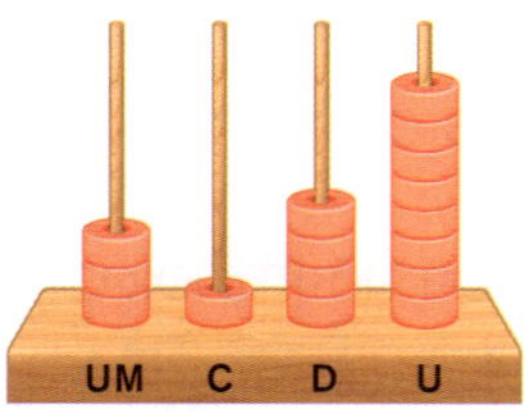

____

f)

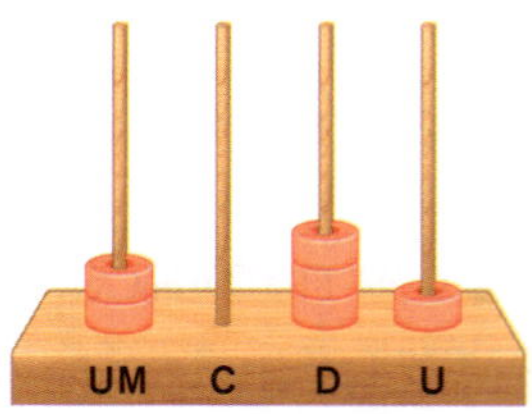

____

MEDIDAS DE COMPRIMENTO

1 Existem réguas de vários comprimentos. Observe as fotos de algumas réguas.

Scisetti Alfio/Shutterstock/Glow Images

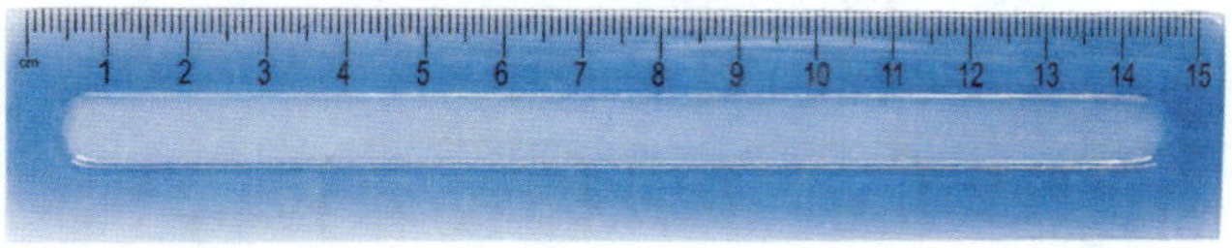

Mihalec/Shutterstock/Glow Images

Atenção!
Estas réguas não estão em tamanho real.

Alex Staroseltsev/Shutterstock/Glow Images

a) Quais são as medidas reais dessas réguas? ______

b) Compare a régua maior com a régua menor. A régua maior é quantas vezes maior do que a régua menor? ______

c) Se você precisasse medir a altura de sua mesa, então qual dessas réguas você escolheria? ______

2 Use uma régua para medir o comprimento dos objetos abaixo e registre.

OZaiachin/Shutterstock

______

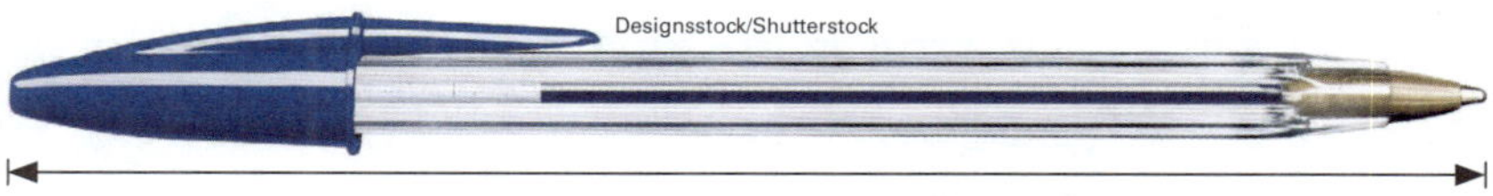
Designsstock/Shutterstock

______

Seregam/Shutterstock/Glow Imagens

______

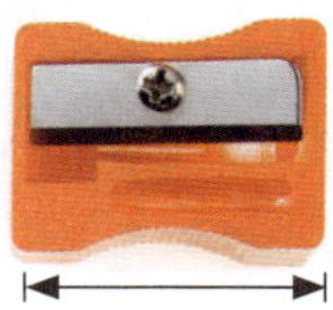
Seregam/Shutterstock/ Glow Imagens

______

3 Maria mediu a largura de uma mesa usando 2 réguas. Ela obteve 2 réguas de 30 cm e 1 régua de 15 cm. Qual é o comprimento dessa mesa? ______

PÁGINAS 152 E 153 DO LIVRO

MEDIDAS DE MASSA E DE CAPACIDADE

1 Complete: o kg é uma unidade de medida de ______________________, e o mL é uma unidade de medida de ______________________.

2 Observe os alimentos abaixo e associe cada alimento a uma das medidas abaixo.

100 g	200 mL	1 L	500 g

Anna.zabella/Shutterstock

____

Anna.zabella/Shutterstock

____

Juliar Studio/Shutterstock

____

Anna.zabella/Shutterstock

____

3 Uma receita de bolo de maracujá pede 100 g de açúcar para fazer a massa e 150 g de açúcar para fazer a calda. Qual é a massa de açúcar que será usada ao todo para fazer esse bolo? ______________________

PÁGINAS 154 E 155 DO LIVRO

DIVISÃO COM ESTIMATIVAS

1 Eliana quer dividir suas bolinhas de gude entre seus 4 amigos.

Quantidade de bolinhas: 23 Quantidade de amigos: 4

Ilustrações: Luciano Tasso/ Arquivo da editora

a) Você se lembra da estratégia de Giovana para dividir as figurinhas nos cadernos? Complete abaixo seguindo a estratégia de Giovana.

Bolinhas distribuídas		Bolinhas dadas para cada amigo		
	2 3 − 4 1 9	1		Distribuir 4 bolinhas dando 1 bolinha para cada amigo.
	1 9 −			Distribuir 8 bolinhas dando 2 bolinhas para cada amigo.
	−			Distribuir 8 bolinhas dando 2 bolinhas para cada amigo.

b) É possível continuar a divisão? ______________________________

c) Sobrou alguma bolinha? ______________________________

d) Complete: 23 ÷ 4 = ______ e sobram ______

2 E se Eliana tivesse mais amigos? Escolha a quantidade de amigos e resolva uma nova divisão.

Quantidade de bolinhas: 23 Quantidade de amigos: ______

Divisão: ______ ÷ ______ = ______ e sobram ______

MESMOS DADOS EM DIFERENTES GRÁFICOS DE COLUNAS

- Raul Correa fez uma pesquisa com sua família sobre os meios de transporte que eles utilizam para ir ao trabalho. Ele quer representar os dados nos 2 gráficos abaixo. Ele começou a registrar parte dos dados em um gráfico e parte dos dados no outro gráfico. Ajude Raul a completar os 2 gráficos.

Meios de transporte utilizados pela família Correa

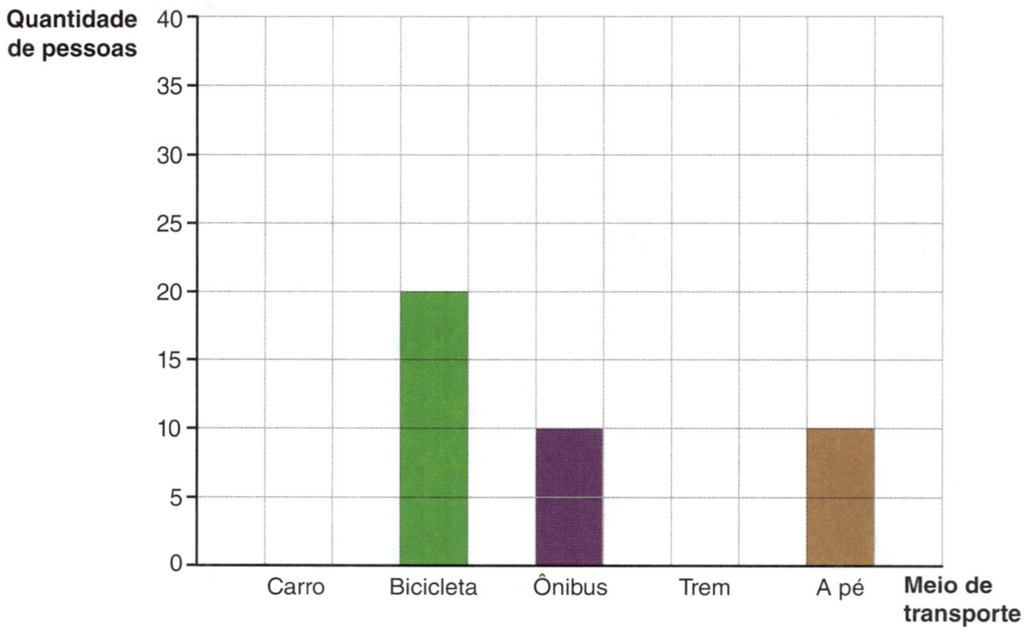

Gráfico elaborado para fins didáticos.

Meios de transporte utilizados pela família Correa

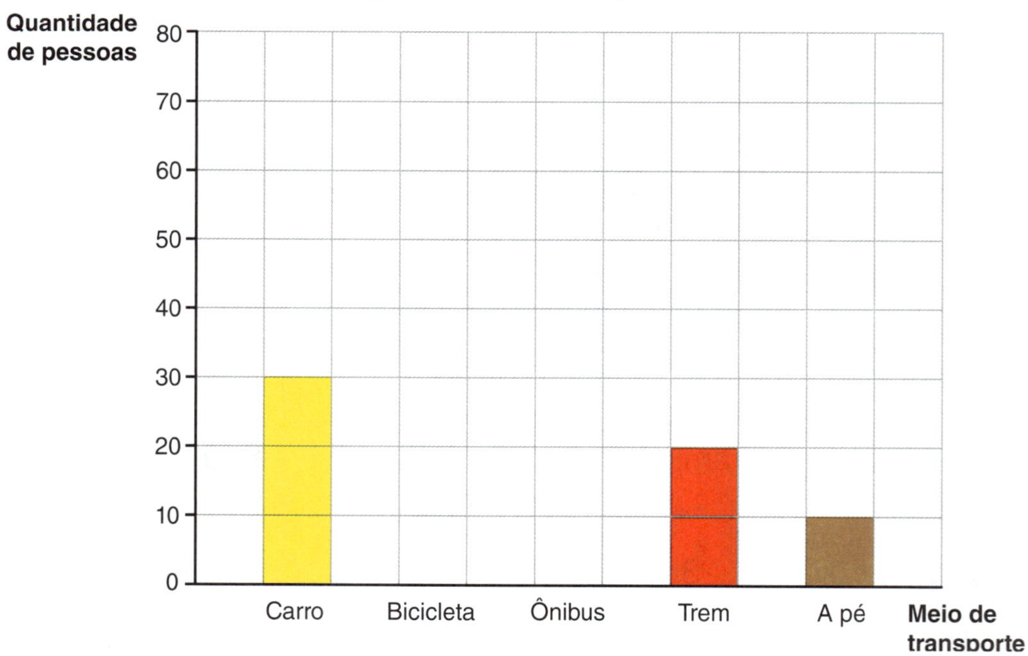

Gráfico elaborado para fins didáticos.

PÁGINAS 166 E 167 DO LIVRO

NOSSO DINHEIRO

1 Elias tem na carteira 1 cédula de R$ 50,00, 3 cédulas de R$ 20,00 e 1 cédula de R$ 10,00.

a) Como Elias pode pagar uma conta de R$ 55,00 usando 2 cédulas?

____

____

b) Como Elias pode pagar uma conta de R$ 55,00 usando apenas 1 cédula?

____

c) Quantos reais Elias receberá de troco se ele pagar essa conta com as 3 cédulas de R$ 20,00? ____________________

2 Amália vende salgados a R$ 25,00 o quilograma. Um cliente encomendou o dobro de 1 kg de salgados e pagou com 1 cédula de R$ 100,00. Quantos reais ele recebeu de troco? ____________________

3 Alina pagou o almoço em um restaurante com as cédulas abaixo.

Reprodução/Casa da Moeda do Brasil/ Ministério da Fazenda

As imagens desta página não estão representadas em proporção.

a) Alina recebeu as moedas abaixo de troco. Quantos reais ela gastou no almoço? ____________________

Reprodução/Casa da Moeda do Brasil/ Ministério da Fazenda

b) Ela poderia ter recebido o troco com outras moedas? Como?

____

____

c) Alina poderia ter recebido o troco com cédulas? Como?

____

ORGANIZANDO PARA MULTIPLICAR

Em cada atividade abaixo, faça um desenho e depois registre a resposta.

1 O professor Alberto pediu para os alunos se organizarem em 5 fileiras com 6 alunos em cada uma. Quantos alunos haverá nessa formação?

Resposta: ______________________

2 O piso do quarto de Fábio é de lajotas. São 7 fileiras com 5 lajotas em cada uma. Quantas lajotas formam esse piso?

Resposta: ______________________

3 Cecília vai colocar 30 copos em uma bandeja. Eles serão organizados em 3 fileiras. Quantos copos haverá em cada fileira?

Resposta: ______________________

LENDO GRÁFICOS DE COLUNAS

- Observe abaixo o gráfico com as 2 primeiras notas de Cassandra em 6 disciplinas da escola.

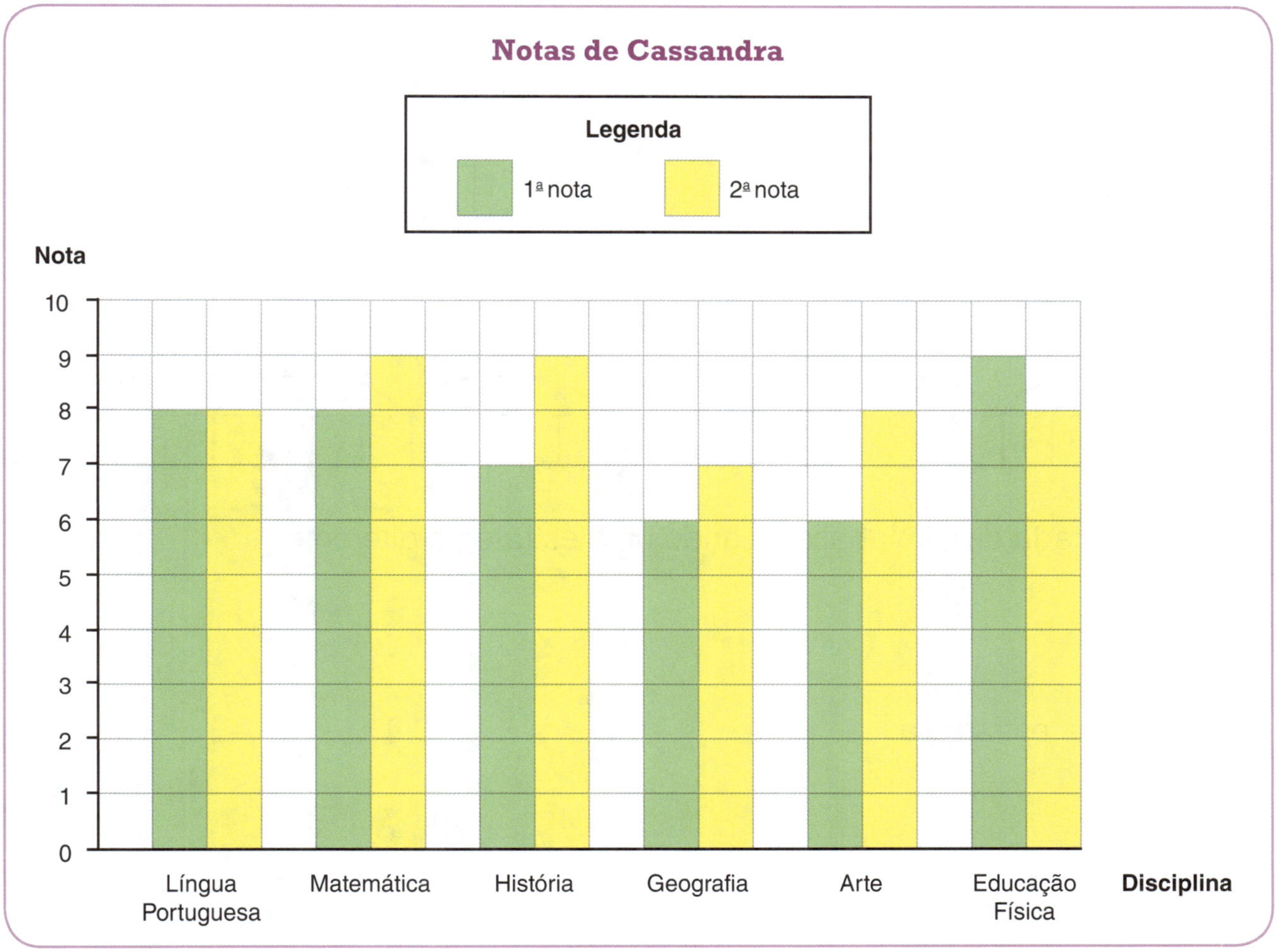

Gráfico elaborado para fins didáticos.

a) Como foi o desempenho de Cassandra em Arte da primeira para a segunda nota?

______

b) Qual foi sua primeira nota em Língua Portuguesa? ______

c) Em qual disciplina Cassandra tirou 10 nas 2 notas?

______

d) Quais foram as notas dela em Matemática? ______

PÁGINAS 174 A 177 DO LIVRO

PLANEJANDO DIVISÕES

1 Complete os esquemas abaixo e descubra quantas vezes um número cabe em outro número.

a) 3 cabe _____ vezes em 16.

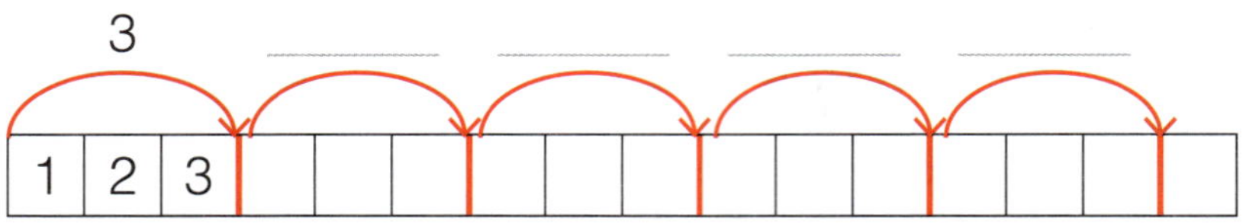

b) 4 cabe _____ vezes em 24.

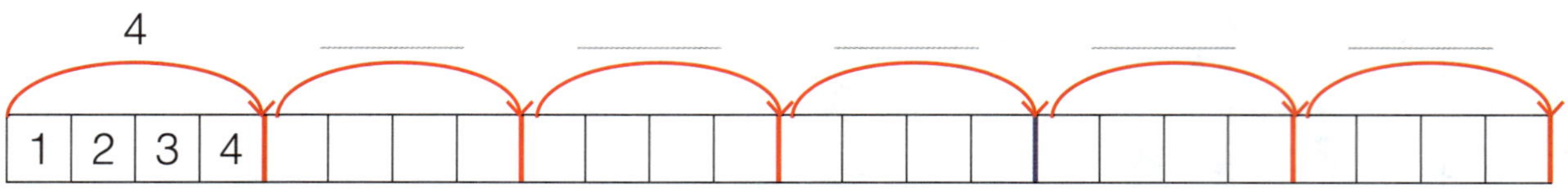

2 Resolva cada divisão abaixo usando uma estratégia diferente.

a) 42 ÷ 3 = _____________________

Minha estratégia: ____

b) 51 ÷ 5 = _____________________

Minha estratégia: ____

PÁGINAS 188 E 189 DO LIVRO

TABELA DE MULTIPLICAÇÕES

1 Complete a tabela de multiplicações abaixo.

Tabela de multiplicações

×	1	2	3	4	5	6	7	8	9	10
1	1	2	3		5	6	7			10
2	2		6		10	12	14	16	18	
3	3	6		12		18	21	24		30
4			12	16	20	24	28	32	36	
5	5	10		20	25	30	35	40	45	50
6	6	12	18	24	30		42	48	54	
7	7	14	21	28	35	42				70
8		16	24	32	40	48		64		80
9		18		36		54				90
10		20		40		60	70	80	90	

Tabela elaborada para fins didáticos.

2 Observe a tabela e complete abaixo o resultado de cada multiplicação.

a) $4 \times 5 =$ ______

b) $6 \times 7 =$ ______

c) $9 \times 9 =$ ______

d) $7 \times 7 =$ ______

e) $8 \times 8 =$ ______

f) $6 \times 8 =$ ______

3 Contorne os números da coluna em que os resultados são o dobro dos resultados da coluna do 3.

4 Pinte os resultados que aparecem 3 vezes na tabela de multiplicação.

PÁGINAS 190 E 191 DO LIVRO

OPERAÇÕES COM NÚMEROS

Eduardo e Neide criaram uma nova versão do jogo **Em busca de uma saída!**. O tabuleiro deles também começa na casa 1 001, e a numeração das casas aumenta de 1 em 1. Porém, eles jogam com 2 dados.

1 Complete as frases abaixo.

a) Se um jogador tirar 2 nos 2 dados, então ele andará ________ casas.

b) Se um jogador tirar 3 e 4 nos dados, então ele andará ________ casas.

c) O máximo que um jogador pode andar em uma rodada é ________ casas.

2 Neide estava na casa 1 024. Ela jogou os dados e moveu seu marcador para a casa 1 025. Quantos pontos Neide tirou nos dados para fazer essa jogada? Justifique.

____

____

3 Depois de algumas rodadas, Eduardo está na casa 1 047 e Neide está na casa 1 042. Na jogada seguinte, Eduardo tirou 2 pontos nos dados. Ele deslocou seu marcador para a casa 1 049 e comemorou a vitória. Veja abaixo o diálogo que se passou entre eles.

— Ganhei, ganhei!

— Você não ganhou ainda, Edu. Você precisa chegar à casa 1 050 para ganhar e eu sou a próxima a jogar.

— Mas o mínimo que podemos tirar nos dados é 2 pontos, então eu já ganhei! Você está muito longe para ganhar!

a) Você concorda com Eduardo? Explique.

____

____

b) O que acontece se Neide tirar 9 pontos nos dados? ________________

c) E se ela tirar 7 pontos nos dados? ________________

PÁGINAS 192 E 193 DO LIVRO

ADIÇÕES E SUBTRAÇÕES

1 Resolva as operações e complete com o que se pede.

a)

	C	D	U
	1	9	4
+	1	3	6

Soma: ______

c)

	C	D	U
	4	7	2
+	3	2	8

Primeira parcela: ______

b)

	C	D	U
	5	6	3
−	3	2	8

Subtraendo: ______

d)

	C	D	U
	2	2	2
−	1	4	6

Minuendo: ______

2 Complete as pirâmides de adições abaixo.

Ilustrações: Luciano Tasso/Arquivo da editora

OPERAÇÕES COM UMA CALCULADORA

1 Use uma calculadora e faça 2 operações para obter cada resultado abaixo.

a) 10

____

b) 100

____

2 Resolva as operações abaixo usando uma calculadora.

a) 230 − 130 = ________

b) 904 + 16 = ________

c) 79 + 511 = ________

d) 524 − 15 = ________

3 A tecla **0** da calculadora de Tainá não está funcionando. De que maneira ela pode resolver as operações abaixo?

a) 108 + 20 = ______________________________

b) 108 − 20 = ______________________________

4 Resolva cada item abaixo usando uma calculadora e registre as teclas que você apertou. Depois, escreva a resposta.

Cláudio fez uma viagem de carro. De manhã ele percorreu 207 km e de tarde ele percorreu 105 km.

a) Quantos quilômetros Cláudio percorreu ao todo nesse dia?

[ ] [ ] [ ] [ ] [ ] [ ] [ ] [ ]

Resposta: ______________________________

b) Ao retornar da viagem, ele percorreu a mesma distância. Quantos quilômetros ele percorreu ao todo?

[ ] [ ] [ ] [ ] [ ] [ ] [ ] [ ]

Resposta: ______________________________

PÁGINAS 196 E 197 DO LIVRO

POSSIBILIDADES

1 Para entrar em um terminal de ônibus, Matias pode passar por uma das 2 catracas (catraca **A** ou catraca **B**). Depois, para ir até a plataforma do ônibus, Matias pode escolher entre 1 escada fixa, 1 escada rolante ou 1 rampa.

a) No espaço ao lado, crie uma árvore de possibilidades para representar essa situação.

b) De quantas maneiras diferentes Matias pode entrar no terminal e chegar até a plataforma?

____

c) Represente com uma multiplicação:

______ × ______ = ______

2 Invente um problema que possa ser resolvido com a árvore de possibilidades abaixo.

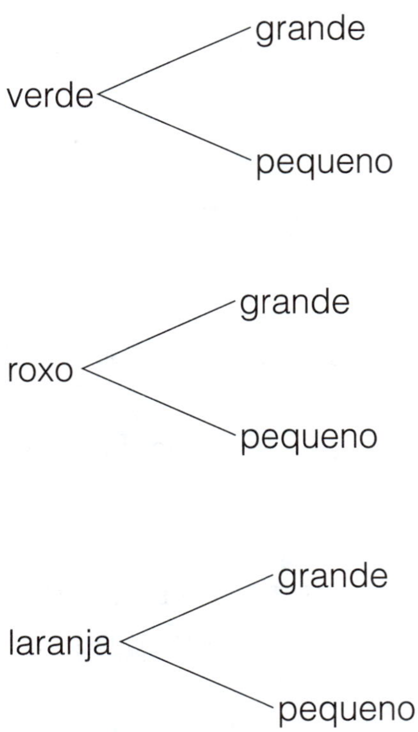

____

____

____

____

____

____

PÁGINAS 198 E 199 DO LIVRO

POSSIBILIDADES E COMBINAÇÕES

- Ao finalizar a fase de um jogo, Rafaela ganhou uma recompensa. Ela pode escolher entre a máscara falante ou a coroa de papel. Depois, ela ainda pode escolher entre 3 cores tanto para a máscara como para a coroa: verde, roxo ou laranja.

a) Desenhe ou escreva abaixo todas as combinações da recompensa que Rafaela pode escolher.

b) Quantas combinações diferentes Rafaela pode escolher? ____________________

c) Se fossem 4 cores disponíveis para escolha, então quantas combinações diferentes Rafaela poderia escolher? ____________________

d) Se Rafaela tivesse a opção de escolher entre a máscara falante, a coroa de papel ou o patim voador e ainda escolher entre 3 cores, então quantas combinações diferentes ela teria? ____________________

BIMESTRE, TRIMESTRE E SEMESTRE

1 Quantos meses tem 1 semestre? ______________________

2 Quantos semestres tem 1 ano? ______________________

3 Quais são os meses do 2º semestre de um ano?

2º semestre

4 Na escola de Miguel, as provas são dadas a cada bimestre. Se uma prova foi aplicada em setembro, então quando será a próxima prova?

____

5 Quais são os meses do 5º bimestre de um ano?

5º bimestre

6 Quantos meses há em 3 trimestres? ______________________

7 Quais são os meses do 2º trimestre de um ano?

2º trimestre

PLANIFICAÇÕES DE PIRÂMIDES

- Associe cada pirâmide abaixo com a respectiva planificação.

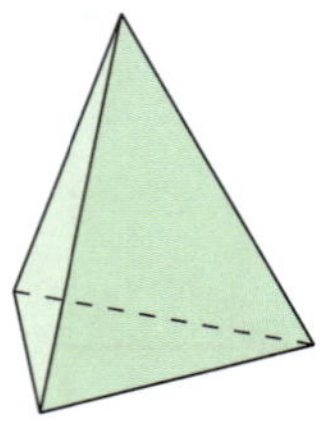

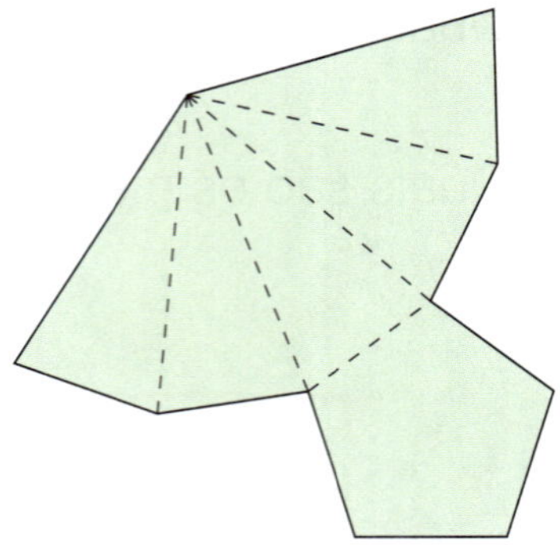

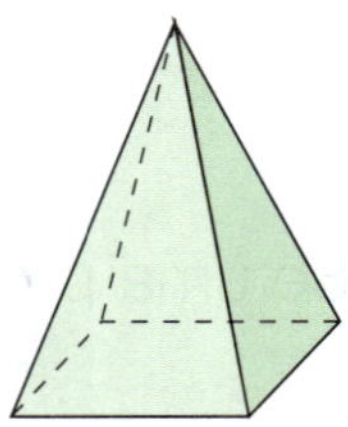

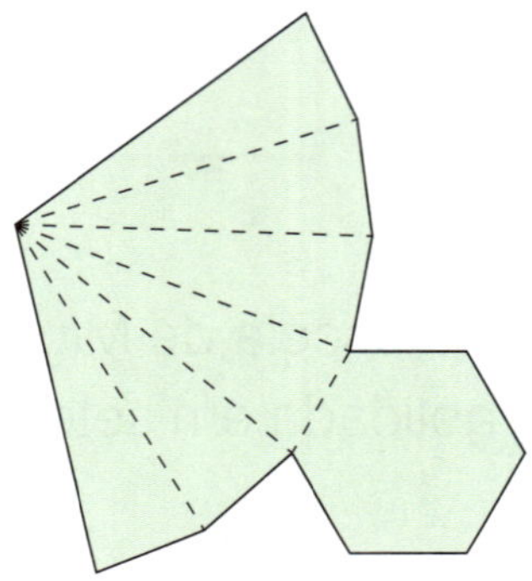

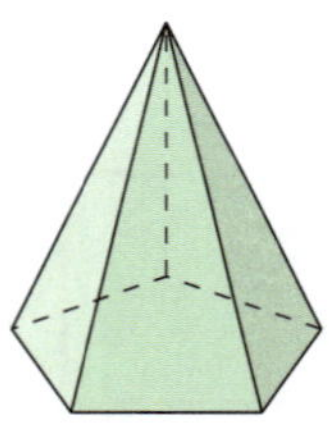

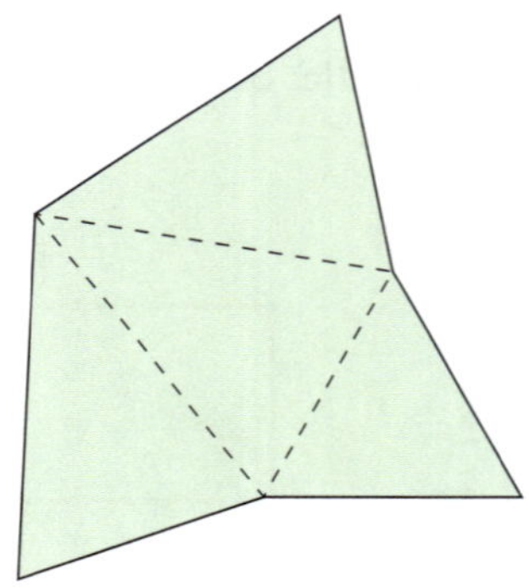

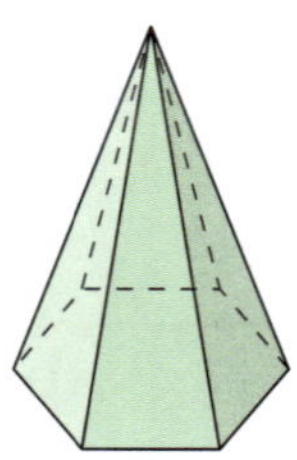

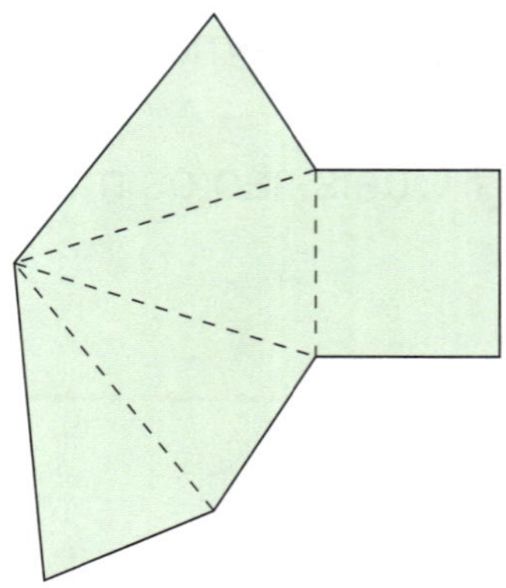

PÁGINAS 214 E 215 DO LIVRO

POSIÇÃO DOS ALGARISMOS

1 Considere os algarismos 3, 5 e 7. Quais números de 3 algarismos podem ser formados com esses algarismos sem repeti-los? Escreva esses números em ordem crescente.

____

____

2 Decomponha os números abaixo e identifique suas ordens. Veja o exemplo.

3 914

3 000 + 900 + 10 + 4

3 unidades de milhar, 9 centenas, 1 dezena e 4 unidades.

a) 456

____

____

____

b) 5 430

____

____

____

3 O número da placa de um carro contém os algarismos 0, 1, 2 e 9. Descubra qual é esse número seguindo as dicas abaixo.

- O número da placa começa com o maior algarismo e termina com o menor algarismo.
- Na ordem das centenas desse número há o algarismo 2.

Número da placa do carro: ______________

PÁGINAS 220 E 221 DO LIVRO

METRO, CENTÍMETRO E MILÍMETRO

1 Qual é a unidade de medida mais adequada para cada medida abaixo?

a) A altura de uma árvore? ______________________

b) A altura de uma cama? ______________________

c) O comprimento de um livro? ______________________

d) A espessura de um fio de cabelo? ______________________

2 Converta as medidas abaixo.

a) 7 m = ________ cm

b) 12 m = ________ cm

c) 9 m = ________ cm

d) 32 m = ________ cm

e) 4 cm = ________ mm

f) 34 cm = ________ mm

g) 340 cm = ________ mm

h) 65 cm = ________ mm

3 Júlio comprou 15 m e 50 cm de fio. Quantos centímetros de fio ele comprou?

____

4 Desenhe ou escreva abaixo exemplos de objetos cujo comprimento não é adequado para ser medido em metros.

PÁGINAS 224 A 227 DO LIVRO

ADIÇÕES E SUBTRAÇÕES COM TROCA NAS CENTENAS E NAS UNIDADES DE MILHAR

1 Pense nas peças do material dourado e resolva as operações abaixo.

a) 746 + 551 = ________

	M	C	D	U
		7	4	6
+		5	5	1

c) 2455 − 1630 = ________

	M	C	D	U
	2	4	5	5
−	1	6	3	0

b) 1538 − 928 = ________

	M	C	D	U
	0 ~~1~~	15	3	8
−		9	2	8

d) 888 + 432 = ________

	M	C	D	U
		8	8	8
+		4	3	2

2 Nara comprou 900 gramas de castanhas-do-pará. Chegando em casa, ela percebeu que ainda tinha 327 gramas de castanhas-do-pará guardados em um recipiente na despensa.

a) Quantos gramas de castanhas-do-pará Nara tem agora? Registre seus cálculos no quadro de valor posicional ao lado.

	M	C	D	U
		9	0	0
+		3	2	7

Resposta: ________________________________

b) Nara separou uma parte das castanhas-do-pará para levar para o trabalho. Ela fez a pesagem e descobriu que restaram 718 gramas de castanhas-do-pará em casa. Quantos gramas de castanhas-do-pará Nara levou para o trabalho?

	M	C	D	U
	1	2	2	7
−		7	1	8

Resposta: ________________________________

PÁGINAS 234 E 235 DO LIVRO

MEDIDAS DE CAPACIDADE

1 Uma família tomou ao todo 2 litros de suco em um dia. Se 1 litro de suco cabe em 4 copos cheios, então quantos copos cheios de suco essa família tomou nesse dia?

2 Quantas caixas de água de 500 L são necessárias para encher 1 caixa de água de 2 000 L?

3 José comprou 15 embalagens de desinfetante de 1 L. Quantos reais José gastou ao todo se cada litro do desinfetante custa R$ 4,00?

4 Se 2 jarras de água enchem 8 copos, então quantos copos serão enchidos por 5 jarras de água iguais a essas?

CÉDULAS DO REAL

1 Quais são as cédulas do nosso dinheiro?

____

2 Catarina pagou uma compra de R$ 15,00 com 1 cédula de R$ 50,00. Ela recebeu 2 cédulas de troco. Quais cédulas Catarina pode ter recebido? Justifique.

____

____

3 Observe os preços na nota fiscal abaixo e determine o valor total da compra.

Silício
COMÉRCIO ELETRÔNICO

Av. Terabite, 75 - Jardim da Rede
do HD - IP - CEP 12121-222
Telefone: 2121-1111 - 2121-1112
CGC 22.2222.2222/2222-2 IE 11.111.1111-11

N° 5432 – série A

Nome Estevão Hierárquico	CPF 55.555.555-5	
Endereço Rua Provedor da Hospedagem em Antivírus, 897	Cidade Memorolândia	Estado RP

Unid.	Quant.	Mercadoria	Preços
1	1	Memória DDR3 4 GB	R$ 132,00
1	1	*Mouse* USB	R$ 20,00
1	1	Teclado ABNT	R$ 35,00
1	1	Bolsa para *notebook* preta	R$ 95,00

Total ____________

Banco de imagens/Arquivo da editora

4 Para facilitar o troco, Lauro pagou o pedágio com 1 cédula de R$ 10,00 e 1 cédula de R$ 2,00.

a) Se o pedágio custava R$ 7,00, então quantos reais Lauro recebeu de troco?

____

b) É possível que o atendente tenha dado apenas 1 cédula de troco para Lauro? E exatamente 2 cédulas? _______________________________

PÁGINAS 240 E 241 DO LIVRO

MULTIPLICAÇÕES COM TROCA USANDO O MATERIAL DOURADO

1 Represente as situações abaixo com o material dourado, efetuando as trocas necessárias.

a) Eric quer comprar uma cadeira em 3 parcelas iguais de R$ 142,00. Quantos reais ele gastará ao todo com a cadeira? ______________________

Material dourado

Registro numérico

	C	D	U
	1	4	2
×			3

b) A empresa de Dário vai receber 6 carregamentos iguais com 71 caixas. Quantas caixas a empresa receberá ao todo? ______________________

Material dourado

Registro numérico

	C	D	U
×			6

2 Resolva as multiplicações abaixo pensando nas trocas das peças do material dourado.

a) 6 × 1 568 = __________

	M	C	D	U
	1	5	6	8
×				6

b) 2 × 2 719 = __________

	M	C	D	U
	2	7	1	9
×				2

c) 7 × 543 = __________

	M	C	D	U
		5	4	3
×				7

PÁGINAS 248 E 249 DO LIVRO

COMPRAS, PREÇOS E MEDIDAS

1 André vende fitas de cetim em pacotes com 2 metros de fita por R$ 4,00 ou em pacotes com 5 metros de fita por R$ 10,00.

a) Inês quer comprar 10 metros de fita de cetim. O que é melhor: comprar a fita em pacotes com 2 metros ou em pacotes com 5 metros?

____

b) Simone quer comprar 5 metros de fita. É mais vantajoso para ela comprar 1 pacote com 5 metros de fita ou 3 pacotes com 2 metros de fita?

____

2 Para fazer uma receita, Carina precisa de 1 L de leite, 500 g de farinha e 3 ovos. No mercado, Carina fez o levantamento das opções de compra desses ingredientes. Veja ao lado.

- 1 caixa de 1 L de leite por R$ 3,00 ou 2 caixas de 1 L de leite por R$ 4,00.
- 1 pacote de 1 kg de farinha por R$ 5,00.
- 1 caixa com 6 ovos por R$ 6,00 ou 1 caixa com 12 ovos por R$ 8,00.

a) Se Carina quiser comprar a menor quantidade de cada tipo de alimento, então quantos reais ela gastará ao todo?

____

b) Essa seria a compra mais vantajosa para Carina? Justifique.

____

____

c) Se Carina quiser fazer o dobro da receita, então qual é a compra mais vantajosa para ela?

____

____

MEDIDAS DE TEMPO: HORAS E MINUTOS

1 A rotina matinal de Alberto começa quando ele acorda às 6:30 e termina quando ele chega ao trabalho às 9:00.

Estime os horários de Alberto em cada atividade abaixo de modo que ele não se atrase para chegar ao trabalho.

- Tomar banho: das 6:30 às ______________.
- Se vestir: das ______________ às ______________.
- Preparar e tomar café da manhã: das ______________ às ______________.
- Escovar os dentes: das ______________ às ______________.
- Andar até o ponto de ônibus: das ______________ às ______________.
- Trajeto de ônibus até o trabalho: das ______________ às 9:00.

2 Veja os registros que Regina fez em um dia.

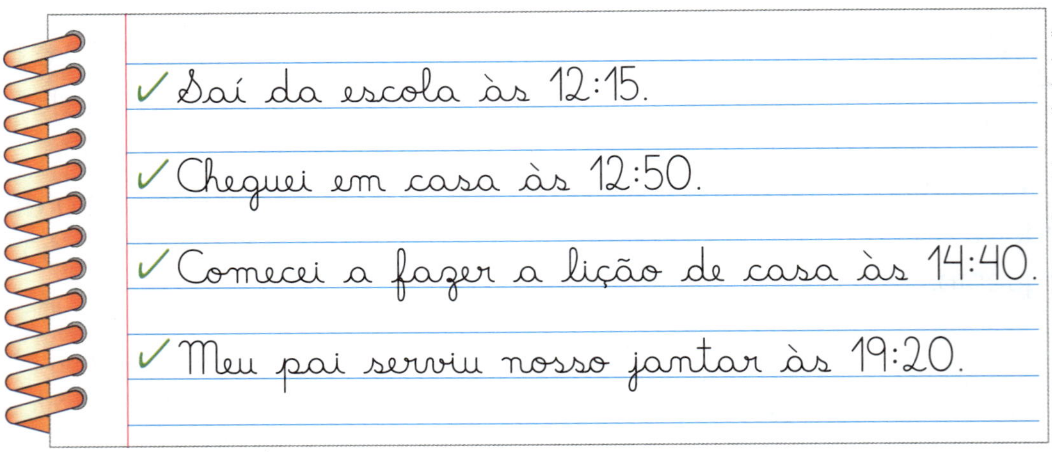

Banco de imagens/Arquivo da editora

a) Complete os relógios abaixo com cada horário que Regina registrou.

Ilustrações: Albo003/Shutterstock/Glow Images

b) Quanto tempo durou o trajeto entre a escola e a casa de Regina?

____